Opfer der Macht
Müssen Politiker ehrlich sein?

Herausgegeben
von Peter Kemper

Insel

Erste Auflage 1993

Umschlagabbildung:

Satz und Druck: Wagner GmbH, Nördlingen
Printed in Germany

Inhalt

Vorwort

Zeitgeist-Analytiker haben die siebziger Jahre in ihrer politischen Signatur rückblickend als Jahrzehnt des Erfahrungshungers und der sozialen Bewegungen charakterisiert. In dieser Dekade hatten Schlüsselbegriffe, wie »Glaubwürdigkeit« und »Authentizität«, nicht nur im ›spontiverseuchten‹ West-Berlin Konjunktur, wurden zu Insignien einer weitverbreiteten sozialen Stimmungslage. Im Vergleich dazu erscheinen die Achtziger als eine Zeit der Medienereignisse und Skandale, als Jahre wachsenden Mißtrauens in die Wahrheitsfähigkeit der neuen Kommunikationsrituale. Nicht allein die Rekordhöhe politischer Skandale in den westlichen Demokratien – vom Osten und von Dritte-Welt-Ländern ganz zu schweigen – hat ein wachsendes Unbehagen gegenüber politischen Entscheidungsträgern begünstigt. Ihre kühle Professionalität, ihre Sterilität, häufig gepaart mit kultureller Ignoranz und Phantasiearmut, all das bringt die Politiker in Verruf. Das ständige Hin und Her um Koalitionen und Kompetenzen, um Geld und Geltung verstimmt zunehmend die Öffentlichkeit und/oder läßt sie gegenüber Politik gleichgültig werden.

Ob es um die »Rentenlüge«, die »Mietenlüge« oder jüngst um die »Steuerlüge« ging – immer gewinnen die Wähler den Eindruck, als wollten Politiker ihnen aus Parteirücksichtnahme und wahltaktischem Kalkül die Wahrheit nicht länger zumuten. Beschwichtigungs- und Vernebelungsstrategien sind willkommene Mittel, um z. B. die wirklichen Folgeprobleme und -kosten der deutschen Wiedervereinigung bis heute zu verschleiern. Doch was heißt hier »wirklich«? Die Wirklichkeit erscheint zunehmend als ein Konstrukt, als etwas intersubjektiv und interaktiv Erzeugtes, nicht als etwas objektiv Gegebenes, das der Politik zum Maßstab gereichen könnte. Politisches Handeln kann sich heute nicht länger den Gesetzmäßigkeiten einer Mediengesellschaft entziehen, die nach dem Leitsatz funktioniert: »Wahr ist, was als wahr gilt, was als wahr wirkt.« Die Repräsentationstechniken von Fernsehen und Video, ihre Logik des »so tun, als ob«, ihre besondere Dramaturgie der Zeichen und Symbole, all das hat längst die Politik infiziert. Peter Glotz hat dieses Phänomen mit offensiver Resignation umschrieben: »In der Welt der modernen Medien wird man sich nicht zurechtfinden, wenn man die Leute allzu naiv nach Gesinnungen sortiert. Jeder, der eine öffentliche Rolle spielt, kommt in den Zwang zu posieren.« Damit ist auch gesagt, daß jedes Medium nur ein bestimmtes Quantum an schlechten Nachrichten und Katastrophenmeldungen verkraftet. Politik droht zum Geschäft der Einschaltquoten zu degenieren.

Daneben wirkt das politische Feld heute zunehmend diffus. Die einzelnen Punkte, an denen Entscheidungen getroffen oder zumindest beeinflußt werden können, sind kaum noch lokalisierbar. In dieser Situation stellt sich Politik zuallererst als Machtkampf dar, als bloßer Interessenausgleich, als Problemverlagerung und bestenfalls als technokratische Beherrschung der parlamentarischen Prozeduren. Läuft Politik als Mängelverwaltung (z. B. im Umweltschutz) nicht den realen gesellschaftlichen Prozessen hinterher? Hat sie ihre konzeptionelle, ihre visionäre Kraft nicht längst zugunsten kurzatmiger, tagesaktueller Problemlösungen eingebüßt? Entfernt sich der politische Betrieb nicht zunehmend von Lebens- und Erlebniswirklichkeit, reduziert sich Realitätserfahrung hier nicht auf die Teilnahme an Ausschußsitzungen?

Der von Politikern häufig diagnostizierten Unregierbarkeit, Staats- und Parteienverdrossenheit entspricht heute auf seiten der Wähler vermehrt die Forderung nach Glaubwürdigkeit und Authentizität von Politik. Anstelle von Schauspielern und Medienstars, die konkrete Entscheidungen immer häufiger durch symbolische (Ersatz-)Handlungen ersetzen, wünscht sich die Mehrheit der Staatsbürger gradlinige Politiker, die ihre Arbeit als gemeinschaftliches Handeln, als

Handeln in gemeinsamer Sache begreifen. Gefragt ist nicht der windschnittige Karrierist, sondern der Mensch mit einer Lebensgeschichte, so umwegreich und gebrochen sie auch sein mag. Anstelle der gängigen ›Theatralisierung von Politik‹, die mehr und mehr zum Zuschauersport verkommt, soll die repräsentative Demokratie zunehmend basisdemokratische Verfahren erlauben.

Dabei reduziert sich die Forderung nach Ehrlichkeit, nach Glaubwürdigkeit nicht auf einen moralischen Appell. Nach dem Konversationslexikon geht der Begriffsumfang von »Ehrlichkeit« ja weit darüber hinaus, nicht zu lügen. »Ehrlichkeit ist die Abwesenheit von Anrüchigkeit«, heißt es. Der Wunsch nach dem ehrlichen Politiker wendet sich vielmehr auch gegen das Selbstverständnis der Moderne, nach dem Politik ein Gewerbe, ein Geschäft, ein schmutziges Geschäft ist. Das eigene politische Urteil soll anhand der vertrauenswürdigen Person des Politikers wieder auf ein verläßlicheres, weil unmittelbar nachzuvollziehendes Fundament gestellt werden. Auf diesen Anspruch der Wähler reagieren Berufspolitiker heute, indem sie sich mit Hilfe ausgeklügelter Öffentlichkeitsarbeit ein ›Image‹ der Glaubwürdigkeit zulegen. Persönliches Charisma, eine vorzeigbare Lebensführung, all das soll eine ›Aura des Vertrauens‹ schaffen. Man möchte das Bild einer Person suggerieren, der man gefahrlos den »politiksprichwörtlichen Gebrauchtwagen« abkaufen könnte. »Es ist ja kaum zu übersehen, daß dem Postulat der Glaubwürdigkeit auch deshalb so heftig akklamiert wird, weil es auf honorige Weise den Affekt gegen die ›etablierte‹ Politik formuliert, gegen ihre Unübersichtlichkeit und Schwer-Verständlichkeit, ja gegen Institutionen und Prozeduren überhaupt«, schreibt der Journalist Hermann Rudolph. Der Politiker steht als Person mehr und mehr für die Zusammenhänge, in denen er wirken soll. Dabei fällt auf, daß sich gerade jene Personen den Bonus der Glaubwürdigkeit erhalten konnten, die sich energisch vom Politik-Betrieb distanziert haben – nicht zuletzt weil sie darin auch scheitern mußten.

Doch die Forderung nach Ehrlichkeit, nach dem »guten Menschen in der Politik« hat auch ihre Grenzen. Allzu leicht liefert sich der politische Prozeß damit den Gefahren der Personalisierung aus. Zugunsten einiger ›Autoritäten der Glaubwürdigkeit‹ koppelt sich das Gemeinwohlinteresse von den demokratischen Verfahren der Meinungsbildung und Entscheidungsfindung ab. Reduziert das Kriterium der Ehrlichkeit nicht vorschnell die Komplexität der Zusammenhänge, überspielt es sie nicht gerade? Liegt darin nicht vielleicht seine Faszination begründet?

In einer sich nach Interessen, Zielen und Bedürfnissen mehr und mehr ausdifferenzierenden Gesellschaft hat jeder Politiker mit dem Problem zu kämpfen, wie er als professioneller Fürsprecher und Funktionär die zumeist divergierenden Interessen von Wählern, Delegierten und Lobbyisten, von Parteien, Schichten und Strömungen unter einen Hut bringen soll. Da bei jeder politischen Entscheidung Prioritäten gesetzt werden müssen, sind Enttäuschungen und Glaubwürdigkeitsverluste bei den nicht berücksichtigten Interessenvertretern die notwendige Folge. Mit gutem Recht kann z. B. der F.D.P.-Rechtsexperte Burkhard Hirsch behaupten: »Ich kenne keinen Politiker, der von sich nicht das Gefühl hat, letzten Endes wenigstens in einem höheren Sinne ehrlich zu sein. Ehrlich zu sein heißt dann, das Beste für die Allgemeinheit zu wollen und sich zu diesem Ziel nur die Umwege zu erlauben, die wirklich unerläßlich sind, von kleinen menschlichen Schwächen abgesehen.«

Heißt das, der Politiker ist von allen Anforderungen an seine Ehrlichkeit entlastet? Schuld sind immer die gesamtgesellschaftlichen Strukturen, die in ihrer Vernetzung von Interessen und Einflußmöglichkeiten eben keine persönliche Wahrhaftigkeit mehr zulassen? Doch selbst eine solche Einsicht, eine solche zwangsläufig produzierte Frustration kann in einer dramatisierungssüchtigen Mediengesellschaft von kaum einem Politiker noch öffentlich zugegeben werden. Zu groß wäre die Gefahr, dem politischen Gegner damit Munition zu liefern und bei der nächsten Wahl durch wechselnde Mehrheiten die Macht zu verlieren. Taktisches Kalkül scheint im politischen Handeln längst über Urteilskraft und Ehrlichkeit zu triumphieren. Unsicherheiten und eigene Zweifel werden von Politikern gerne dadurch überdeckt, daß sie sich nach außen den Anschein einer »Allzuständigkeit« geben. Vor diesem Hintergrund wirkt die Überzeugung des CDU-Sozialpolitikers Ulf Fink geradezu subversiv, wenn er schreibt: »Es ist grundsätzlich falsch, den Eindruck zu erwecken, als ob man zu allem und jedem eine Auskunft geben könne, denn auf diese Weise hat man bestenfalls kurzfristige Erfolge. Auf lange Sicht schadet man damit aber nur der eigenen Glaubwürdigkeit und untergräbt das Vertrauen der Bürger in die Politik.«

Die soziale Streuwirkung des Politischen – sie reicht von öffentlichen bis in private Situationen hinein – erfordert einen neuen Umgang mit der Macht. Sie entsteht heute an unvorhersehbaren Knotenpunkten in der Gesellschaft. Was Hans Magnus Enzensberger als »Fähigkeit zur Selbstorganisation« umschrieben hat, reicht weit über die parlamentarischen Instanzen in einer Demokratie hinaus und appelliert an das Vermögen zur Wiedervereinigung der »freien Kräfte in den tiefsten Schichten der Gesellschaft« (Hermann Schwengel). Die Mitbegründerin der »Grünen«, Petra Kelly, mag dies im Blick gehabt haben, wenn sie zeit ihres Lebens nicht müde wurde, darauf hinzuweisen: »Auch die Selbstbeschränkung der Macht der eigenen Partei, auch die Kunst, die eigene Macht konsequent abzubauen, hat etwas mit Glaubwürdigkeit in der Demokratie zu tun.«

Diese einleitenden Bemerkungen mögen jenes Spannungsfeld umreißen, das in den neunzehn Essays dieses Bandes vermessen wird. Hervorgegangen sind die Beiträge aus einer Sendereihe im ›Abendstudio‹ des *Hessischen Rundfunks*. Politik- und Sozialwissenschaftler, Historiker, Philosophen und Schriftsteller versuchen in oft sehr persönlichen Stellungnahmen, das Verhältnis von Macht und Moral ein wenig aufzuhellen. Dabei leistet der doppeldeutige Titel »Opfer der Macht – Müssen Politiker ehrlich sein?« nur eine Orientierungshilfe: Gehört die Ehrlichkeit zu den Opfern, die ein Politiker heute notwendigerweise Machterwerb und Machterhaltung bringen muß? Oder ist der Politiker selbst nur ein hilfloses Opfer der Macht und ihrer immanenten Logik?

Im November 1992 *Peter Kemper*

Michael Rutschky
Die Macht, die Wahrheit und das Dorf

Das Musterbeispiel, das in einer alten Fibel stehen könnte, lautet ungefähr so: Filius, um die drei Jahre alt, nähert sich einem kohlrabenschwarzen Eisenofen, der aber, wir schreiben als Jahreszeit Winter, glühend heiß ist – bevor er ihn, ahnungslos, berühren und sich also verletzen kann, ruft Vater herrisch: »Faß das nicht an!« Filius läßt es, und die Welt bleibt in Ordnung.

Die Schulfibel wird, wenn nicht de facto, so doch der Tradition nach, von der ihre Autoren sich haben leiten lassen, aus dem 19. Jahrhundert stammen – wie mir ein Politologe, mit dem ich über die Geschichte sprach, bestätigt hat. Seine Kollegen – die politischen Theoretiker – versprachen sich damals die Lösung gewisser Probleme von der Rückkehr zu ländlichen, zu dörflichen Verhältnissen. Insbesondere geht es um das Problem, wie sich Macht und Wahrheit zueinander verhalten.

Der Vater, der Filius den Befehl erteilt: »Faß das nicht an!«, erspart ihm eine Körperverletzung. Allerdings auch eine Wahrnehmung: daß nämlich ein Ofen, der kohlrabenschwarz und nicht rotglühend ausschaut, heiß sein kann. Während die Aufklärer – so mein Politologe – nicht ohne Sadismus darauf zu bestehen pflegten, daß das Kind, um Herr seiner Sinne und seines Verstandes zu werden, sich zuweilen die Hand verbrennen müsse, interessierte die sich seinerzeit neu formierenden Konservativen, daß der Befehl des Vaters – insgesamt: der Autorität – der Wahrnehmung des Kindes, des Untertanen bestimmte Themen entzieht, und das zu seinem Besten, wofür die körperliche Integrität steht.

Macht stiftet Wahrheit. Das Kind verzichtet auf die Berührung des Ofens nicht, weil sie schmerzhaft wäre, sondern, weil Vater es befohlen hat. Daran ändert sich auch nichts, wenn Vater seinem Befehl hinzufügt: »Wenn du den Ofen anfaßt, verbrennst du dir die Finger!« Der Wahrheitsgehalt wird für das Kind durch den Befehl gestiftet und nicht umgekehrt. Im Grunde, so mein Politologe, finden wir schon hier die berühmt-berüchtigte Idee von Carl Schmitt, die politische Entscheidung komme, normativ gesehen, aus dem Nichts ...

Aber darüber wollen wir ihn allein weitergrübeln lassen. Mich interessiert ein anderer Punkt.

Meine Kindheit fand zwischen beiden Milieus statt. Einmal dem ländlichen, wo Vater den Befehl zum Nichtberühren des Ofens ohne weitere Begründung gegeben hätte; sodann aber dem städtischen, aus dem meine Eltern vor dem Krieg geflohen waren. Den städtischen Erziehungsregeln zufolge hätte der Vater seinem Befehl vermutlich nicht nur die Begründung hinzugefügt – »sonst verbrennst du dir die Finger!« –, sondern darüber hinaus dem Kind geraten, das Händchen vorsichtig in die Nähe des Ofens zu bringen: dann werde es die Hitze spüren. So hätte Vater den Forderungen der Aufklärung, daß es auf unseren eigenen Verstand und unsere eigene Wahrnehmung ankommt, Genüge geleistet.

Während dem dörflichen Konzept zufolge Wahrheit durch Autorität gestiftet wird, funktioniert der Befehl dem städtischen Konzept zufolge nur temporär, in einer Art Ausnahmezustand; danach, wenn die Gefahr gebannt ist, kann man zur sachlichen Überprüfung kommen: ob, was der Befehl aussagte, auch der Wahrheit entsprach. Der Ofen ist tatsächlich glühend heiß.

In der modernen Welt, meldet sich mein Politologe wieder zu Wort, sind Machtansprüche und Wahrheitsansprüche auseinandergetreten, die in der vormodernen Welt noch verschmolzen waren. Ob die Macht lügt oder die Wahrheit sagt, kann man erst in der modernen Welt überprüfen. Autorität zu *hinterfragen* – was meiner Generation in ihrer Jugend solchen Spaß gemacht hat – ist auf dem Dorf nicht möglich, weil, wer Vaters Befehl sachlich widerspricht, damit seine Autorität und letzten Endes das ganze Sozialgefüge erschüttert. Dafür gibt es in der dörflichen Welt – wie mir ein Ethnologe, der sich im türkischen Dorf auskennt, erklärt hat – gewisse Techniken des Ausklammerns, die die Autonomie des Kindes bzw. Untertanen wahren: Vater verbietet das Rauchen – er schaut aber nicht nach, was die Söhne in jenem dunklen Schuppen treiben.

Es versteht sich von selbst, daß das Konzept, Macht stiftet Wahrheit, dadurch, daß ich es der dörflichen, vormodernen Welt zuordne, nicht einfach erledigt ist. Traditionsbestände pflegen, auch wenn ihr eigentlicher Geltungsbereich längst abgelebt ist, noch lange umherzugeistern. Reizvoller, auch nützlicher ist es, solche Traditionsbestände in ihrem Fortleben, wenn auch unter diversen Verkleidungen, zu studieren. Wobei, wie gesagt, das bedeutsamste Merkmal ist: daß wir gar nicht überprüfen können – an einer gemeinsamen Realität –, ob die Macht die Wahrheit sagt oder nicht, weil Macht Wahrheit stiftet. Wenn du auch nur durch körperliche Annäherung herausfinden willst, ob der Ofen heiß ist, hast du die Autorität des Vaters schon untergraben. Im türkischen Dorf müßtest du immerhin so lange warten, bis er den gemeinsamen Raum verlassen hat.

Schwer zu übersehen, daß der Realsozialismus diesem Konzept, Macht stiftet Wahrheit, verpflichtet war – daß er darauf gebaut hat, das hat entscheidend zu seinem Zusammenbruch beigetragen.

So ist schon die Formel vom »real existierenden Sozialismus«, die, wenn ich mich richtig erinnere, die Honecker-Administration in den siebziger Jahren lanciert hat, vielsagend genug: Die Staats- und Parteimacht geht von nun an davon aus, daß das, was auf einem bestimmten Territorium als politische und gesellschaftliche Ordnung vorzufinden ist, den Sozialismus darstellt, was auch immer hochgemute Professoren und Literaten vor hundert Jahren als Sozialismus ausgemalt haben mögen. Wer auf ihre Luftschlösser zurückgreift, um das, was als Sozialismus, wie die Parteimacht eben dekretiert hat, von nun an existiert, als unvollkommen, grundsätzlich verbesserungsbedürftig, nicht gemeint zu kritisieren, stellt die Staats- und Parteimacht in Frage und hat mit den entsprechenden Folgen zu rechnen. So hat mir einer der DDR-Revolutionäre die Formel aufgeschlüsselt.

Die Partei hat immer recht. Denn die Partei ist so organisiert, daß, was sie zu irgendeinem Realitätsproblem äußert, als Wahrheit gelten muß – es gibt einfach keine anderen Instanzen. Weil die Partei nicht, wie der patriarchalische Vater, ein Einzelwesen, sondern ein vielgliedriges Sozialgebilde ist, entstehen mit dem Einklammern natürlich andere Schwierigkeiten.

Dabei darf man sich das Wahrheitsmonopol der Partei, das sich ihrem Machtmonopol verdankte, nicht nach dem Modell der Tyrannenwillkür vorstellen (obwohl es auch dazu reichlich Gelegenheit gab). Im wesentlichen wurde das Wahrheitsmonopol durch bestimmte Techniken der Informationsgewinnung und der Informationsvermeidung durchgesetzt und aufrechterhalten – so habe ich es mir im November 1989, bei einer Reise durch die noch existierende, aber schon revolutionäre DDR anschaulich erklären lassen:

Wir standen in Zwickau vor einem Obst- und Gemüseladen; mein Gewährsmann zeigte mir die Orangen aus Kuba, die man nicht essen, sondern nur versaften kann; ich bewunderte, mit dem typisch westdeutschen Blick, die einheimischen Rüben und Äpfel, die, angeschmutzt und rissig, wie die Äpfel und Rüben meiner Kindheit, in Kästen und Körben gestapelt lagen – »doch«, sagte mein Gewährsmann, mich leicht mißverstehend, »die haben sich wirklich Mühe gegeben, ihre Auslage schön herzurichten – das tun nicht alle!«

Das tat man nur, wenn eine Kontrollkommission aus Berlin sich angesagt hatte: Dann sorgte die lokale Parteiorganisation dafür, daß in der hübschesten Straße von Zwickau die hübschesten Geschäfte mit der vorhandenen Ware hübsch dekoriert wurden. Dort wurde die Kontrollkommission hindurchgeführt; sie konnte, zu ihrer Zufriedenheit, feststellen, daß es auch in Zwickau bestens laufe mit dem Sozialismus;

sie konnte das nach oben weitermelden, wobei auch einiges Lob für die lokale Parteigliederung abfiele, die den Aufbau des Sozialismus so eindrucksvoll in die Wege zu leiten verstehe.

So hat das funktioniert. Bis es nicht mehr funktioniert hat. Man hätte, sagte mein Gewährsmann, hin und wieder nach der Methode Harun al-Raschid verfahren sollen: Das Politbüro verkleidet sich und kundschaftet inkognito die DDR aus – dann hätten sie bald gewußt, daß die Sache danebenging. Falls sie es überhaupt wissen wollten. – Jedenfalls kann die Geschichte verständlich machen, wie in der DDR der Informationsfluß von unten nach oben so organisiert war, daß die Zentrale sich zu wissen ersparen konnte, was lief. Daß es nicht der Sozialismus war, was sich entwickelte, wurde, wie im türkischen Dorf, eingeklammert, vor der Autorität verheimlicht – dafür sorgte der Überwachungsapparat, der auch diejenigen, welche beim besten Willen nicht das Zustandekommen des Sozialismus beobachten konnten, einfach als Gegner desselben, der auszuschalten sei, klassifizierte. Wenn die Zentralmacht sagt, daß dies der Sozialismus ist, so sagt sie die Wahrheit. Wer das bezweifelt, ist ihr Feind: das ist alles. – Man muß aber gerechterweise hinzufügen, daß, wie mein Gewährsmann mir erklärt hat, in den letzten Jahren der Honecker-Administration die Notwendigkeit des Einklammerns immer geringer wurde: Man konnte in aller Öffentlichkeit herzlich auf den Sozialismus schimpfen. Das Politbüro sei einfach zu alt und zu schwach gewesen, um das noch zur Kenntnis zu nehmen und dagegen Maßnahmen ergreifen zu können. Wenn der türkische Vater alt und blind geworden ist, raucht der Filius auch in seiner Gegenwart.

Der Politologe, der uns schon vorhin Bescheid gegeben hatte, vertritt die These, daß dies leninistische Konzept der kommunistischen Partei, die als Zentralgewalt die Wahrheit kennt und durchsetzt – nicht, weil sie einer geteilten Wahrnehmung der Bürger entspricht, sondern, weil die Zentralgewalt die Zentralgewalt ist: die Bürger haben immer nur ihre partikular beschränkte Perspektive, die deshalb staatlicherseits kontrolliert werden muß –, mein Politologe meint, daß dies Konzept der kommunistischen Partei, die stets die Wahrheit sagt, weil sie die Macht hat, wiederum als ein verkleideter Traditionsbestand zu verstehen ist, nämlich der römischen Kirche. »Der Generalsekretär war der Papst«, sagt er, »das Politbüro das Kardinalskollegium.«

Gewiß ist für unseren Zusammenhang, wie Macht und Wahrheit zueinander stehen, das Beispiel der Kirche höchst lehrreich, weil hier die Wahrheit sich nicht einer innerweltlichen Wahrnehmung – für die es in der modernen Welt gewisse Regeln gibt – verdanken soll, sondern einer Offenbarung, mit der die Transzendenz in die Welt einbricht.

Und das auch nicht auf Anfrage, gewissermaßen. Um die geoffenbarte Wahrheit zu apperzipieren, muß man sich an einen heiligen Text halten, in dem sie niedergelegt ist. Um diesen Text richtig zu verstehen, muß man Übung in seiner Auslegung haben und die Autorität der Tradition, in welcher die Auslegung stattfindet, anerkennen. Verstehen heißt gehorsam sein: Und damit sind wir schon bei der Kirche, der ich mich unterwerfen muß, wenn ich wissen will, wie Gottes geoffenbarte Wahrheit lautet. »Und die Kirche hatte am Anfang«, so mein Politologe boshaft, »mindestens ebenso viele Schwierigkeiten zu erklären, wo denn Gottes Reich bleibt, wie das Politbüro, wie lange man denn noch auf den Sozialismus warten müsse.«

Die Parallelen zwischen Kirche und Kommunismus sind von liberalen Kritikern oft herausgestrichen worden: Wie die Schriften von Marx und Engels als heilige Texte kanonisiert wurden, in denen sozusagen alles schon steht – man muß es bloß, durch Auslegungskunst, herausfinden –; wie sich die Gründer des wissenschaftlichen Sozialismus in eine Galerie von Kirchenvätern verwandelten, und die jeweiligen *denominations* stritten nur noch darüber, ob auch das Profil von Stalin oder Mao Tse-tung, von Enver Hodscha oder Kim Il-sung in die Reihe aufgenommen werden solle; wie sich die

Partei unverkennbar in einen Klerus verwandelte, der in diesem und jenem Land die politische Macht übernahm und deshalb die Wahrheit zu verwalten behaupten konnte, weil er nämlich die Gestaltung der Wirklichkeit bestimmte und die Aufstellung von Gegenversionen praktisch, durch Repression, unterband. Die Kirche hat irgendwann darauf verzichtet, den Gottesstaat in der Welt zu errichten – wo regelmäßig Razzien stattfänden, welche Ehepaare in ihren Nachtschränken die verbotenen Kondome zur Verfügung hielten, beispielsweise –, zu einem solchen Verzicht auf die Verwirklichung der Marxschen Offenbarung hat es die KP nicht mehr gebracht.

Jetzt müßte ich eigentlich einen Marxisten auftreten lassen, der diese Aufstellungen geraderückt. Aber die Marxisten sitzen alle auf der Reservebank, mit schmerzverzerrtem Gesicht, und ihnen ist fraglich, ob sie je wieder ins Spiel zurückkehren werden.

Es war nicht immer sonnenklar, daß die Kommunistische Partei am allerwenigsten das ist, was sie zu sein behauptet, das gesellschaftliche Organ, mittels dessen sich in der Politik die Vernunft durchsetzen läßt. Diese Partei sollte sich einmal von allen anderen dadurch unterscheiden, daß sie die Bewegungsgesetze der modernen Welt wirklich verstehe – und dann unterschied sie sich in nichts mehr von einem mafiösen Clan, der in der Stammesgesellschaft über das Deutungs- und Machtmonopol verfügt. Aber die Realitätsversion, welche die Macht propagiert und durchsetzen will, muß in der modernen Welt wahrheitsfähig, der Wahrheitsanspruch muß vom Machtanspruch der Autorität unabhängig sein; das Kind muß den Befehl des Vaters, faß den Ofen nicht an, als vernünftig, weil der Ofen heiß ist, erkennen können, und die Warumfrage darf nicht bloß mit »weil ich es sage!« beantwortet werden – sonst funktioniert sie nicht, die moderne Welt, deren höchste Ausformung der Sozialismus doch sein wollte.

Nun hätte ein Philosoph die ganze Zeit meinem Philosophieren hier mit wachsendem Unbehagen zugehört, weil es bekanntlich mit der Wahrheit im allgemeinen, im besonderen mit der Wahrheit in Handlungszusammenhängen, im politischen Feld, eine schwierige Sache ist.

Es geht nicht immer einfach darum, ob der Ofen heiß ist, weshalb das Kind sich die Hände verbrennen könnte, wovor es bewahrt werden muß. Es geht darum, welche Art Ofen überhaupt angeschafft werden und wer ihn womit heizen soll – aber wer bestimmt das? Es geht nicht um Sachverhalte, die sich durch einfache Akte der Realitätsprüfung bearbeiten lassen, sondern um Zukunftsfragen, um Sachverhalte, die überhaupt erst hergestellt werden sollen, um Willensakte und Entscheidungen, und der Philosoph könnte uns wohl zeigen, wie solche Willensakte und Entscheidungen auch in den Äußerungen stecken, mit denen wir einfache Realitätsprüfungen zu kommunizieren meinen.

Sollen wir wirklich auf der Wahrheitsfähigkeit der Politik bestehen? könnte der Philosoph müde fragen. Sollten wir nicht umgekehrt die Alarmsignale so einstellen, daß sie immer dann aufheulen, wenn ein Politiker von reinen Sachfragen und Sachargumenten zu reden anhebt und also verschleiern will, daß es um Willensakte und Entscheidungen geht?

War das nicht ein höchst eindrucksvolles Beispiel, wie der bayerische Ministerpräsident Strauß jahrelang den Bau der Atomfabrik in Wackersdorf nicht als politische Entscheidung, sondern mit wissenschaftlichen Gutachten, also wahrheitsfähigen Sachargumenten durchzusetzen versucht hat? Seine Gegner forderten nicht einfach andere Entscheidungen, formulierten nicht bloß einen anderen Willen, sondern waren für die sachliche Wahrheit blind. Am 25. Juni 1986 habe ich mir aufgeschrieben, wie ein Adlatus des bayerischen Ministerpräsidenten den Regierungschef der anrainenden österreichischen Provinz, der sich gleichfalls gegen die Atomfabrik in Wackersdorf ausgesprochen hatte, mit jener schneidenden Arroganz, die lange den Marxisten kennzeichnete und die sich aus seiner Expertenkompetenz herleiten sollte, zurechtwies: »Ich bedauere es sehr«, schrieb Dr. Stoiber, »daß Landeshauptmann Haslauer anscheinend die Kette Uran – Anreicherung – Brennstäbe – Wiederaufarbeitung – Entsorgung und das Fehlen jeglicher Alternativen nicht erkennen kann oder will.« Wer durch mangelnde Intelligenz oder bösen Willen an der Einsicht in einen Sachzusammenhang und seine Gesetzlichkeit gehindert wird, den kann man nur noch bedauern; berücksichtigen darf man sein Votum nicht – er wird auf dem Müllhaufen der Geschichte landen.

Nun, der bayerische Ministerpräsident hat es nicht mehr erleben müssen, daß die Atomfabrik in Wackersdorf so überflüssig wurde wie die Mauer in Berlin, daß der Sachzusammenhang zerfiel, Alternativen sich auftaten und die Entscheidung, der Willensakt hervortrat, der sich hinter den vorgeblich reinen Sachargumenten verschanzt hatte. Wäre die Atomfabrik aber gebaut und in Betrieb genommen, wäre die Entscheidung materielle Realität geworden, so unser Philosoph, kein Akt der Realitätsprüfung hätte sie mehr für ungültig und unwahr erklären können. Die Wahrheitsfrage führe in die Irre; daß die Bürger aus der Gegend eine solche Anlage, die mit wie stark auch immer minimierten Lebensgefahren verbunden ist, nicht wollten, also ihrerseits eine Entscheidung trafen, das müsse doch eigentlich genügen. Wobei, klar, die Wahrheitsfragen nicht völlig ausgeschlossen, aber doch in den Hintergrund gedrängt seien: Daß von den in der Atomfabrik abrollenden Prozessen überhaupt irgendeine Gefahr ausgehe, müssen ihre Gegner aus der Sache begründen können – ein Wahnkranker, der sich von einem Fahrradschlauch bedroht fühlt, weil der eigentlich eine Giftschlange sei, verdient, wenn es um Verkehrspolitik geht, kein Gehör.

Jetzt, wo ich dies schreibe, ist der Verfallsprozeß Ostdeutschlands, der ehemaligen DDR, schon weit fortgeschritten. Die Westmark, die in der DDR eingeführt wurde, um die beiden Wirtschaftskreisläufe zu verbinden und die schwache DDR mit der Kraft der BRD auszustatten, hat sich als ein Gift erwiesen, das die DDR erst recht zersetzte, und wir wissen nicht, was im Lauf der Zeit dabei hoch- und zu uns herübergespült wird – so interpretiert es eine Körpersymbolik, die zwar nicht wahnhaft, aber den ökonomischen und gesellschaftlichen Prozessen inadäquat sein dürfte; zugleich deutet sie treffend die Befürchtungen und Angstphantasien der Bevölkerung.

Gut denkbar, daß der Bundeskanzler und seine Entourage, seit die Massen im Herbst 1989 das SED-Regime niederzwangen, einen Historiker im Blick hatte, der in hundert Jahren beschreibt, wie Helmut Kohl seit dem Herbst 1989, seit die Massen das SED-Regime niederzwangen – was das war, die SED, wird dann einen detaillierten Exkurs erfordern –, wie Helmut Kohl planmäßig, teils mit List und Tücke, im wesentlichen aber offen und bei hellem Tageslicht die Zerstörung der DDR betrieben habe, um ihre ohnmächtigen Reste einem vereinigten, in allen wesentlichen Punkten aber von der BRD bestimmten Gesamtdeutschland einzuverleiben, als dessen erster Regierungschef er erklärtermaßen in das Geschichtsbuch eingehen wollte.

Wie sollen wir hier die Wahrheitsfrage anlegen?

Man wird, wie gesagt, nicht behaupten können, daß der Bundeskanzler aktiv gelogen oder passiv die Wahrheit verschwiegen habe – inklusive der persönlichen Wahrheit, daß er gern gesamtdeutscher Kanzler werden möchte. Er hat seinen Willen dem Wählervotum ausgesetzt – freilich mit der Zusatzargumentation der Experten versehen, daß anders mit der DDR auch gar nicht verfahren werden könne – und einen Mehrheitswillen für diese Wirklichkeitsversion organisieren können, der – Freiheit ist Einsicht in die Notwendigkeit – das von den Experten aus der Wirklichkeit für notwendig Erklärte zu etwas Gewolltem machte.

Im Grunde genommen, könnte mein Ethnologe erklären, herrschen immer noch die Verhältnisse des archaischen

Dorfs: Wer die Macht hat, definiert die Wirklichkeit. Freilich ist in der modernen Welt die Autorität nicht durch die alters- und geschlechtsspezifische Familienhierarchie festgelegt, sondern durch andere Faktoren, zu denen nicht zuletzt der Mehrheitswille gehört, und jeder darf versuchen, ihn zu beeinflussen.

Im Grunde genommen, könnte ich meinen Philosophen hinzufügen lassen, sind wir in der Erkenntnistheorie auch nicht viel weiter. Seit wir Wahrheit nicht mehr als Übereinstimmung des Bewußtseins mit seinem Gegenstand definieren können – denn wer überprüft diese Übereinstimmung? das Bewußtsein kann es ja nicht sein, es ist Partei, und zugleich ist uns eine Position außerhalb des Bewußtseins einzunehmen unmöglich –, seit wir den Realismus aufgeben mußten, ist bloß so etwas wie eine Konsenstheorie übriggeblieben: Wahrheit ist, worin die Bewußtseine, insofern sie beim Argumentieren gewissen Regeln folgen, übereinkommen. Auch hier hätten wir also die Vorgaben des archaischen Dorfes nicht überschritten, allenfalls sublimiert. Die Macht, die Wirklichkeit, an die sich die Wahrheitsfrage richtet, zu definieren, ist entmonopolisiert worden; man kann konkurrierende Wirklichkeitsdefinitionen lancieren und durchzusetzen versuchen, ohne schweren Sanktionen zu unterliegen – das ist eigentlich alles.

Das klingt enttäuschend. Die Idee, daß die Wahrheit sozusagen Offenbarungscharakter habe und mit ihrem Leuchten alle anderen Bilder zum Verschwinden bringt, eine Idee, die wohl aus unserer religiösen Tradition stammt und von der Kirche wie von der KP so oder so ausgebaut wurde – diese Idee ist schwer aufzugeben.

Für das kleine Kind bildet die Entdeckung, daß den Ofen nicht anzufassen geboten ist, weil er Hitze ausstrahlt – statt einer Gehorsamsleistung gegenüber dem Vater –, einen solchen entscheidenden Lernfortschritt, daß jede erkenntnistheoretische Reflexion ihn berücksichtigen muß. Die enttäuschte DDR-Revolutionärin, die die ganze Zeit an der Idee eines eigenen Weges für ihr Land festgehalten hat – der mit der Regierung Modrow und dem Runden Tisch schon begonnen habe, der fortzusetzen gewesen wäre, wenn die Bundesrepublik bzw. die Bundesregierung nicht so massiv interveniert und alle der DDR eigenen Perspektiven verstellt hätte –, diese junge Frau kann jetzt en detail beschreiben, wie der Zusammenbruch Ostdeutschlands haargenau den Befürchtungen entspricht, die sie und ihresgleichen die ganze Zeit für den Fall geäußert hatten, daß die DDR einfach der Bundesrepublik zur Kolonisierung überlassen werde. Bislang jedenfalls, sagt sie empört, hat die Annexionspolitik des Bundeskanzlers den Erfolg, den er versprochen habe, nicht gezeitigt; die ostdeutsche Wirtschaft stirbt, statt gesund zu werden – keine Macht der Welt könne sie daran hindern, diese Wahrheit auszusprechen! Und für die Zukunft sehe sie nicht nur ökonomisch, sondern auch politisch schwarz: Die Massen in der ehemaligen DDR würden sich über kurz oder lang, von der Marktwirtschaft arbeitslos gemacht und um ihre Hoffnungen betrogen, nach rechts bewegen, und in dem Geschichtsbuch von 2090 werde Helmut Kohl zwar als erster gesamtdeutscher Kanzler nach 1945, aber auch als derjenige verzeichnet sein, der aufgrund allzu kurzsichtiger und allzu stark von persönlichem Ehrgeiz diktierter Planungen die künftige Katastrophe mitverschuldet habe.

Unverkennbar haben wir schon wieder die Wahrheitsfrage hinter uns gelassen, diesmal nicht zugunsten der Machtfrage, sondern der Prophezeiung: Die Behauptung, die DDR sei von der frisch eingeführten Marktwirtschaft so gründlich ruiniert worden, daß sie sich in die Bundesrepublik flüchten mußte, läßt sich noch, in Analogie zum Problem des heißen Ofens, aus einem Akt der Realitätsprüfung rechtfertigen – daß im nächsten Kabinett Kohl Franz Schönhuber Außenminister und Vizekanzler sein werde, ist dagegen ein aus unserer Tradition gleichfalls wohlbekannter Akt schwarzer Prophetie. Man wollte nicht das Schlechte und rief es so herbei – man wollte das Gute und verhalf eben dadurch dem Schlechten zur Herrschaft …

Ich sehe aber nicht, wie wir in politischen Dingen (von anderen zu schweigen) auf die Wahrheitsfrage verzichten könnten. Unzweifelhaft, daß sie sich von der Machtfrage nicht so weit entfernt hat wie wir uns von unserer Kindheit bzw. den Lebensverhältnissen des archaischen Dorfes – unzweifelhaft aber auch, daß, während der Urvater, gefragt, warum wir den Ofen nicht berühren sollen, ausreichend antwortet, wenn er sagt: »weil ich es so will!«, der Bundeskanzler dagegen seine Entscheidung, die Vereinigung mit rasender Geschwindigkeit herbeizuführen, mindestens mit der allgemeinen Rechtfertigung verbinden mußte: »weil die Menschen in Deutschland es so wollen«; oder zu einer aus der Sache schöpfenden Begründung kommen mußte: »weil es den Menschen in Deutschland am meisten nützt«. Damit ist schon wieder Realitätsprüfung notwendig geworden, die Willensakte und Prophezeiungen als solche kenntlich macht und alternative Entscheidungen vorbereitet. Nur aus sehr weiter Entfernung – dem Geschichtsbuch des Jahres 2090 – lassen sich die Probleme zu reinen, wahrheitsunabhängigen Machtfragen, die einer so und nicht anders beantwortet hat, zusammenziehen.

Ich möchte zum Schluß aber noch eine ganz andere Version dieser Geschichte weitergeben, die sich, wenn ich richtig informiert bin, vor allem unter jungen Menschen einer gewissen Beliebtheit erfreut.

Dieser Version zufolge haben wir historische Prozesse nicht so zu rekonstruieren, als ob in ihnen Macht- bzw. Wahrheitsansprüche durchgesetzt werden, wir sollen sie uns vielmehr als heilloses Durcheinander vorstellen, als Chaos, das sich durch die Zeit ergießt.

Daß sie hier und da gewisse Verfestigungen bildet, in denen es um Macht und/oder Wahrheit wenigstens zu gehen scheint, Schlieren von Sinn gewissermaßen, darf uns von der allgemeinen Einschätzung, Geschichte vollzieht sich als Chaos, an ihren Kreuzungen weist der Zufall die Richtung, das Entscheidende geschieht immer da, wo niemand ist, nicht abbringen.

Wir haben zu diesem Punkt eine bedeutende Lektion erhalten.

Was Günther Schabowski am 9. November 1989 bei seiner Pressekonferenz mitteilen wollte, soll ungefähr dies gewesen sein: Von nun an können alle DDR-Bürger, die Ausreiseanträge gestellt haben, sogleich ausreisen – was dabei herausgekommen ist, weil Schabowski sich mißverständlich ausgedrückt hat oder massenhaft mißverstanden wurde, war die Öffnung der Mauer und der Untergang der DDR.

Meine enttäuschte DDR-Revolutionärin vom Neuen Forum glaubt übrigens nicht, daß das Zufall oder ein Mißverständnis war: Sie glaubt, die SED habe, weil sie am Ende war, die DDR selber zerstören wollen.

Das glaube ich nicht. Ich halte es für ein Beispiel des Beziehungswahns, in den man geraten kann, wenn man sich diese Prozesse allzu sinnreich vorstellt.

Und dagegen ist die Vorstellung, Geschichte wälze sich als Chaos durch die Zeit und erheische Erzählmodelle, die eher dem *nouveau roman* der fünfziger Jahre als dem auktorialen Roman des neunzehnten Jahrhunderts nachgebildet sind, bei richtiger Dosierung ein gutes Korrektiv. Zumal sich gegenwärtig diese Vorstellung mit Heiterkeit, mit Humor verbindet und nicht mit dem finsteren Pessimismus, den wir aus unserer Geschichte kennen.

Die Gefahr ist wiederum die der allzu großen Entfernung. Wir können das Geschichtsbuch des Jahres 2090 nicht lesen, und deshalb ist uns sein Standpunkt unzugänglich. Wir stekken mittendrin.

Niklas Luhmann
Die Ehrlichkeit der Politiker und die höhere Amoralität der Politik

Die Leitfrage dieses Beitrags läßt sich im ersten Überlegungsgang leicht beantworten. Auf die Frage, ob Politiker ehrlich sein müssen, wird man antworten: im Prinzip schon! Schwieriger wird es, wenn man die Frage genauer einstellt. Die Frage kann eigentlich nicht lauten, ob Politiker ehrlich sein *müssen*. Müssen muß keiner. Man könnte sich überlegen, ob sie ehrlich sein *sollen*. Dann hätte man die Folgefragen: wer schreibt das vor, und was würde geschehen, wenn Politiker nicht ehrlich wären? Ein nochmals härterer Zugriff läge in der Frage, ob sie überhaupt ehrlich sein *können*. Unmögliches kann man nicht verlangen, und vielleicht erledigt sich das Moralproblem der Frage schon dadurch, daß man Ehrlichkeit für unmöglich erklärt.

Diese Gabelung Müssen/Sollen/Können zwingt dazu, deutlicher zu sagen, was in der Sache selbst eigentlich gemeint ist. Soll man so weit gehen zu fordern, daß *alle* Politiker in *jeder* Situation *sagen* müssen, was sie *wirklich denken*? Dann würde man etwas fordern, was schon im täglichen Leben jede Kommunikation rasch zum Erliegen brächte. Man könnte an eine Sondermoral für Politiker denken, könnte moralisch Vorbildliches verlangen im Sinne mittelalterlicher Fürstenspiegel. Aber wer würde einen solchen moralischen Rigorismus vertreten, wenn er gute Gründe hat anzunehmen, daß dies die Politik selbst zum Stillstand, zur Selbstauflösung führen würde? Wir hätten dann ethisch hochwertige Politiker – ohne Politik.

Sobald man daraufhin versucht, den ethischen Rigorismus abzuschwächen, gerät man jedoch ins Gleiten. Und wo ist dann noch Halt? Gibt es eine Regel, die die unvermeidliche Unehrlichkeit spaltet in erlaubte und unerlaubte Unehrlichkeit? Könnte man mit einer Abwägungsregel helfen? Aber was hülfe das einem Politiker, der von Berufs wegen gehalten ist, schneller zu reden als zu denken?

Angesichts dieser Verlegenheiten, in die man gerät, wenn man versucht, genauer zu bestimmen, wovon die Rede ist – angesichts dieser Verlegenheiten ist es ein guter Rat, zunächst einmal zu erkunden, was schon vorliegt. Das Problem ist schließlich nicht neu, und es mag Gedrucktes geben, an das man sich halten kann. Diese Überlegung führt zurück ins 16. und 17. Jahrhundert, in die Zeit des Beginns der Beobachtung und Beschreibung der frühmodernen Territorialstaaten und ihrer »Staatsräson«. Mein Eindruck ist, daß *nur damals* das Problem der Ehrlichkeit in der Politik wirklich ernst genommen und diskutiert worden ist – diskutiert vor dem Hintergrund von Meinungen, die man damals mit dem Namen Machiavelli verband. Es lohnt sich deshalb, den seinerzeit erreichten Diskussionsstand kurz vorzustellen und im Anschluß daran zu überlegen, ob etwas davon heute noch relevant ist, und wenn nicht, warum nicht. Nur in Auseinandersetzung mit der Geschichte könnte man daran denken, eine für unsere Zeit angemessene politische Ethik zu entwerfen, und das erfordert in erster Linie ein historisches Differenzbewußtsein.

Die Ergebnisse jener Diskussion über die moralischen Probleme der Staatsräson lassen sich in wenigen Punkten zusammenfassen.

1. Man geht von einer mit der Natur des Menschen gegebenen Moral aus. Es gibt keine prinzipiellen Zweifel an der Bedeutung moralischen Urteilens in der Politik, obwohl Machiavelli als Symbolfigur eines solchen Zweifels dient. Die Probleme stellen sich *innerhalb* der Moral.
2. Ein Problem mit der Moral tritt erst nach dem Sündenfall auf, und es ist ein als Moral definiertes *soziales* Problem. Die Frage lautet: wie kann man sich selbst unerschütterlich an die Moral halten, *wenn andere es nicht tun*. Man kann dem Rat der Stoiker folgen und es einfach *versuchen* (so weit die eigenen Kräfte reichen), aber handelt man

dann klug und vernünftig mit Rücksicht auf die tatsächlichen Umstände, unter denen das Leben in dieser Welt nun einmal zu führen ist? Oder fordert die Situation nicht doch gewisse Abweichungen von strenger Beachtung der Moral?

3. Regeln, die allgemein gelten (zum Beispiel: daß man seine Versprechen halten soll), gelten nicht unter allen Umständen. Es mag höherwertige Interessen geben (Gemeinwohl, Erhaltung der Kirche, Erhaltung des Staates), die Recht und Moral außer Kraft setzen. Es mag sich als zwingend notwendig erweisen, politische Gegner ermorden zu lassen oder Rechtsbrüche des Adels (Hausbesetzungen gab es damals noch nicht) ungesühnt zu lassen. Dies Problem wird über ein Regel/Ausnahme-Schema gelöst, und der moralische Eifer findet sein Ventil und sein gutes Gewissen darin, daß er an die Zulassung von Ausnahmen strenge Anforderungen stellt. Der Fürst darf es nur seufzend tun.
4. Was Ehrlichkeit angeht, gilt dasselbe Muster mit einigen zusätzlichen Regeln. Man mahnt zunächst, daß Ehrlichkeit leichter zu handhaben sei als Unehrlichkeit und sich, auf die Dauer gesehen, besser bewähre. Geringere Informationslasten, würden wir vielleicht sagen. Oder: Ehrlichkeit währt am längsten. Aber schon im täglichen Leben funktioniert das nicht ohne weiteres, wie ein berühmter Essay von Francis Bacon »Of Simulation and Dissimulation« zeigt. Man muß Rücksicht nehmen auf das, was andere vertragen können, und darauf, wie sie reagieren werden. Und wenn das schon für das tägliche Leben gilt, wie viel mehr dann unter den erschwerten Bedingungen der Staatsgeschäfte.
5. Weiter versucht man, mit einer Unterscheidung zu helfen, in der gerade strenge Moralisten die Rettung sehen: der Unterscheidung zwischen Simulation und Dissimulation. Bei Simulation handelt es sich um aktive Täuschung anderer. Man führt sie auf einen Irrweg, lügt und betrügt. Bei Dissimulation handelt es sich nur um das Verbergen eige-

ner Gedanken oder auch des eigenen Informationsstandes, um die Wahrung von Geheimnissen. Man darf, so lautet der Rat, andere zwar nicht täuschen, aber man braucht sie auch nicht aufzuklären. Man darf sie nicht belügen, aber man muß sie nicht warnen. Hier ließe sich eine komplexe Kasuistik anknüpfen, die von dieser Unterscheidungsregel dann wieder Ausnahmen macht. Denn eine Täuschung mit geringen Folgen mag weniger schlimm sein als ein Nichtwarnen, wenn jemand in den Tod läuft. Überlegungen zu einer solchen Moralkasuistik kenne ich nur ansatzweise; aber man könnte vielleicht mehr entdekken, wenn man sich die Literatur über Beichte und seelsorgerische Beratung genauer ansieht.

6. Schließlich ist dem 17. Jahrhundert geläufig, daß man eigene Ehrlichkeit oder Aufrichtigkeit (sincérité, wie es damals hieß) nicht kommunizieren kann. Wer sagen würde: ich bin ehrlich, würde zugleich mitteilen, daß Zweifel bestehen. Er würde die Möglichkeit eröffnen, es zu glauben oder nicht zu glauben, in Situationen, in denen das Problem ohne einen so plumpen Kommunikationsversuch vielleicht gar nicht gegeben wäre. Und auch hier führen Auswege ins Raffinement: Wie kann man eigene Ehrlichkeit kommunizieren, ohne sie zu kommunizieren? Und was geschieht, wenn auch dies noch durchschaut wird? Kann man sich hier dann noch auf eine nur in Oberschichten mögliche Verhaltensdisziplin, auf Takt, Diskretion, Ignorierenkönnen usw. verlassen?

Zusammenfassend kann man diesen Rückblick in eine längst vergangene Zeit auf die Formel bringen, daß zwei Paradoxien entdeckt worden sind: die Paradoxie des Moralcodes und die Paradoxie der Kommunikation. Bei der Paradoxie des Moralcodes geht es darum, daß die Moral gelegentlich unmoralisches Handeln erfordert, wenn sie sich nicht selbst unmöglich machen will. Bei der Paradoxie der Kommunikation geht es um die Kommunikation von Nichtkommunizierbarem. Die Vergeblichkeit des Sichabmühens an diesen beiden Paradoxien hat zu hochartifiziellen Konstrukten geführt, die zu dem Besten gehören, was man über unser Thema finden kann. Und für eine soziologische Interpretation dieses Befundes liegt die Vermutung nahe, daß es sich um die semantische Interpretation einer (unverstandenen) Übergangslage handelt. In dieser Situation wurde die Gesellschaft noch natural als zivile Vereinigung der Menschen und das soziale Handeln noch moralisch im Schema gut/schlecht beschrieben, aber die Phänomene entsprachen den Voraussetzungen dieser Semantik bereits nicht mehr – Phänomene wie Buchdruck, Geldwirtschaft, Territorialstaat.

Wir mögen für diese Denkanstrengungen der Frühmoderne noch Bewunderung aufbringen, verwenden können wir sie nicht mehr. Wenn man an sie erinnert, erzeugt das den Eindruck des Nicht-wieder-Erreichbaren und führt zu der Frage, wie Menschen sich *statt dessen* orientieren können, wenn es um Moral in der Politik geht.

Die Paradoxien sind geblieben, davon kann man ausgehen. Aber ihre Auflösung wird nicht mehr als Sache der Klugheit aufgefaßt, nicht mehr im Kontext der alten prudentia-Lehre gelehrt. Die Formulierung der Paradoxie als Paradoxie zerstört diese Hoffnung. Was bleibt, ist, oberflächlich betrachtet, eine andere Art von Unterscheidung – die von *Naivität und Zynismus* im Umgang mit Moral. Aber damit machen wir es uns zu leicht, weil dies auf beiden Seiten ohne viel intellektuelle Anstrengung zu haben ist.

Achtet man auf die strukturellen Veränderungen des Gesellschaftssystems, so fällt vor allem die hohe Differenziertheit, Eigendynamik und wechselseitige Abhängigkeit einer Mehrzahl von Funktionssystemen auf. Neben dem politischen System ist an Wirtschaft, Wissenschaft, Recht, Erziehung, Krankenbehandlung, Religion oder an Familie im modernen Sinne zu denken. Diese Entwicklung macht es schwierig, die Gesellschaft auch heute noch als durch Moral integriert zu beschreiben. Es reicht nicht aus, in diesen Funktionssystemen Enklaven oder Ausnahmezustände mit einer gewissen Unmoral vorzusehen, also etwa Profitorientierung in der Wirtschaft oder Unaufrichtigkeit in der Politik, Forschung ohne Rücksicht auf Folgen in der Wissenschaft oder ein sexuelles Interesse am Partner, das über das hinausgeht, was zur Zeugung von Nachwuchs notwendig ist. All das sind Themenkonstellationen des Spätmittelalters und der Frühmoderne. Heute können wir dagegen sehen und haben wir zu akzeptieren, *daß die Werte der verschiedenen Funktionssysteme keine moralischen Werte sind.* Wir würden keinen Sinn darin sehen, Eigentum im Unterschied zu Nichteigentum moralisch zu qualifizieren im Sinne von: das eine moralisch gut, das andere schlecht. Ebenso mit Regierungsmacht und Opposition, krank/gesund, Wahrheit und Unwahrheit als Resultat von Forschung oder Siegen und Verlieren im Sport. Die Zwei-Werte-Codierung der Funktionssysteme läßt sich in keinem Fall mit dem Moralcode von gut/schlecht gleichsetzen, und damit entzieht sich auch die gesamte Selbstorganisation dieser Funktionssysteme einer moralischen Kontrolle. Ja, der Rückzug der Moral aus diesen Bereichen wird durch die Moral selbst gefordert und gedeckt. Wir würden es im heutigen Moralempfinden ablehnen, wollte die Regierungspartei sich für moralisch besser halten – nur weil sie im Augenblick die Mehrheit hat. Ebenso fragwürdig wäre es, jemandem die moralische Achtung zu entziehen, nur weil er einen Prozeß verloren hat und in dieser Sache im Unrecht war. Wir sehen Krankheiten nicht mehr als Gottes Strafe für ein moralisch fragwürdiges Leben, haben aber auch nicht mehr das Problem der Rechtfertigung Gottes angesichts der Tatsache, daß Unschuldige leiden. Bei allen Versuchen von Nobelpreisträgern, ins Weltregiment einzugreifen oder sich für gute Dinge einzusetzen: ihre wissenschaftliche Leistung rechtfertigt das nicht; es handelt sich um einen klaren Mißbrauch verdienter Reputation. Und besonnene Pädagogen werden es wohl ablehnen, Schulversagen zu einem moralischen Desaster auszubauen; sie geben statt dessen in einer Art Verlegenheitsgeste lieber der Gesellschaft die Schuld.

Und so weiter. Wie sind solche Sachverhalte zu verstehen? Liegt vielleicht in ihnen der sozialstrukturelle Grund dafür, daß wir mit den alten Üblichkeiten der ausnahmegespickten Moral nicht mehr auskommen? Liegt unseren Problemen vielleicht eine ganz andere Art von Komplexität zugrunde, die andere Instrumente des Beobachtens und Beschreibens erfordern würde, über die wir noch nicht verfügen?

Jedenfalls fällt auf, daß der Verzicht der Moral auf Codierung der Funktionssysteme moralisch gedeckt, das heißt: für moralisch gut gehalten wird. Die Moral bejaht ihren eigenen Rückzug moralisch. Sie verzichtet darauf, in die Optionen einzugreifen, die die Zwei-Werte-Codes der Funktionssysteme offenhalten. Sie verzichtet darauf, als Selektionsprogramm in Schulen, als politisches Programm, als Wirtschaftsprogramm etc. zu operieren; und, um dies zu wiederholen: sie beurteilt sich selber in dieser Hinsicht moralisch und würde ein zu weit getriebenes Moralisieren mit Interventionen in die Funktionssysteme selber moralisch mißbilligen. Eine Moral dieses Typs verlangt Souveränität für die eigene Entscheidung über ihre eigene Anwendung *und Nichtanwendung*. Sie reagiert damit auf die Tatsache der funktionalen Differenzierung des Gesellschaftssystems.

Wir stehen damit vor einem Problem, mit dem sich die *Ethik* zu befassen hätte. Unter Ethik versteht man seit dem 18. Jahrhundert, und diese Veränderung ist ihrerseits eine Folge des angedeuteten sozialstrukturellen Wandels, nicht mehr die Lehre vom guten, tüchtigen, tugendhaften Leben, sondern eine akademische Theorie der Begründung moralischer Urteile. Aber ist das eine zutreffende Aufgabenstellung für unser Problem? Den Moralisten fällt es ja nicht schwer, ihre Meinungen zu begründen. Wenn man sie zu belehren versucht, gerät man mit ihnen in Streit; denn sie gehen von ihrem Moralschema aus und sehen den, der auch nur wagt, nach einer Begründung für das Gutsein der Moral zu fragen, als jemanden, der die negative Seite ihrer Moral, also das Schlechte, also die Umweltzerstörung, also die Benachteiligung der Frauen ernsthaft in Betracht zieht. Diskutiert man auf dieser Ebene, gerät man in die Alternative von moralischer Naivität und moralischem Zynismus. Von Ethik in einem ernst zu nehmenden Sinne keine Spur!

Eine Ethik, die modernen gesellschaftlichen Verhältnissen gerecht werden will, müßte über Anwendung *und Nichtanwendung* von Moral befinden können. Sie müßte Moral als eine *Form* beobachten können, die *zwei Seiten* hat, nämlich eine gute und eine schlechte, und die *mit beiden Seiten wirkt.* So gesehen konstruiert alles moralische Urteilen gute und schlechte Qualifizierungen. Etwas wird für gut gehalten und anderes eben damit für schlecht. Die Begründungsethiken hatten versucht, genau darauf zu reagieren und wenigstens in hohen Abstraktionslagen noch Gründe ausfindig zu machen, in denen die Urteile konvergieren und Konsens erreichbar ist oder, nochmals abstrahiert, wenigstens als vernünftig gefordert werden könnte. Dies Theorieprogramm ist gescheitert. Die erstrebte Universalität liegt nur in der *Form* der Moral, in der *Zwei*seitigkeit ihres Codes, in der *Unterscheidung* einer guten und einer schlechten Seite. Nicht in irgendwelchen Prinzipien. Gründe gibt es mehr als genug, wenn das heißt: Kriterien anzugeben, nach welchen man die Beurteilung moralisch gut/moralisch schlecht zu handhaben hätte. Aber diese Gründe lassen sich nicht auf eine sozial akzeptable Zentralformel reduzieren. Als Universalform gibt es nur den Code der Moral, und danach wird heute, wie immer schon, in allen Weltgegenden und in allen Sachbereichen moralisiert. Aber in der Frage der Kriterien, das heißt in der Frage, unter welchen Bedingungen es richtig oder unrichtig ist, etwas als gut bzw. schlecht zu bezeichnen, divergieren die Meinungen. Und gerade unter den Bedingungen einer ethisch reflektierten, also einer sich selbst beobachtenden Moral ist nicht zu sehen, wie das geändert werden könnte.

Es gibt inzwischen logische Instrumente, mit denen man solche Sachlagen analysieren kann: Ansätze zu einer operativen, konstruktivistischen Logik, kybernetische Theorien der Beobachtung beobachtender Systeme, Untersuchungen über die logischen Bedingungen der Annahme oder Abweisung von zweiwertigen Schemata wie positiv/negativ, wahr/unwahr, gut/schlecht, ferner Untersuchungen über Paradoxien und über die Bedingungen ihrer operativen Auflösung. Das alles könnte für eine Ethik relevant sein. Ob eine Ethik, die sich solche kognitiven Instrumente aneignet, sich selbst dann noch als moralisch gut empfehlen kann, wird man allerdings bezweifeln können. Und vielleicht würde sie damit das Recht verlieren, den Traditionsnamen Ethik weiterzuführen.

Gleichviel, wir können versuchen, zu beschreiben, was einem Beobachter zweiter Ordnung auffällt, wenn er beobachtet, wie in der Politik mit Moral umgegangen wird. Wir sind dann weniger daran interessiert, selber die Guten und die Schlechten in die Moral einzusortieren, sondern das Interesse gilt den *Folgen* des *Form*gebrauchs, den Folgen des operativen Gebrauchs einer bestimmten Unterscheidung.

Daß die politische Kommunikation mit moralischen Inhalten durchsetzt ist, kann man jeden Tag beobachten. Mit deftigen Ausdrücken wird, wenn man der Berichterstattung in Funk und Presse trauen darf, nicht gespart. Und offenbar tragen die Medien, die dies vorzugsweise aufgreifen, das Ihre dazu bei, den Eindruck entstehen zu lassen, daß politische Kultur eine Kultur der wechselseitigen Beleidigungen ist, die so deutlich gewählt sein müssen, daß jeder sie auch ohne besondere Vorbildung versteht. Würden moralische Invektiven treffen und zutreffen, wäre die Szene schon längst geräumt und es gäbe nur noch einen einzigen Überlebenden: Richard von Weizsäcker. Besonders in Wahlkampfzeiten steigert sich dieses merkwürdige Phänomen. Man fühlt sich an einen Vergleich aus der Prinzessin Brambilla von E. T. A. Hoffmann erinnert: an die beiden Löwen, die mit solchem Grimm aufeinander losgehen und in wütendem Kampf einander auffressen, so daß am Ende nichts übrigbleibt als die beiden Schweife. Aber wer hätte ein Interesse daran, zwischen zwei Schweifen zu wählen?

Das kann, wird man sagen, doch wohl nicht ernst gemeint sein. Aber es geschieht vor unseren Augen. Von Ehrlichkeit keine Spur. Es handelt sich, die Grünen vielleicht ausgenommen, nicht um einen Fall von moralischer Naivität, aber auch nicht eigentlich um moralischen Zynismus. Es geht auch nicht um eine »dialektische« Synthese von Naivität und Zynismus; denn bei Dialektik müßte man, Hegels Theorie folgend, Geist als Wirkstoff vermuten, und Geist läßt sich in diesem Falle nun beim besten Willen nicht beobachten. Eher tippt man auf eine Art Geschäftigkeit im Ausdrucksmedium eines politischen Moralismus. Offenbar handeln Politiker unter der (berechtigten oder unberechtigten, jedenfalls unüberprüfbaren) Zwangsvorstellung, daß die Wähler in der politischen Wahl nach moralischen Kriterien entscheiden.

Dies steht in offenem Widerspruch zu einem Grundpostulat demokratischer politischer Systeme: daß der Wähler in der Lage sein soll, in der politischen Wahl zwischen den bisher regierenden und den bisher opponierenden Parteien zu entscheiden. Das erfordert, daß die Wahl moralisch offengelassen wird. Jede Partei muß, wenn sie sich selbst als demokratisch vorstellen will, die Wählbarkeit anderer Parteien zugestehen. Es käme darauf an, bei moralischer Chancengleichheit das eigene Programm als politisch besser darzustellen oder in der jüngsten Geschichte politische Gründe für die Fortsetzung oder für einen Wechsel im Amt ausfindig zu machen. Wenn sich moralisch ausmachen ließe, wer Achtung und wer Mißachtung verdiente, wäre die politische Wahl eine Konsequenz des moralischen Urteils und gerade nicht ein Test der politischen Leistung oder ein Ausdruck der Vorliebe für einen künftigen politischen Kurs.

Es mag, als Soziologe wird man das immer vermuten, Gründe dafür geben, daß die Dinge so sind, wie sie sind. Vielleicht liegt es an Tendenzen zu einem Zweiparteiensystem mit einer sehr geringen quantitativen Differenz der

Hauptparteien, so daß jedes Mittel willkommen ist, um die entscheidenden wenigen Stimmprozente hinzuzugewinnen. Vielleicht liegt es auch daran, daß die großen Themen unserer Tage nicht zu politisch entscheidbaren Alternativen geformt werden können. Man denke an die Abhängigkeit aller wohlfahrtsstaatlichen Politik vom Geschehen auf den internationalen Finanz- und Produktmärkten, oder an die vielfältigen Probleme der ökologischen Gefährdung. Wenn in diesen Fragen dem Wähler keine klaren Optionen vorgelegt werden können, sondern jede politische Seite verspricht, das Bestmögliche zu tun, mag ein moralisches Schattenboxen statt dessen den Eindruck aufrechterhalten, der Wähler könne über Entscheidungen entscheiden – und sei es nur durch Entscheidung zwischen den guten und den schlechten politischen Kräften.

Das mag vieles erklären. Wenn aber solche Erklärungen zutreffen, bestätigen sie nur den Grundtenor der Analyse: daß es letztlich politische Konstellationen sind, die den Ausschlag geben in der Frage, ob und mit welchen Spezialfunktionen die Politik auf Moral zurückgreift. Und insofern sind dann Politiker in der Tat auch in ihrer moralischen Selbstdarstellung Opfer der Macht.

Mit diesen Darstellungen haben wir nur wiederholt, was in den theoretischen Voraussetzungen unserer Analyse schon angelegt war. Wir beobachten eine strukturelle Nichtidentität des Moralcode und des politischen Code, einen Widerspruch zwischen der kommunikativen Praxis der Politiker und den Funktionspostulaten einer Demokratie, zu der sie sich bekennen. Es gibt keine einfache Reduktion von Politik auf Moral – es sei denn in politischen Systemen, die politische Gegner moralisch disqualifizieren und sie mit diesem Argument aus der Politik entfernen.

Hiermit ist jedoch das Verhältnis von Politik und Moral noch nicht ausreichend erfaßt. Gerade weil es sich um zwei unterscheidbare Unterscheidungen, um zwei verschiedene Formen handelt, zwischen positiven und negativen Werten zu wählen, muß man mit Überschneidungen rechnen. Wir wollen keine Übereinstimmung der beiden Codierungen. Eine solche Übereinstimmung würde, um es weder moralisch noch politisch auszudrücken, die Komplexität des Systems zu stark reduzieren. Aber wir wollen auch keine unmoralisch handelnden Politiker. Und gerade die Unabhängigkeit des politischen Codes von moralischen Bewertungen erfordert eine spezifische Moral zu ihrer Erhaltung – etwa eine Moral der politischen Fairneß.

Man kann es sich am Beispiel des Bereichs verdeutlichen, aus dem die Vorstellung der Fairneß stammt: am Beispiel des Sports. Auch hier wäre es unakzeptabel (und zwar moralisch unakzeptabel), wenn Siegen und Verlieren zu einem moralischen Schicksal gerinnen würden. Die Differenz verweist auf rein sportliche Kriterien. Und eben deshalb gibt es ein moralisches Urteil über die Praktik des Doping, die den Sportcode und seine Kriterien unterläuft, ja zerstört. Die »höhere Amoralität« der Funktionscodes bedarf mithin einer Absicherung in der Moral; oder jedenfalls ist sie mit einer Moral vereinbar, die sicherzustellen versucht, daß der Unterschied von Siegen und Verlieren sportlich verdient ist und das Publikum über sportliche Leistungen informiert und nicht über Biochemie.

Ein anderes Beispiel wären das Plagiat und die Datenfälschung im Wissenschaftssystem – Fälle, mit denen sich Ethikkommissionen amerikanischer Universitäten in der Hauptsache beschäftigen. Auch hier geht es um den Code des Systems, um die kritische Differenz, um den Unterschied, auf den es ankommt und der nur durch Vertrauen und Moral gedeckt sein kann.

In der Politik schließlich findet man genau parallelliegende Probleme im Bereich der Korruption, die die rechtsstaatlichen Grundlagen unterminiert und im Falle der illegalen Beschaffung von Informationen über nicht für die Öffentlichkeit bestimmte Äußerungen anderer Parteien diese diskreditiert. Im einen Falle steht die Differenz von Amtsmacht und Unterworfenen auf dem Spiel, im anderen Falle die Differenz von Regierung und Opposition.

Der Vergleich von Sport, Wissenschaft und Politik läßt eine hochspezifische Angewiesenheit gerade der Funktionssysteme auf Moral erkennen. Die Codes, die die Identität dieser Systeme erkennbar machen, lassen sich nicht wiederum durch diese Codes kontrollieren. Sie bedürfen einer externen Absicherung. Allerdings führt es auch in Probleme, wenn man dafür nun Moral in Anspruch nimmt.

In einer durch die Massenmedien verwalteten Moral nimmt dieses Anliegen der moralischen Kontrolle der Funktionssysteme und speziell der Politik die Form von *Skandalen* an. Das hat viele Vorzüge. Man weiß wenigstens, was zu vermeiden ist und worin man sich vorsehen muß. Skandale heben die Einmaligkeit hervor, sie markieren individuelles Fehlverhalten und lassen damit den normalen Betrieb unmarkiert passieren. Wen es erwischt, der wird geopfert, damit alles andere unverändert weiterlaufen kann. Das erfordert hohe Eindeutigkeit des individuellen Fehlverhaltens mit der Möglichkeit, daß alle Unbeteiligten sich bei der Aufdekkung überrascht und entrüstet zeigen können. All dies ist auf die Selektionsbedingungen der Berichterstattung in Medien abgestellt.

Welches Verhalten skandalträchtig ist, ist damit noch nicht entschieden. Daß Hotelzimmerliebschaften darunter fallen, ist wohl eher eine Merkwürdigkeit der US-amerikanischen Kultur, übertroffen noch durch die Jagd auf »sexuelle Belästigung« in den amerikanischen Universitäten. Politische Empfindlichkeit ist dagegen angebracht, wenn es sich um Angriffe auf den politischen Code handelt, etwa Korruption oder illegales Eindringen in die Geheimnisse anderer Parteien. Hier können Skandale dazu dienen, dem System vor Augen zu führen, wie sehr es in entscheidenden Hinsichten von freiwilliger Beachtung des Codes und von Vertrauen abhängt.

Allerdings hat die Form des Skandals auch gravierende

Nachteile. Sie zielt auf Individuen und bestätigt damit die ohnehin verbreitete Überschätzung der Bedeutung einzelner Personen für das politische System. Vor allem aber sind zahlreiche, wirklich skandalöse Eigenarten der Informationsverarbeitung im politischen System gar nicht skandalfähig. Sie werden zwar als Skandale bezeichnet, können aber nicht moralische Entrüstung, sondern bestenfalls Resignation und Apathie erzeugen. Zu denken ist vor allem an die Häufung von erheblichen finanziellen Fehlplanungen, die ohne Unterstellung von Verschleierungsabsichten kaum verständlich sind, sowie an ebenso gravierende ökologische Unaufmerksamkeiten in bereits hochsensibilisierten Zusammenhängen. Man kann angesichts solcher Tatbestände Systemkritik treiben oder Führungspersonal »zur Verantwortung ziehen«, kaum aber in den Apparat selbst eingreifen. Von außen gewinnt man den Eindruck, daß die Verwaltungsbürokratie des Staates wie ein soziales Netzwerk konstruiert ist, dessen Hauptziel darin besteht, sicherzustellen, daß nichts passiert, wenn etwas passiert.

Diese Überlegungen bestätigen erneut den Grundtenor der hier vorgetragenen Analyse: Die Dame ist nicht fürs Feuer, das politische System ist nicht für eine Kontrolle an Hand von moralischen Kriterien gedacht. Es kann sich nur politisch steuern. Damit ist nicht nur gemeint, daß die Wirklichkeit ohnehin wenig Neigung zeigt, der Moral zu folgen; aber auch nicht, daß Moral in der modernen Gesellschaft keine Funktion mehr hätte und nur noch als privates Ressentiment vorkäme. Vielmehr zeigen die Befunde ein komplexeres Bild. Es scheint, daß das politische System, und Gleiches dürfte für andere Funktionssysteme gelten, selbst regelt, in welchen Hinsichten und in welchen Formen Moral relevant wird. Eine politische Ethik hätte vor allem diese Eigenregie des Systems zu reflektieren. Daß es daneben noch moralischen Wildwuchs gibt, soll damit nicht bestritten sein. Die Leute neigen zum Moralisieren, weil das Moralschema gut/schlecht ihnen eine Chance gibt, sich selbst auf der guten

Seite zu placieren. Auch dafür müßte eine Ethik Verständnis aufbringen.

Was mit all dem jedoch fraglich geworden ist, ist der traditionelle Zusammenhang von Moral und Vernunft. Er hatte eine moralische Integrierbarkeit der Gesellschaft vorausgesetzt. Das war unter den Bedingungen eines »holy watching« der Nachbarn, unter den Bedingungen der traditionellen Dorf- und Stadtkulturen bzw. territorial sich ausbreitender Adelsgesellschaften vorstellbar gewesen. Die Abstraktionen des Vernunftbegriffs der Aufklärung haben das Ende dieser Welt angezeigt und sich schließlich selbst gesprengt. Und gerade der Einzelne darf wohl erleichtert aufatmen, wenn er erfährt, daß heute niemand, der sich für Moral einsetzt, in Anspruch nehmen kann, die Gesellschaft zu vertreten.

Christian Meier
Griechische und moderne Demokratie

»Niemand«, so liest man bei Hannah Arendt, »hat je bezweifelt, daß es um die Wahrheit in der Politik schlecht bestellt ist, niemand hat je die Wahrhaftigkeit zu den politischen Tugenden gezählt.« Wenn also die Frage gestellt wird, ob Politiker ehrlich sein müssen, so könnte man denken, daß es eine ganz moderne Frage sei (was der besonderen Sensibilität und dem Moralismus unserer Zeit entsprechen könnte) oder eine spezifisch deutsche (was angesichts der Schrumpfung des Sinns für Politik hierzulande plausibel wäre) oder vielleicht eine Frage, die speziell der Demokratie eigen ist – wenn denn dazu eine gewisse Erwartung von Redlichkeit gehört. Vielleicht aber ist es auch nur eine besondere Situation der Verärgerung über die gegenwärtigen Politiker, die zu solchen Fragen führt. Denn das gehört ja zur Demokratie, daß gelegentlich Mißstände sich derart häufen, daß eine gewisse Neubesinnung nötig wird – mehr als durch einfachen Regierungswechsel erreichbar. Demokratien brauchen vielleicht sogar von Zeit zu Zeit Selbstreinigungsprozesse, die ihrerseits einen Stau von Ärgernissen zum Ausgangspunkt haben.

Übrigens ist die Sache ja nicht gerade einfach. Auch die Formulierung der Frage lädt dazu ein, zunächst einmal auf diese selbst zu reflektieren, bevor man sich an seiner Antwort versucht. Denn was heißt »ehrlich«? Nimmt man es nur von der heute geläufigsten Bedeutung her, eben der Wahrhaftigkeit, so fragt sich, ob die Frage darauf zielt, daß der Politiker die Wahrheit – oder daß er die ganze Wahrheit sagen soll; es fragt sich, wann er es tun soll, aber auch worüber: über Fakten (aber welche sollen es sein?), über seine Vermutungen, Befürchtungen und Hoffnungen, über seine Absichten – oder einfach über die gesamte Lage, wie sie ist und was sie an Möglichkeiten enthält. Wobei mit »Ehrlichkeit« nur gemeint sein kann, daß er über dies alles nach Maßgabe besten Wissens und Gewissens Auskunft gibt; das heißt – angesichts der Fülle der Ungewißheiten, des Ungewußten und Unwißbaren – zugleich über die Lücken seines Wissens, über die Verläßlichkeit seiner Quellen.

Mit jeder dieser Fragen eröffnet sich ein ganzer Wust von Schwierigkeiten. Und so ist es auch, wenn man den Begriff Ehrlichkeit weiter faßt, etwa im Sinne von Rechtschaffenheit – und wenn man gar Ehrlichkeit in ein Verhältnis setzen soll zu anderen politischen Tugenden, wie etwa der Urteilskraft (die es nahelegen kann, bestimmte Dinge in bestimmten Situationen nicht zu sagen) oder zur Durchsetzungsfähigkeit (die hier und da eine Lüge oder eine List erfordern mag), zur Loyalität, zur Organisationsgabe etc.

Angesichts solcher Schwierigkeiten gibt es viele Wege. Einer davon ist der der historischen Betrachtung. Sie hat den Vorteil, die Gegenwart (und damit die Eigenart der Fragestellung selbst) aus Distanz zu sehen, im Vergleich zu anderen Zeiten; und der Historiker kann auch einiges Material bereitstellen, um die Frage komplizierter und vielleicht auch klarer werden zu lassen. In diesem Sinne soll hier die griechische der modernen Demokratie gegenübergestellt werden.

Als in Griechenland zum ersten Mal eine Demokratie verwirklicht wurde – das war im Athen der späten 60er Jahre des 5. Jahrhunderts vor Christus –, ist vermutlich schon die Parole »Wir sind das Volk« erklungen. Wir können das aus einer damals aufgeführten Tragödie des Aischylos erschließen, den »Hiketiden«, zu deutsch: Schutzflehenden.

Damals hatte es seit mehr als vier Jahrzehnten schon eine Vorform der Demokratie gegeben. Die Volksversammlung war schon die entscheidende Instanz gewesen. Aber neben ihr hatte noch der alte Adelsrat auf dem Areopag gestanden, und er hatte große Autorität. Alle Wahrscheinlichkeit spricht dafür, daß die athenische Politik, aufs Ganze gesehen, dort gemacht und anschließend in der Volksversammlung mehr oder weniger abgesegnet worden war.

Der Adelsrat war aber auf eine bestimmte Außenpolitik festgelegt gewesen, die eine Reihe von jüngeren Politikern nicht für richtig hielt. Da sie Schwierigkeiten hatten, sich unter den gegebenen politischen Verhältnissen von Fall zu Fall gegen das mächtige Gremium durchzusetzen, zogen sie dessen politischen Rechte insgesamt in Frage. Ihr Vorgehen und ihre Argumente lassen sich im Umriß rekonstruieren. Sie beschuldigten verschiedene Mitglieder des Rats der Bestechlichkeit, wohl auch der Eigensucht und behaupteten, daß sie sich Kompetenzen anmaßten, die ihnen nicht zustünden.

Dabei gab es eine Schwierigkeit: Die führenden Adligen beanspruchten, allein die Weisheit zu besitzen, die nötig war, um die Stadt recht zu lenken. Sie taten es im Einklang mit der Tradition, mit den unter den Griechen noch allgemein herrschenden Ansichten, und sie konnten zudem auf ihre überlegene Bildung, ihre Erfahrung, ihre Beziehungen verweisen. Daß die einfachen Bürger, die kleinen Leute in der Volksversammlung ohne den Adelsrat auskämen, mußte absurd erscheinen. Sie besaßen weder Erfahrung noch Weisheit.

Sie konnten nur eines für sich ins Feld führen, und das war eben, daß sie das Volk, daß sie die Polis seien. Damit wurde die Stadt, das heißt die Bürgerschaft, vom Objekt adliger Fürsorge zum Subjekt der Politik. Die Argumentation wurde auf eine andere Basis verschoben. Politik sollte nicht mehr eine Frage intellektueller Zuständigkeit sein – sondern es sollten, wie man hört, die Entscheidungen bei denjenigen liegen, die von ihnen betroffen waren. Und die durften dabei von keiner Autorität eingeschränkt sein. Ob ein Krieg riskiert werden sollte, darüber sollten die befinden, die ihn zu führen, die potentiell unter ihm zu leiden hatten, nicht die, die behaupteten, zu wissen, ob er günstig oder ungünstig sei. Denn sie mochten bestochen sein oder eigennützige Pläne verfolgen. Und vor allem ergab sich die Entscheidung nicht einfach aus dem Wissen. Denn damals wurde, wie Aischylos' Tragödie lehrt, offensichtlich, wie schwierig solche Entscheidungen waren; wie sehr sie gar nicht Sache der Weisheit, sondern des Drucks, der Willkür sein mochten, wie sehr man vor ihnen in Aporien geraten konnte. Dann aber war es das beste, daß sie gleich vom Volk getroffen oder – um den griechischen Ausdruck dafür zu benutzen – daß die Dinge in die Mitte zwischen den Bürgern gelegt wurden.

So begann die griechische Demokratie. Sie hatte eine Vorgeschichte, in der die breiten Schichten lernten, daß sie sich selbst aktiv und mit einer gewissen Regelmäßigkeit an der Politik zu beteiligen hatten, wenn sie der adligen Willkür Schranken setzen wollten. Das wurde dadurch möglich, daß politische Mitwirkung einem griechischen Ideal entsprach: Wichtiger als Reichtum nämlich war für die Angehörigen der Mittelschicht der Rang in der Öffentlichkeit. Es kam also zusammen, daß man den adligen Führern das Feld nicht allein überlassen wollte und daß auch keine Notwendigkeit dazu bestand – weil eben Männer genug bereitstanden, die sich politisch regelmäßig engagieren wollten. Grob gesagt: die ganze Bürgerschaft politisierte sich. Politik wurde ihre vornehmste Tätigkeit. Nur daß sie sich zunächst darauf beschränken mußten, Mitsprache anzustreben, Oppositionsrechte also, eine gewisse Kontrolle – bis es um 460 wirklich zur Volks-Herrschaft kam.

Die direkten Demokratien der Griechen folgten gewissen Grundsätzen, die sich etwa so formulieren lassen: Alle Politik soll in der Öffentlichkeit stattfinden. Jeweils soll das größtmögliche Gremium entscheiden. Anders gesagt: Man will möglichst viel vor die Volksversammlung gebracht haben (und dort nicht nur absegnen, sondern wirklich entscheiden). Sofern man Aufgaben delegieren muß, soll möglichst wenig Macht in den Händen derer sein, denen man sie überträgt. So wurden die Ratsmänner, die die Angelegenheiten der Volksversammlung vorberieten, durch das Los bestellt und sie wechselten Jahr für Jahr zu hundert Prozent: Keiner durfte dem Rat zwei Jahre nacheinander angehören. Auch die Beamten wurden weitgehend durch das Los bestimmt. Für organisierte Einflußnahme, für Gruppenbildung, für geheime Verabredung sollte so wenig Raum wie möglich bleiben.

Ein solches System konnte nur funktionieren, wenn sich unter den Angehörigen der breiteren Schichten beachtliche Kenntnisse verbreiteten, vor allem Urteilsfähigkeit in Hinsicht auf die zu entscheidenden Materien bildete. Das scheint nach einer gewissen Vorbereitungszeit der Fall gewesen zu sein. Sowohl bei Thukydides wie bei Aristoteles ist es bezeugt. Das System setzte aber auch voraus, daß der Bereich dieser Entscheidungen beschränkt blieb. Weite Lebensbereiche blieben außerhalb der politischen Tagesordnung, so etwa alle Fragen wirtschaftlicher und gesellschaftlicher Struktur, die Probleme der Bildung; von Ökologie ganz zu schweigen. Gegenstand der Politik war vielmehr (neben der Sicherung einiger weniger elementarer Voraussetzungen) nur das, was die Bürger als Bürger und die Stadt als politische Einheit anging: die politischen Verhältnisse unter den Bürgern, Fragen der politischen Ordnung also und des Personals, die unmittelbaren Voraussetzungen des Polis-Lebens, etwa die Marktaufsicht, die Getreideversorgung (der eigentlich wunde Punkt der Ernährung), aber auch die Versehung von Opfern, von Kulten überhaupt, nicht zuletzt die Ausrichtung der Feste, schließlich Probleme der Rüstung (auch der Holzzufuhr für den Flottenbau) und der Außenpolitik. Es gab keinerlei langfristige Zukunftsplanungen, im Gegenteil, die Welt im ganzen wurde als statisch angesehen, und entsprechend mehr oder weniger das gesamte Leben außer den Machtverhältnissen in der Stadt und zwischen den Städten.

Trotzdem brauchte man natürlich Politiker, Männer wie Themistokles, Kimon, Perikles, zum Teil auch Fachleute, welche Gesetze für besonders schwierige Materien (etwa das Münzwesen) vorzubereiten vermochten. Sie mußten mit anderen Städten verhandeln, erhielten militärische Aufträge, und so mußten sie auch vieles wissen (und – mindestens vorübergehend – über manches verfügen), was nicht für die öffentliche Diskussion geeignet war. Zudem entwickelten sie in ihrem Kreis ein gewisses Herrschaftswissen, außerdem gute Beziehungen in der Stadt und über sie hinaus. Daran war nichts zu ändern. Um so mehr legte man Wert darauf, daß sie möglichst öffentlich wirkten, durch Überzeugung (oder Überredung), nicht durch Organisation von Einfluß. Damit das Volk die Reden beurteilen konnte, sollte ausgiebig und kontrovers diskutiert werden. Es sollte alles zur Debatte kommen, sei es in der Versammlung selbst (in der das freie allgemeine Rede- und Antragsrecht eine ungeheure Rolle spielte), sei es in kleinen Kreisen auf dem Markt, auf den Sportplätzen, sei es auch – nämlich bei grundsätzlichen Problemen, wie sie aus der Politik erwachsen konnten und für deren Festlegung wichtig waren – bei Tragödien- und Komödienaufführungen.

Da die Städte klein waren und relativ sehr viele Bürger sich kannten, muß gleichsam eine Menge Öffentlichkeit – große und vor allem auch kleine – zustande gebracht worden sein. Nicht zuletzt ist ein Gesichtspunkt zu berücksichtigen: In den damaligen Städten kamen die große Geschichte der Polis und die vielen kleinen Geschichten des Alltagslebens in Familie und Nachbarschaft weitgehend zur Deckung. Das eine war mit dem anderen zumindest stark verzahnt. Eben dadurch bewährte sich die Politik als Lebenselement der Bürgerschaft.

Über die Erwartungen, die man an die Politiker richtete, gibt es verschiedene, zum Teil weit verstreute Aussagen. Sie sind allesamt nicht sehr spezifisch (wenn man von denen der Philosophen, zumal Platons absieht, welche aber weit über die Wirklichkeit hinausschossen). Natürlich sollte der Politiker Verstand, Urteilskraft, gute Argumente, vermutlich auch Phantasie haben. Er sollte offen für die Argumente anderer sein, sie etwa nicht einfach wegwischen, indem er sie nur als den Ausdruck bestimmter verwerflicher Interessen nahm oder ausgab. Er sollte aber auch, was er als richtig erkannt hatte, offen vorbringen; es nicht verschweigen. Wer nicht, was ihm als das beste erschiene, vorbringe, sondern in Furcht vor irgend jemandem die Zunge verschlossen halte, scheine der Schlechteste von allen zu sein; so hieß es in der Antigone des Sophokles. Politiker sollten aber auch nicht lügen, nicht verleumden, das Volk nicht täuschen. Sie sollten ihm nicht zu Gefallen reden, natürlich unbestechlich sein.

Dabei ist unklar, was man ihnen ohne weiteres an Gelegenheitslügen, Teilwahrheiten, Verschweigungen und Konzessionen an die Menge zubilligte. Rhetorische Tricks wird man vielfach sportlich genommen haben, für List und vielerlei Formen politischen Geschicks wird es relativ viel Verständnis gegeben haben (jedenfalls soweit einem die Richtung paßte), vielleicht erweckten sie gar ästhetisches Vergnügen – dazu waren die Bürger zu sehr in die Politik verwickelt, politisch geschult, und sie begegneten den Politikern ja auch nicht von außen (wie etwa die abendländische Gesellschaft, die sich gegen den Staat setzte und dessen Politik mit hohen moralischen Erwartungen behaftete).

Andererseits bezeugt sich in auffälliger Weise das starke Interesse jener Bürgerschaften, nicht betrogen zu werden. Sie brauchten Politiker, auf die sie sich verlassen konnten. Gerade ihre Bereitwilligkeit aber, dies zu tun, war stets dazu disponiert, in Mißtrauen umzuschlagen. Eben die Öffentlichkeit, die so notwendig war, sah man immer wieder durch Machenschaften bedroht. In einer breiten Menge kann sich so leicht keine politische Routine entwickeln; und daher war man damals potentiell sehr unsicher. Wohl meinte man zu wissen, daß in der Demokratie das Problem der Macht und ihrer Verführungen gelöst war (dafür standen deren Gesetze). Trotzdem gab es auch dort die Versuchung zu eigensüchtiger Politik, und sie konnte gefährlich werden.

Aus dem potentiellen Mißtrauen des Volkes erwuchs also ein hohes Risiko für die Politiker. Sie waren weitgehend – nämlich immer von neuem – von der Gunst der Volksversammlung abhängig. Sie hatten kaum institutionell gefestigte Stellungen, wie etwa eine Partei, eine Parlamentsmehrheit, eine darauf fußende Regierung sie heutzutage normalerweise über Jahre hin bieten können. Sie konnten leichtestens die Gunst der Menge verspielen und etwa vor das Volksgericht gezogen werden; übrigens auch für ihre politischen Vorschläge. Während des 5. Jahrhunderts gab es zudem den Ostrakismos, durch den immer wieder ein Politiker für zehn Jahre außer Landes geschickt wurde.

Opfer des Ostrakismos war nicht unbedingt, nicht einmal wahrscheinlicherweise der Mächtigste (obwohl diese Institution eigentlich den Aufstieg potentieller Usurpatoren aufhaltsam machen sollte), sondern oft genug dessen stärkster Konkurrent. Das heißt: der Mächtigste sicherte seine Macht am besten durch die Verbannung seines wichtigsten Gegners. Trotzdem konnte das gleiche Los über kurz oder lang auch ihm selber blühen.

Wie immer man es ausdrücken will: Das Bedürfnis nach irgendeiner Art von Ehrlichkeit – oder was man dafür hielt – war also auch der griechischen Demokratie eigen. Offenheit und Wahrhaftigkeit waren schon ein älteres Adelsideal, das übrigens angesichts verschlagener Usurpatoren entwickelt worden war. Zwar begegnet die Kritik an den Verschweigungen unbequemer Wahrheiten, am Herauskehren des Erfreulichen gegenüber der Volksversammlung zumeist bei Männern, die die Urteilsfähigkeit des Volkes selber eher bezweifelten. Es äußerte sich in ihr nur allzu oft der alte Überlegenheitsanspruch, gegen den einst die Formel: »Wir sind das Volk« gesetzt worden war. Aber im breiten Volk kann man kaum anders gedacht haben, auch wenn man im einzelnen Fall immer wieder entgegen diesen Grundsätzen handelte. Wieweit solche Erwartungen gefruchtet haben, ist freilich eine andere Frage. Gerade weil es für die Politiker so schwierig war, sich zu behaupten, mochte es ihnen immer wieder praktischer erscheinen, sich mit Lügen und Schmeicheleien zu helfen. Das nützte im Moment jedenfalls, und nur vielleicht kam es mit der Zeit heraus.

Während in der Antike kein großer Unterschied zwischen

politischer Sphäre und Alltagsleben gemacht wurde (außer in der Außenpolitik), während dort also die politische Sphäre der Bereich des Allgemeinen war, dem alle Bürger zugehörten, begann die Neuzeit unter ganz anderen Auspizien.

Anders sein und anders scheinen,
anders reden, anders meinen,
alles loben, alles tragen,
allen heucheln, stets behagen,
allem Winde Segel geben,
Bös- und Guten dienstbar leben,
alles Tun und alles Dichten
bloß auf eignen Vorteil richten:
Wer sich dessen will befleißen,
kann politisch heuer heißen.

Was Friedrich Logau im 17. Jahrhundert derart kritisierte, führte in der späteren Aufklärung dazu, daß man ein neues, moralisches Ideal besserer Ordnung und besseren Verhaltens errichtete. Es orientierte sich insoweit am Staat, als der zu seiner eigenen Legitimation hohe Ansprüche aufgestellt hatte.

Als es schließlich zur Einrichtung von Demokratien kam, unterschieden sich diese in vielem sehr stark von den antiken. Zunächst durch die Größe der modernen Staaten, die keine direkten, sondern nur repräsentative Demokratien zulassen. Sodann durch den Charakter der Spezialistengesellschaft, der einerseits ein regelmäßiges politisches Engagement breiter Schichten ausschließt, andererseits die politische Materie ungemein kompliziert macht: Denn nun entsteht ein riesiger Bedarf an politischer Regelung; eine Fülle von wirtschaftlichen, gesellschaftlichen, infrastrukturellen Aufgaben muß politisch erledigt werden, nicht nur jeweils für den Moment, sondern langfristig, so daß vielerlei Vorausberechnung und Planung notwendig wird.

Wenn das schon lange so ist, so ist in den letzten Jahrzehnten noch einiges dazugekommen. Je mehr sich die Veränderung der gesamten Welt beschleunigt, um so schwieriger kommen wir mit, zumal auch unsere Maßstäbe nicht mehr ein Leben lang halten, also immer wieder überdacht oder zumindest verallgemeinert werden müssen; was das Urteilen überhaupt und besonders das gemeinsame Urteilen erschwert. Und ebenso ist die Interdependenz der ganzen Welt ins Ungeheuerliche gewachsen. Kaum hat man das Wissen, um auch nur die notwendigen Fakten zu kennen (zumal vieles nur Geheimdiensten bekannt wird, von denen man dann wieder nicht weiß, ob sie es recht zu bewerten wissen und vor allem: ob die Politiker ihre Kenntnisse ernst nehmen).

Vor allem ist heutzutage das, was die Dinge gleichsam von selbst tun, nicht mehr, daß sie sich gleichbleiben, sondern daß sie sich ändern, und wir wissen, daß das keineswegs unbedingt zum Guten verläuft. Von daher entsteht unter Umständen hoher Handlungsbedarf. Eine potentiell alarmierende Lage also, und das eigenartige Auseinanderklaffen zwischen überaus großen allgemeinen Problemen (etwa ökologischer Art), die durch die Verzögerung unheimlich anwachsen können, und dem allgemeinen Wohlergehen im Alltag macht sie nicht leichter.

Damit tut sich im Wissen, im Überblick eine ungeheure Diskrepanz zwischen den Politikern und dem Gros der Bürger auf. Im Grunde bleibt uns nichts übrig, als hoffnungsvoll auf den alten Spruch zu rekurrieren: »Wem Gott gibt ein Amt, dem gibt er auch Verstand.« Entsprechend ist das Bedürfnis nach Politikern, denen man trauen, auf die man sich verlassen kann, besonders groß. Wie wichtig ist es etwa, daß man von einem Politiker zu wissen glaubt, daß er aufgrund der ihm zugänglichen Informationen die richtigen Vorschläge macht respektive Entscheidungen trifft.

Andererseits sind die Politiker kaum zu kontrollieren, zumal Parlamentsmehrheiten und Regierungen Interessengemeinschaften darstellen, die über manches hinwegsehen lassen; zumal wir selbst uns vielfach zur einen oder anderen Partei schlagen, ohne allzuviel daran in Frage zu stellen. Die Gesetzmäßigkeiten des Parteienkampfes können zudem immer wieder dazu führen, daß vieles Wichtige aus den Augen verloren wird. Ferner haben, wie Hannah Arendt gezeigt hat, die »Techniken der Geschäftsreklame ..., wo man den Völkern Meinungen, Gesinnungen und politische Praktiken nicht anders verkauft als Seifenpulver«, prägenden Einfluß auf die Politik genommen – mit der Folge, daß »die gesamte Erfahrungswirklichkeit des Volkes« gefährdet ist, wobei die ersten Opfer dieser modernen Art zu lügen die Hersteller der Fiktionen selbst sind. »Schon um ihr ›Weltbild‹ intakt zu halten«, müssen sie »sich vor allem darum kümmern, daß ihr Propaganda-Image von keiner Realität gefährdet wird«. So können sich immer wieder »Glaubwürdigkeitslücken« auftun, in denen sich die potentiell enormen Spannungen, die Gefühle der Ohnmacht gegenüber der Politik, die Neigung zu Verzweiflung oder zum Aussteigen Luft machen. Wenn es gut geht, kommt es dann zu einem Selbstreinigungsprozeß.

In der Regel aber kommt alles darauf an, daß die grundsätzlich vorhandene Vertrauensbereitschaft der Bürger in den Politikern ein Widerlager findet. Dazu braucht es deren »Ehrlichkeit«. Die Frage ist, wie gesagt, nur, worin sie besteht. Darin, daß einer eine »ehrliche Haut« ist, doch wohl nicht. Daß er »sagt, wie's ist«, könnte bloß Schein sein. Nicht nur stille Wasser sind tief; auch »ehrliche« können es sein. Wenn er stets das ausspricht, wovon er überzeugt ist, daß es die Wahrheit sei, mag er ein guter Journalist sein – als Politiker wäre er eher ein Tor. Schließlich muß er auch etwas tun, um sich durchzusetzen, etwa bei der Wahl, auch überall sonst, wo Taktik gefordert ist. Und die »Politik der Wahrheit« oder »Antipolitik«, die von ehemaligen Dissidenten im Ostblock gefordert wird, ist doch wohl nur einer ganz bestimmten Situation politischer Ohnmacht innerhalb totalitärer Gesellschaften respektive des Übergangs von dort zur Macht angemessen. Überall sonst wäre sie ein sträflicher Luxus.

Nein, die Ehrlichkeit des Politikers kann einerseits nicht hundertprozentig sein, was die Wahrhaftigkeit angeht, andererseits muß sie sich insgesamt auf den Gebrauch dessen beziehen, was man – ganz allgemein – die Tugenden des Politikers nennen könnte. Wenn wir uns auf Politiker verlassen sollen, müssen wir voraussetzen, daß sie etwas von ihrem Handwerk verstehen. Wir müssen wissen, daß sie Urteilskraft besitzen, die Energie und Findigkeit, die dazu gehören, sich das notwendige Wissen zu verschaffen, aber auch die Fähigkeit, sich daraus ein rechtes Urteil zu bilden; wobei gewisse Irrtümer vorbehalten sein müssen. Wie oft sind die entscheidenden Fakten gar nicht unbekannt. Sie können sogar in der Zeitung stehen, Diplomaten und Geheimdienste können sie rechtzeitig vermittelt haben. Aber wie oft sind sie nicht ernst genommen worden, weil es an Urteilskraft fehlte!

Wie man diese Urteilskraft gewinnt und ob unser Ausleseverfahren für Politiker geeignet ist, die, die das können, an die entscheidenden Stellen zu bringen, ist eine andere Frage. Es gehört jedenfalls Erfahrung dazu, wahrscheinlich auch geschichtliches Wissen, Phantasie, das heißt umfassende Möglichkeitskenntnis, gesunde Abwehrmechanismen gegen jedes Wunschdenken, Lernfähigkeit noch im Amt (was selten ist), die rechte Auswahl von Mitarbeitern (damit die führenden Politiker nicht besonders uninformiert sind, weil die falschen Leute die Nachrichten sieben, bevor sie sie erreichen). Sicher gehört auch Offenheit dazu gegenüber dem, was man im »Raumschiff Bonn« die »Menschen draußen im Lande nennt«, wahrscheinlich sogar gegenüber dem geistigen Leben.

»Wehe dem Staat«, hat Carlo Schmid gesagt, aber das gilt für den Politiker auch, »der auf seine Intellektuellen nicht hört (doppelt Wehe dem Staat aber, der ihnen folgt)«. Jedenfalls muß der Politiker heute auch an seinem »nomologischen Wissen« arbeiten, jenem intellektuellen Gerüst, auf das man seine Wahrnehmungen bezieht, in dessen Rahmen sie Sinn bekommen. Schließlich muß er auch den eigenen

Stäben und think tanks mit gehöriger Urteilskraft begegnen; wahrscheinlich darf man denen das Prognostizieren so wenig allein überlassen wie den Generalen den Krieg. Auch den überall unentbehrlichen »Fachleuten« gegenüber ist Skepsis geboten; zudem bezieht sich ihr Wissen nur auf Fächer.

Urteilskraft allein aber genügt nicht. Die Urteile müssen vielmehr in irgendeinem Sinn zu Konsequenzen führen, im Handeln, und das heißt in der Demokratie weithin auch: im öffentlichen Reden. Da muß sich dann ja das, was die Ehrlichkeit der Politiker genannt werden könnte, beweisen – von Fall zu Fall in Abwägung zwischen Partei-, respektive Machtbehauptungsinteressen und Gemeinwohl, wobei in Hinsicht auf das Gemeinwohl jeweils sachliche Verantwortung und Pflicht zur Unterrichtung der Öffentlichkeit auszubalancieren sind.

Wenn jedenfalls zur Demokratie nicht nur gehört, daß ihre Bürger ihre Stimme »abgeben«, um sie erst nach Jahren wiederzubekommen, sondern auch, daß sie in der Zeit dazwischen mitreden, mitdenken, sich also ihr Urteil bilden und dieses Urteil gegen andere begründet verfechten können, dann gehört zu ihr auch die Ehrlichkeit ihrer Politiker, in den rechten Maßen.

Das aber darf nicht nur postuliert werden. Vielmehr ist es Sache der jeweiligen Öffentlichkeit, die Politiker dafür auch zu honorieren. Wenn die Öffentlichkeit Wert darauf legte, nicht für dumm verkauft zu werden, wenn sie deutlich machte, daß sie lieber wüßte, woran sie ist, als in freundlichen Illusionen gewiegt zu werden, stünde es jedenfalls besser um die Ehrlichkeit der Politiker. Wie gut, das ist eine andere Frage. Und was eine Öffentlichkeit heute vermag, auch.

Allzusehr hat bei uns ja die Sorge um den Stil nur den Stil der jeweiligen politischen Gegner im Auge. Allzu schwierig sind die Materien. Allzuoft kommt es dazu, daß man keine Zeit hat, sich für Argumente zu interessieren, so daß man vor allem der Frage nachgeht, in welche Schublade der gehört, der sie vorbringt: sonst müßte man ja nachdenken und am Ende unsicher werden. Allzuwenig ist auch die Fähigkeit verbreitet, von den eigenen zehn Fingern Gebrauch zu machen, an denen man nämlich noch heute vieles abzählen kann. Allzusehr sind wir darauf erpicht, zu hören, was uns paßt. Selbst der Wetterbericht muß ja hierzulande schlechte Nachrichten mit einem »noch« versehen, damit wir nicht meinen, es stünde eine ganze Reihe von Regentagen bevor.

Und dann ist auch die Forderung nach Ehrlichkeit allzuleicht nur moralisch gemeint, so daß sie am ehesten von denen erfüllt werden kann, die den Versuchungen der Macht gar nicht ausgesetzt sind und vielleicht ein besonders gutes Gewissen haben – weil sie ja nicht so sind wie die andern. Wobei die Unzulänglichkeit des politischen Urteils ohnehin leicht ins Moralische verführt, zumal in Deutschland, wo Politik so leicht mit Pädagogik verwechselt wird.

Platon hat behauptet, ein Gemeinwesen sei wie die, die ihm vorstünden. Vielleicht ist es in den heutigen Demokratien gerade umgekehrt: die, die uns vorstehen, sind so, wie wir es erwarten. Jedenfalls ist es gut, daß wir nicht nur die Forderung nach Ehrlichkeit an die Politiker richten, sondern auch uns selbst danach fragen, was wir tun, um ihre Erfüllung zu bewirken; kräftig und verständig zugleich.

Da unsere Möglichkeiten dabei aber notwendig beschränkt bleiben, muß es gelegentlich immer wieder zu Glaubwürdigkeitslücken, zu Krisen kommen. Jacob Burckhardt hat den Mechanismus bezeichnet, der sich abspielen kann, wenn Politiker sich gar zu sehr von der Wirklichkeit und von der Öffentlichkeit entfernen. »Selbst bei klarer Einsicht des Abgrunds bei vielen Einzelnen« sei dann keine Korrektur möglich. Denn »es ist für den Moment unangenehmer, mit seinesgleichen anzubinden und dabei *jedenfalls* unterzugehen, als eine allgemeine Sündfluth nur *vielleicht* erleben zu müssen«. Die DDR hat gerade dergleichen erlebt. Demokratien aber haben in solchen Fällen die Chance zu einer reinigenden Krise.

Kurz gesagt: Die Frage nach der Ehrlichkeit ist nicht spezifisch modern, nicht spezifisch deutsch – sondern in Demokratien stets aktuell.

Doch sind wir ganz anders dran als die Griechen. Politik ist viel bedeutsamer – angesichts der Schwierigkeit und potentiellen Folgenhaftigkeit der Materien. Aus dem gleichen Grunde ist sie viel schwieriger zu überblicken und zu beurteilen. Die Politiker sind der Gesellschaft im Schnitt viel weiter überlegen als im alten Athen – durch Herrschaftswissen, Apparate, auch durch die relative Sicherheit ihrer Positionen. Man kann sie kaum kurzfristig feuern. Schließlich hat sich in Athen das Gros der Bürgerschaft stark der Politik widmen können, während in unserer arbeitsteiligen Gesellschaft unsere Kraft und Aufmerksamkeit in ganz unvergleichlich höherem Ausmaß von unpolitischen Aufgaben in Anspruch genommen wird.

Das macht uns abhängig, das macht uns moralisch anspruchsvoll und zugleich politisch peinlich wehrlos; im Handeln ohnehin, aber auch im Denken. Wir sollten uns nicht zu sehr unsern moralischen Anforderungen hingeben, sollten unser politisches Urteil stärken, sollten Offenheit und Urteil nicht nur einfordern, sondern auch von uns selbst verlangen. Denn auch heute sind »wir« das Volk – und haben die Politiker, die wir verdienen.

Nachbemerkung:

Das Manuskript des Vortrags vom Herbst 1990 ist nur geringfügig redaktionell verändert worden. Insbesondere konnte nicht auf die Krise des Parteiensystems eingegangen werden, die sich seinerzeit erst vorbereitete; es hätte sonst der Charakter des Vortrags völlig verändert werden müssen.

Die Folgerungen, zu denen er gelangt, insbesondere die starke Betonung der Urteilskraft als notwendige Tugend des Politikers, als Grundlage auch des Vertrauens zu ihm, scheinen mir auch angesichts dieser Krise richtig zu sein.

Allerdings geht die Parteienkrise im heutigen Deutschland vermutlich weit über das hinaus, was die oben berücksichtigten »Selbstreinigungsprozesse« erledigen können. Denn damit war ja nur gemeint, daß ein System, dessen Teilhaber nicht bereit und in der Lage sind, sich an eine stärker einreißende Korruption zu gewöhnen, irgendwann ein solches Maß an Ärger, Aufdeckungen, gerichtlichen Prozessen, Rücktritten, Entlassungen produziert, daß in gewissem Sinn ein Neuanfang möglich wird.

Die heutige Parteienkrise in Deutschland scheint dagegen die Krise eines Systems zu sein, das sich auf eine Wirklichkeit hin (und mit einer Wirklichkeit zusammen) gebildet hat, die es nicht mehr gibt. Was man aber noch kaum weiß. Glaubwürdigkeitsdefizite, Formen des Vertuschens, Mängel an Ehrlichkeit etc. sind zwar mehr als zuvor zu beklagen, aber das Versagen ist viel umfassender.

Weil verschiedene Menschen auf verschiedene Methoden festgelegt sind, können Republiken nach Machiavelli (Discorsi 3, 9) den wechselnden Verhältnissen besser gerecht werden als Alleinherrscher. Sie können die Politiker ablösen, wenn die Zeiten sich ändern. Könnte es sein, daß zuweilen nicht nur Einzelne – und nicht nur Parteien –, sondern große Teile der politischen Klasse in einer Weise festgelegt sind, daß sie den Zeiten nicht mehr gerecht werden? Und große Teile der Intelligenz dazu?

Literatur

Hannah Arendt, *Wahrheit und Lüge in der Politik.* Zwei Essays, München 1972.

Reinhart Koselleck, *Kritik und Krise*, Freiburg/München 1959.

Christian Meier, *Die Entstehung des Politischen bei den Griechen*, Frankfurt 1980.

Die politische Kunst der griechischen Tragödie, München 1988.

Notizen zum Verhältnis von Makro- und Mikrogeschichte, in: K. Acham/W. Schulze (Hg.), *Teil und Ganzes.* Beiträge zur Historik 6, München 1990.

Kurt Raaflaub, *Des freien Bürgers Recht der freien Rede*, in: Studien zur antiken Sozialgeschichte. Festschrift Friedrich Vittinghoff, Köln/Wien 1980.

Norbert Bolz
Politik als ob
oder Die Lizenz zu lügen

Seit es Menschen gibt, die nicht nur den Beruf zur Politik zu haben glauben, sondern es auch geschafft haben, Politik zum Beruf zu machen, reißen die Klagen darüber, daß die Politiker viel lügen, nicht ab. Sinnlos der Versuch, das zu leugnen; hilflos der Versuch, es zu entschuldigen – statt dessen sollte man den ärgerlichen Sachverhalt gut erklären. Dazu bedarf es einiger Vorüberlegungen.

Seit dem Ende des Zweiten Weltkriegs, also seit das Risiko weltpolitischen Handelns jede Aussicht auf einen Erfolg großer Politik verstellt, mehren sich die Anzeichen für eine Wiederkehr der politischen Rhetorik. Ein erst heute historisch gewordenes Stichwort hierfür lautet ›kalter Krieg‹. Und jeder, der einmal einen Spionageroman gelesen hat, kennt den Grund: Informationen machen Interventionen unmöglich oder überflüssig. Unaufhaltsam schwindet das alle klassischen Begriffe von Politik definierende Moment der persönlichen, repräsentativen Entscheidung. Ja man kann sagen: in der technisch-sachlichen Selbstregulierung des politischen Systems wird Entscheidungsbedarf nur noch simuliert. An der Horizontlinie dieser Entwicklung hebt sich Politik in Rhetorik auf; sie wird dann nur noch als rein rituelle Form konserviert werden. Es ist deshalb ganz konsequent, wenn Hans Blumenberg das Paradoxon einer immer ohnmächtiger werdenden Macht durch bloße »Wortpolitik« aufgelöst sieht: Die nüchterne Abschätzung der Folgelasten einer im eigentlichen Sinne eingreifenden Politik mündet ins Lob des ewigen Gesprächs, das heißt der endlosen Diskussion. Viel Lärm um nichts wäre also eine durchaus positive Formel für eine solche Wortpolitik *als ob*.

Neuerdings nun glauben einige Zeitgenossen, wieder andere Geschichtszeichen auf dem politischen Schauplatz lesen zu können. Während sich der Westen immer komfortabler im Posthistoire, also in der Zeit nach dem Ende der Geschichte einrichtete, schien sich im Osten noch einmal Geschichte zu ereignen. Man sprach gar von Revolution, überdies einer friedlichen. Doch schon wächst wieder die Enttäuschung. Statt den Intellektuellentraum vom dritten Weg eines Sozialismus mit menschlichem Antlitz zu erfüllen, erliegen die vom Stalinismus befreiten Massen den kapitalistischen Wonnen des Trivialen und der Magie der D-Mark. Bei Lichte betrachtet, fördert gerade auch der große Wandel im Osten die von den Propheten des Posthistoire vorausgesagte Universalisierung des *American Way of Life*. Geschichte geschieht nur noch *als ob*.

Das hat Folgen für einen aktuellen Begriff von Politik. Wer hierzu Klartext sucht, darf nicht bei den Politikern selbst nachfragen, die ja immer noch Handlungsrituale der Vergangenheit nachspielen. Besser orientiert die nüchterne Wirtschaftsprosa, die unlängst die DDR-Integration durchs Medium der Währungsunion als kontrolliertes Chaos beschrieben hat. Chaos als wohltemporierte Kategorie der Weltbeschreibung kennzeichnet nicht mehr die Störung von Ordnung, sondern deren dynamische Systematik selbst. Chaos, einst der symmetrische Gegenbegriff zu Kosmos, also Ordnung, wird heute als Signatur einer dissipativen Wirklichkeit – also einer Welt der Streuung und Zerteilung – erkennbar. Damit ist einem erneuerten Begriff von Politik der Weg klar vorgezeichnet: von der Utopie der planenden Vernunft zur Wissenschaft vom Sichdurchwursteln. Ein amerikanischer Wissenschaftshumorist spricht ausdrücklich von der neuen ›*science of muddling through*‹.

Was Nietzsche noch als ›Große Politik‹ erwartete, mag sich allenfalls philosophisch in einem großen Geisterkrieg verwirklichen – praktische Politik ist heute *bricolage*, also Bastelarbeit mit den Abfallstoffen der Geschichte, und Schadensbegrenzung. Die Schrumpfung eigentlich eingreifender Politik zur Praxis *als ob* und zur Kontrolle von Chaos macht es auch schwer, sich ein angemessenes Bild vom gesellschaftlichen System zu machen. Die fortgeschrittensten Wissenschaften legen es heute nahe, die Gesellschaft als ein Nervensystem mit dezentralisierten Entscheidungen zu begreifen. Die Orte politischer Kontrolle funktionieren demnach nur noch wie Synapsen oder Relais.

Politik ist also keine Kunst des Möglichen mehr, und entzauberte Politologie kann nicht mehr als ein Teilgebiet der Statistik zufallsabhängiger Ereignisse sein. Mit anderen Worten: Die den klassischen Begriff von Politik prägende souveräne Entscheidung einer repräsentativen Person zerfällt heute in stochastische Prozesse und gesellschaftliche Vorentscheidungen. Nichts anderes nämlich heißt Sachzwang: Die wesentlichen Entscheidungen der Politik sind immer schon durch die Selbstregulierungsmechanismen der Gesellschaft vorentschieden – das ist die kybernetische Variante von Hegels Vernunft des Wirklichen. An die Stelle des politischen Willens tritt die Information. Deshalb wird der Vollblutpolitiker alten Stils immer mehr zum Ärgernis für den Fachmann der politischen Selbstregulierung.

Es ist in diesem Zusammenhang lehrreich, noch einmal einen Blick auf Max Webers Rede über Politik als Beruf zu werfen. Ihre Thesen sind – unter veränderten Vorzeichen – hochaktuell. Bekanntlich markiert Weber eine scharfe Differenz zwischen dem Politiker, der sich auf leidenschaftlichen Kampf und Eigenverantwortung verpflichtet weiß, und dem Beamten, der *sine ira et studio*, das heißt unter dem großen *Als ob* der Selbstverleugnung, arbeitet. Diese Antithetik spitzt Weber zu der großartigen Einsicht zu: »Gerade sittlich hochstehende Beamtennaturen sind schlechte, vor allem im politischen Begriff des Wortes verantwortungslose und in diesem Sinn: sittlich tiefstehende Politiker.«

Webers Diagnose erhält ihr eigentliches Gewicht erst vor dem gegenwärtigen Hintergrund einer reinen Beamtenherrschaft. Längst haben wir ja von den leidenschaftlichen Politikern Abschied genommen – die letzten beschworen die Leichenreden als Urgestein. Die politische Herrschaft jener sittlich hochstehenden Beamtennaturen aber schafft einen Raum, in dem die Situation der Entscheidung gar nicht mehr vorkommen kann. Das hat Walter Benjamin einmal als »objektive Verlogenheit« bezeichnet – objektiv, weil die einzelnen Politiker ja subjektiv *bona fide*, eben gemäß ihrer sittlich hochstehenden Beamtennatur handeln.

Nun muß man aber Kategorien wie ›kontrolliertes Chaos‹ und ›objektive Verlogenheit‹ rein beschreibend, nicht moralisch wertend verstehen. Der Politiker ist heute ja vor allem Amtsträger – oder will es werden. An ihn als Beamten die Maßstäbe des leidenschaftlichen Politikers Max Weberscher Prägung anzulegen wäre also nicht nur ungerecht, sondern auch theoretisch irreführend. Dem Amtsträger wird nämlich nicht richtiges Handeln, sondern ungeschmälerte Dienstbarkeit in der Selbstgestaltung und Selbstregulierung des politischen Systems zugemutet. Nur in diesem Rahmen kann auch die Ehrlichkeitserwartung Resonanz finden. Skandalisierungen von außen, wie etwa im Fall der Parteispendenaffäre, finden dagegen keinen. Denn die dabei journalistisch aufgedeckten Lügen gelten systemintern als gewaltlose Mittel zum Schutz der bedrohten Parteienlandschaft. Aus derlei Skandalen und ihrem schnellen Verpuffen läßt sich etwas Grundsätzliches lernen: Politik kann heute nur noch mit den Mitteln ihrer eigenen selbstbezüglichen Prozesse auf Probleme und Erwartungen der Außenwelt reagieren. Deshalb sind Politiker mittlerweile immun gegen ethische Forderungen.

Erfolgreich sind heute nur noch Politiken, die Politisierungen der Vergangenheit rückgängig machen und Politik zum Funktionssystem unter anderen zurückstufen. Wie alles im Zeitalter des Computers kommt auch das Politische heute mit zwei Wertstellen aus: Ja/Nein, Regierung/Opposition, Einschalten/Abschalten, Wählen/Abwählen. Alle politische Romantik ist abgeschminkt, und das demokratische Volk begnügt sich listig mit dem politischen Minimum: die Regierenden abwählen zu können. Carl Schmitts für das Politische konstitutive Unterscheidung von Freund und Feind hat sich zum Binarismus von Regierung und Opposition vergeistigt. Binarismus heißt dabei konkret: Wer an der Macht ist, verspielt höchstwahrscheinlich in absehbarer Wahl-Zeit das Recht, an der Macht zu sein, weil er sich auf die Wirklichkeit einlassen, das heißt enttäuschen muß. Und Carl Schmitts große orientierende Frage *Quis judicabit?*, Wer entscheidet?, wird heute durch das schlichte Innehaben von Staatsämtern entschieden. Niklas Luhmann hat gezeigt, daß ebendies zureicht, um den Code zu bestimmen, nach dem sich das Politische ausdifferenziert. Er ist, wie gesagt, binär: Man hat den Posten oder nicht; man ist Regierung oder Opposition. Dieser Code des Politischen ist vom Programm der Parteien völlig abgekoppelt. Politik wirbt nämlich nicht um Wähler, um *Programme* zu realisieren, sondern schreibt Programme, um *Wahlchancen* zu optimieren. Zum *interface* zwischen Code und Programm, zum großen Treffen zwischen Parteiversprechungen und jenem Binarismus, der die Welt des Politischen im Innersten zusammenhält, kommt es bekanntlich alle vier Jahre nur ein Mal: am Wahlsonntag.

Wahlen haben in der Tat nur den Sinn, jenen Binarismus der politischen Codierung immer wieder einzuüben und elastisch zu halten. Denn die jeweilige Regierung bezieht ihre Legitimation eigentlich gar nicht vom Volk, sondern durch Verfahren. Und man kann von westlichen Demokratien ganz allgemein sagen: Das politische System rechtfertigt sich selbst durch seine hohe Komplexität, die immer wieder Alternativen produziert und Verschiedenartigkeit sichert. Deshalb ist ›kontrolliertes Chaos‹ nicht die absolute Metapher der Unregierbarkeit, sondern im Gegenteil eine positive Funktionsbeschreibung. Denn die Anpassungsfähigkeit und Realitätsgerechtigkeit der Politik ist eine direkte Funktion ihrer strukturellen Unbestimmtheit.

Um dies zu verstehen, muß man Abschied nehmen vom Bild der klassischen Demokratie, die bestimmt war von der unmittelbaren, persönlichen Ausstellung des charismatischen Politikers vor Repräsentanten, also vorm parlamentarischen Publikum. Heute erzwingen die neuen Medien die Ausstellung des Politikers vor der Aufnahmeapparatur. Politik, gleich welche, verliert immer mehr ihr theoretisches Korsett und bildet ihren Identitätspanzer zunehmend im Spiegel der Massenmedien. Im Grunde reagiert Politik heute nur noch auf ihre eigene mediale Aufzeichnung. Die Aktualitätsnorm erzeugt einen Beschleunigungsdruck, dem man sich nur noch gewachsen zeigen kann, wenn man auf alle politischen Inhalte, die als Gedanken per se zu träge sind, verzichtet. Seit Massenmedien eine augenblickliche Koordinierung der Weltgesellschaft in der Gegenwart ermöglichen, gilt, daß Zeitstrukturen wichtiger sind als Konsensstrukturen. Geschwindigkeit zählt mehr als Argumente. Die Unterschiedlichkeit intellektueller Herkünfte verblaßt vor der Homogenität einer Zukunft, die planetarisch im Zeichen der neuen Medien steht.

Medienästhetik ersetzt die Weltpolitik. Die Aufnahmeapparatur dringt derart tief in die Wirklichkeit ein, daß jedes Bild die Spur des Mediums selbst trägt. Insofern ist die berühmte These Marshall McLuhans, das Medium selbst sei die Botschaft, technisch wohlbegründet. Offenkundig wird das bei der massenmedialen Aufbereitung nationaler und internationaler Politik. Aufbau und Betätigung der Aufnahmeapparaturen überlagern den eigentlichen Vorgang so nachhaltig, daß gar nicht mehr von einer Störung gesprochen werden kann. Nicht mehr das Geheimnis der Macht, sondern die Stellung vor der Apparatur bestimmt die Politik. Massenmedien verwandeln alles, was sie aufzeichnen, in ein Präparat ihrer Techniken. Walter Benjamin hat schon in den 30er Jahren von einer »Auslese vor der Apparatur« gesprochen. Der Politiker als Medienstar ersetzt den charismatischen Führer. Politiker waren ja immer schon Selbstdarsteller – jetzt sind sie es in der Tat als Filmschauspieler. Sofern sie sich nun aber nicht mehr primär im Parlament, sondern in den Medien darstellen, tritt der massenmediale Ausdruck der Politiker an die Stelle politischen Handelns. Das elektronische Charisma verdeckt den Amtsträger durch den Star. Damit aber wird die medial aufbereitete Persönlichkeit zum Kriterium politischer Glaubwürdigkeit. Fernsehen suggeriert Intimität mit den Mächtigen.

Indem aber die Massenmedien Politik auf die Glaubwürdigkeit sogenannter Persönlichkeiten reduzieren, lenken sie vom Kernbestand des Politischen ab: dem Willen zur Macht. Die Skandale – man denke nur an die Barschel-Affäre – können somit als Gestalten der Wiederkehr des verdrängten Machtwillens begriffen werden. Betrug, Lüge und Skandal sind nur extreme Ausdrücke der Unvermeidlichkeit von Unsachlichkeit in allen politischen Entscheidungen. Denn auch im funktionalen Binarismus von Regierung und Opposition ist die alte Unterscheidung von Freund und Feind »aufgehoben« – sublimiert, aber eben auch aufbewahrt. Dieser Index von Feindschaft in allem politischen Verhalten wird natürlich immer schwerer lesbar, je mehr die Politik sich als selbstregulierendes System versachlicht und in Verfahren formalisiert.

Je unlesbarer aber der politische Grundtext von Freund und Feind, desto größer die polemische Reinheit des moralischen Urteils, daß die Politiker viel lügen. Es geht hier vor allem um eine Frage der Perspektive. Denn das moralische Urteil ist an Nahsicht gebunden, während das politische Kalkül großer Wirkungskomplexe, Risiken und Folgelasten Ferneinstellungen einer Optik jenseits von Gut und Böse fordert. Das hat schon Machiavelli motiviert, die Moral aus der Politik auszutreiben. Heute könnte man, etwas vorsichtiger, mit Niklas Luhmann sagen, Aufgabe einer Ethik der Politik sei es, vor der Nahsichtigkeit der Moral zu warnen. Damit ist nicht gesagt, es gäbe keine Ethik in der Politik. Jene Nötigung zur Ferneinstellung impliziert aber, daß in der Politik allein der Erfolg über die Moralität einer Handlung entscheidet. Eine Ethik der Politik muß sich an ihrem Medium orientieren – also an gewaltgestützter Macht. Deshalb verstrickt sich Politik unvermeidlich ins Gewebe ethisch bedenklicher Mittel. Der berühmte, aber oft als naiv belächelte Satz, Macht an sich sei böse, hat also seinen guten Sinn: Gewalt verleiht der Politik einen Index des Bösen.

Gerade wer an einer Ethik der Politik festhalten will, muß erkennen, daß rein moralische Urteile und Fragestellungen politisch steril sind. Die Emanzipation der Politik von der Moral ist also gerade die Bedingung für eine Ethik der Politik – das wird großartig belegt vom ursprünglichen Begriff des *politico*, den Machiavelli noch ausdrücklich als Gegenbegriff zu *corrotto*, also ›korrupt‹, gebraucht. Bei Lichte betrachtet, ist das auch das Schlüsselmotiv für Max Webers berühmte Unterscheidung zwischen Gesinnungs- und Verantwortungsethik. Der Gesinnungsethiker erkennt die eigene Ordnung, also die Verwirklichung des Gesetzes seines Herzens, nicht mehr als die seinige. Was er als Verrücktheit der Welt bekämpft, ist seine eigene. So heißt es schon in Hegels *Phänomenologie des Geistes* in großartiger Klarheit: »Das Herzklopfen für das Wohl der Menschheit geht darum in das Toben des verrückten Eigendünkels über, in die Wut des Bewußtseins, gegen seine Zerstörung sich zu erhalten, und dies dadurch, daß es die Verkehrtheit, welche es selbst ist, aus sich herauswirft und sie als ein Anderes anzusehen und auszusprechen sich anstrengt.«

Was Hegels dialektische Rede vom Umschlag des Herzensgesetzes in den Wahnsinn des Eigendünkels auch deutlich macht, ist, daß das gute Gewissen in der Politik nur als komische Rolle verfügbar ist. Um aber die Enttäuschungen des demokratischen Publikums hier nicht allzu groß werden zu lassen, hat die Politik künstliche Paradiese der Aufrichtigkeit und Herzensgüte institutionalisiert. Die vollständige Entmachtung des ersten Mannes im Staate hat einen Spielraum eröffnet, in dem sich Unvereinbarkeiten wie Sachlichkeit und Ehrlichkeit, politisches Kalkül und moralische Integrität versöhnen lassen. Wenn dieses Amt des Bundespräsidenten dann noch von einem anständigen Menschen bekleidet wird, spricht man von einem einzigartigen Glücksfall der Politik. Nichts anderes macht die ungeheure Beliebtheit Richard von Weizsäckers aus. Seine politisch folgenlose Aufrichtigkeit funktioniert als Charisma-Ersatz.

Dem Vollzug der grauen Alltagspolitik könnten solche Eigenschaften nur störend dazwischenkommen. Wo es um die Selbsterhaltung des gesellschaftlichen Systems geht, ist jeder Appell an die Integrität des einzelnen ins Leere gesprochen. Diese Erfahrung bestätigt aber nicht nur die These vom Bösen der Macht, sondern begründet Skepsis gegen die Forderung der Ehrlichkeit selbst. Walter Benjamin hat sie grundsätzlich als Sachwalterin ohnmächtiger und daher unberechtigter Autoritäten bestritten. Im Kern ist jede Forderung der Ehrlichkeit moralischer Götzendienst. Der aufrichtige Politiker soll die vakante Stelle des politischen Sinns besetzen. Jenseits der guten Gesinnung nämlich ist politische Orientierung nur durch Programmstrukturen möglich, die über die wirkliche Komplexität der Welt hinwegtäuschen und Enttäuschungen regulieren. Der Skandal der Lüge ist also nur ein extremer Grenzwert politischer Selektion und Orientierung. Nietzsche hat das ›unschuldige Korruption‹ genannt, Benjamin spricht im gleichen Zusammenhang, wie schon erwähnt, von objektiver Verlogenheit. Eben das ist die Signatur der Politik jenseits jener künstlichen Paradiese der Aufrichtigkeit: subjektiv *bona fide*, objektiv verlogen zu sein.

Der Faschist Thierry Maulnier hat einmal gesagt: »Zwischen der Zivilisation und der Aufrichtigkeit muß man wählen.« Maulnier begreift also die Lüge als Fundament der Zivilisation, die nichts als eine Ordnung von Fiktionen sei. Wenn es gelänge, diese Einsicht aus ihrem faschistischen Kontext zu lösen, wäre ein wichtiger Schritt zum gesuchten aktuellen Begriff von Politik getan. Dieser Schritt in die Aktualität führt aber zunächst zurück in die Geschichte.

Hinter Nietzsches berühmter Frage danach, wieviel Wahrheit ein Mensch ertrage, steht der Verdacht, eigentlich hasse der Mensch die Wahrheit. Mit anderen Worten: Wir lieben es, getäuscht zu werden. In diesem Horizont hat schon Pascal seine Logik des postparadiesischen Seins entfaltet: Das Leben sei nichts als eine beständige Illusion, befangen in einer wechselseitigen Täuschung. Daß das menschliche Verhalten als solches ein trugbefangenes, getäuschtes sei, ist Gemeingut der moralistischen Tradition bis hin zu Nietzsche. Schlüsselfunktion in dieser Psychologie der scheinbildenden Mächte hat dabei die Eigenliebe: Was uns betrügt, ist die Lust des Ich. Immer wieder betont Pascal die strenge Korrelation von Eigenliebe, dem menschlichen Ich und einer bis zum Todhaß sich steigernden Aversion gegen die Wahrheit.

Nach außen gewendet wird die scheinbildende Macht der Eigenliebe gesellschaftlich formstiftend: Wir begnügen uns nicht mit unserer Existenz und wollen mehr und anders scheinen als sein. Pascal unterscheidet hier sehr prägnant unser eigentliches, nichtiges Ich von unserem öffentlichen Bild – einem imaginären Sein, an dem wir unaufhörlich arbeiten. Die Arbeit am Schein verdeckt das nichtige Selbstsein.

Am barocken Menschen der Sünde als verwirrtem Fragment der Schöpfung hat Pascal eine ganze Psychologie der scheinbildenden Mächte abgelesen: Imagination, Gewohnheit, Zerstreuung und Selbstliebe. Nach außen gewendet sind sie als Begehren, Machtwille und Ignoranz die großen Faktoren des Menschlichen. Nur die gesellschaftliche Ordnung des Scheins, die sozial wohltätigen Trugbilder der Imagination verschleiern den Abgrund des Hasses.

Eine bloß äußerliche Macht wie der Staat, der irdische Gott, stützt sich nur durch Simulakra der Göttlichkeit; denn nichts anderes hält eine Gesellschaft zusammen als die Bande der Einbildung. Politik ist die Kunst der Simulakra und Arkana, die eine spezifisch neuzeitliche Magie des Staates produziert hat. Es gibt keine staatliche Souveränität ohne Kunstgriffe und dekorative Veranstaltungen. In dieser Rechtsordnung der sichernden Haltungen kommt niemand zu seinem Recht, denn die Entmächtigung der Gerechtigkeit durch die Sünde fordert als Ersatz die Rechtfertigung der faktischen Macht. Auf der Suche nach der verlorenen Gerechtigkeit stößt der Mensch auf die Faktizität der Macht und heißt sie Rechtens: Weil man nicht die Gerechtigkeit an die Macht bringen kann, rechtfertigt man die Macht – denn damit hat man immerhin einen Pakt zwischen Recht und Macht geschlossen, der den Frieden garantiert. Gegen die Drohung des Chaos die Machtverhältnisse zu rechtfertigen besagt im Kern: Die gesuchte Ordnung ist nichts als erstarrter Zufall.

Soweit, ganz christlich, Pascal. Nietzsches antichristliche Perspektive bestätigt den Befund gleichsam sprachphilosophisch. So wenig wie archaische Tiere ihren Panzer können Menschen die rhetorische Apparatur ihrer Sprache abwerfen; ein physiologischer Bann zwingt sie unter die unbewußte Herrschaft grammatischer Funktionen. Die Gewohnheit unbewußter Lügen, als Usus akzeptierte Fehler schaffen jene Redefiguren, in denen die Menschen so etwas wie ›Welt‹ haben. Was man Erkenntnis nennt, ist demnach eine Arbeit in üblichen Metaphern, das heißt in Illusionen, an die man sich durch langen Gebrauch so gewöhnt hat, daß man sich ihres Scheincharakters nicht mehr bewußt wird. Die Menschen spüren den rhetorischen Panzer nicht mehr, der sie umschließt – Metaphernvergessenheit ist Überlebensbedingung. Gesellschaftliches Leben setzt eine stabile Konvention der Lüge, einen verbindlichen Stil der Illusion voraus. Die Austreibung des Moralismus aus den Wissenschaften trifft hier auf den harten Kern des Aufklärungsethos: die Wahrheitspflicht. Und ganz konsequent treibt Nietzsche seine Ästhetisierung der Wahrheit bis ins Extrem einer Umwertung der Lüge. Sobald der Mensch vergißt, daß er alltäglich ein künstlerisch schaffendes Subjekt ist, verkennt er seine lebensbedingenden Illusionen als Wahrheiten. Die moralische Forderung der Wahrhaftigkeit ist für Nietzsche nichts als die gesellschaftliche »Verpflichtung, nach einer festen Convention zu lügen, schaarenweise in einem für alle verbindlichen Stile zu lügen«.

Das Vergessen der Lüge auf dem Grunde der Wahrheit macht den wahren Diskurs unredlich und vergiftet das Lügen. Nietzsche unterläuft also die moralische Unterscheidung von Wahrheit und Lüge durch die Frage nach der Ehrlichkeit des Sprechakts. Gerade die Vertreter des wahren Diskurses, die nicht lügen wollen, verfallen der unehrlichen Lüge. Folglich wird, was Nietzsche »die ächte resolute ›ehrliche‹ Lüge« nennt, zum Hort der Redlichkeit. Hier erreicht die Umwertung der Sprechakte ihr Extrem: Der wahre Diskurs ist verlogen, die resolute Lüge ehrlich.

Die ästhetische Lizenz zur Lüge verdankt sich der Unmöglichkeit, etwas Wahres zu wissen. Die Wahrheit wird uns nicht frei machen. Machen wir uns aber von der Wahrheit frei, so wird denkbar, daß sich uns das mythische Gefühl der freien Lüge wiederbelebt. Mit dieser Überlegung gelingt Nietzsche die geniale Umkehrung einer zentralen These der Aufklärung. Er deutet den Priesterbetrug als artistische Praxis: Erfindung mythischer Bilder als Stimulantien des Lebens. Artistik ist die Emanzipation der freien Lüge von der Notlüge, ihrer anthropologischen Grundlage. Sie gibt dem Willen zur Täuschung sein gutes Gewissen zurück. Nietzsche sagt: »Es führt zu wesentlichen Entdeckungen, wenn man den Künstler einmal als Betrüger faßt.«

Und umgekehrt, so möchte man ergänzen, wenn man den Betrüger – in unserem Falle also den Politiker – als Künstler begreift. Solche Überlegungen führen nicht in die Abgründe einer Ästhetisierung der Politik, sondern legen den ästhetischen Kernbestand heutiger Politik frei.

Der verständliche Wunsch, nicht betrogen zu werden, verzerrt das Urteil über das Mittel der Lüge. Alle Aufklärungsunternehmen leben von dieser Angst vorm Betrogenwerden – das gilt für die kritischen Praktiken des Entlarvens ebenso wie für den Enthüllungsjournalismus. Doch die hier immer wieder beschworene nackte Wahrheit hat einen terroristischen Index – das weiß jeder, dem kritisches Bewußtsein einmal die Charaktermaske gelüftet hat. Das ist aber nur ein extremer Ausdruck der Unmöglichkeit, im Angesicht der nackten Wahrheit gesellschaftlich zu leben; denn sie zerstört die Entlastungsmechanismen der Konvention. Auf die Frage *How do you do* soll man ja nicht mit einem wahren Bericht vom eigenen inneren Zustand antworten. Höflichkeit selbst gebietet hier, den anderen mit der Wahrheit zu verschonen. Walter Benjamin bemerkt hierzu einmal sehr schön: »Wer die Umgangsformen beachtet, aber die Lüge verwirft, gleicht einem, der sich zwar modisch kleidet, aber kein Hemd auf dem Leibe trägt.«

Lügen ist ein Sprechakt. Man muß es zweifellos als ein Handeln begreifen, aber doch als eines, das in einer prinzipiell gewaltlosen Sphäre verbleibt – nämlich in der Sprache. Deshalb hat das politische System vom Betrug als gewaltlosem Mittel nichts zu befürchten – allenfalls von der Rache der Betrogenen. Moralisten fällt es natürlich schwer, in der Lüge eine Form gewaltloser Konvention zu sehen. Als solche aber wird sie vor der Kontrastfolie des Politischen erkennbar: Angesichts von Gewalt als Mittel der Macht gewinnt die Lüge die Qualität der Verschonung. Wer dagegen der Politik die Lizenz zur Lüge entziehen will, appelliert – ob er es will oder nicht – an das harte Machtkriterium Max Webers: die Gehorsamserzwingungschance.

In einer Politik, die zivil bleiben will, kann es deshalb nicht um die Alternative Lüge oder Aufrichtigkeit gehen, sondern allein um Sublimierungen des Betrugs. Das heißt dann Diplomatie. Man kann es auch so sagen: Je mehr sich Politik von der Freund-Feind-Spannung zur diplomatischen Vermittlung hin entwickelt, desto unvermeidlicher wird die Lüge. Diplomatie ließe sich geradezu als politische Diätetik der Lüge definieren, das heißt als Kunst der richtigen Dosierung von Unwahrheiten. Das bestätigt ein Wort, mit dem Nietzsche, wie so oft, seiner Zeit um hundert Jahre voraus war: »Die Lüge als Supplement der Macht – ein neuer Begriff der ›Wahrheit‹.«

Gernot Böhme
Die Sozialstruktur der Lüge[1]

1. *Politikerlügen*

Lügen Politiker? Sie selbst glauben das offenbar nicht. Von ihren Klienten aber, den Wählern, den Bürgern, dem gemeinen Mann auf der Straße, wird ihnen häufig dieser Vorwurf gemacht. Ja, Politik als solche steht unter einem generellen moralischen Verdacht. Aus der Perspektive der Biertische ist, »was die da oben machen«, ohnehin alles Lug und Trug. Die Politiker würden allenfalls zugeben, daß zwischen den politischen Reden und der Wirklichkeit häufig eine Diskrepanz besteht, würden es aber von sich weisen, das als Lüge zu bezeichnen. Auf solche Diskrepanzen gestellt, verfallen sie zwar gelegentlich in geradezu kindliche Verteidigungsstrategien, das Abgeben von Ehrenworten und dergleichen. Aber faktisch nehmen sie für sich als Politiker in Anspruch, nicht immer die Wahrheit sagen zu müssen. Im Gegenteil sei es eine Sache politischer Klugheit, Wirklichkeiten häufig nicht anzuerkennen bzw. zu verschleiern, und es sei eine Sache politischer Verantwortung, dem »Volk« häufig nicht die Wahrheit zu sagen. Weder sei es nützlich, noch habe jedermann einen Anspruch darauf, die Wahrheit zu erfahren.

Es ist also damit zu rechnen, daß über die Frage der Legitimität der Lüge in der Politik kein gesellschaftlicher Konsens besteht. Die Politiker auf der einen Seite, insbesondere die regierenden, nehmen in der Tradition von Geheimdiplomatie, Staatsgeheimnis, Staatsräson in Anspruch, Wahrheiten verschweigen, verdecken, verstellen zu dürfen bzw. geradezu Wahrheiten zu »machen«. Die Regierten auf der anderen Seite beanspruchen im Sinne demokratischer Öffentlichkeit vollständige Offenlegung der Tatsachen. Dieser Konflikt wird auch gelegentlich manifest. So mußte beispielsweise Strauß im Zusammenhang mit der Spiegel-Affäre sein Ministeramt niederlegen, weil er »das Parlament belogen hatte«, und führende Vertreter der öffentlichen Meinung, wie etwa die Professoren von Weizsäcker und Picht, sahen diese Tatsache eines lügenden Ministers als moralisch so gravierend an, daß sie ankündigten, ihre Professuren zurückzugeben, wenn Strauß erneut ein Ministeramt erhalten sollte. Nun, sie haben diese Drohung nicht wahrgemacht, und Strauß ist sogar Ministerpräsident geworden. Die Politik ist heute so moralisch oder so unmoralisch wie eh und je. Das Interessante an dem Punkt ist, daß der Ausdruck »Lüge« als Qualifizierung von politischen Reden im allgemeinen als inadäquat empfunden wird und sogar bei krassen Diskrepanzen von Rede und Tatsache vermieden wird. Ebenso scheinen moralische Reaktionen auf Politik unangebracht zu sein und nur in den allerseltensten Fällen auch irgendeine Wirkung zu zeitigen. Woran liegt das?

Die bedeutende Philosophin Hannah Arendt, der man gewiß eine hohe moralische Sensibilität attestieren darf, hat in ihren Essays über *Wahrheit und Lüge in der Politik*[2] die Lüge in der Politik nicht nur als unvermeidbar bezeichnet, sondern geradezu gerechtfertigt. Das ist um so erstaunlicher, als ihre Beschäftigung mit dem Thema in der Welle der Empörung anläßlich der sogenannten Pentagon-Papiere ihren Anfang nahm. Es handelt sich dabei um umfangreiche, und zwar sogar von der amerikanischen Regierung selbst, wenn auch für interne Zwecke, erstellte Dokumente über die Vietnam-Politik. Diese Dokumente bewiesen, daß die amerikanische Regierung über das wahre Geschehen und das amerikanische Verhalten in Vietnam nicht nur den Feind und die Weltöffentlichkeit, sondern auch und vor allem das amerikanische Volk – sagen wir es gut deutsch: nach Strich und Faden belogen hat. Trotz aller Empörung darüber sagt Hannah Arendt, deren philosophisches Hauptthema gerade die Politik ist, »Lügen scheint zum Handwerk nicht nur des Demagogen, sondern auch des Politikers und sogar des Staatsmannes zu gehören«.[3] Dieser Satz könnte noch als ein kritischer und abfälliger Satz gelesen werden, etwa in dem Sinne der landläufigen Meinung, Politik sei eben ein schmutziges Handwerk. Aber von einer solchen generellen Abwertung von Politik als menschlicher Beschäftigung kann bei Hannah Arendt gar keine Rede sein. Und so ist auch der zitierte Satz ein Hinweis darauf, daß Hannah Arendt einen tieferen und legitimen, wenn auch problematischen Zusammenhang von Politik und Lüge sieht. »Wahrhaftigkeit«, sagt sie, »zählte niemals zu den politischen Tugenden, und die Lüge galt immer als ein erlaubtes Mittel in der Politik.«[4] Als ein *erlaubtes* Mittel der Politik: darauf kommt es an.

Der tiefere Zusammenhang zwischen Politik und Lüge besteht nun nach Auffassung von Hannah Arendt darin, daß die Politik ein Verhalten ist, dessen Zweck darin besteht, die Welt zu *verändern*. Deshalb sei die Anerkennung von Tatsachen als solchen gerade nicht Sache der Politik. Vielmehr sei Politik darauf gerichtet, die Realität zu verändern, das heißt, Tatsachen handelnd aufzulösen, und sei es auch zunächst nur verbal. Diese verbale Auflösung von Tatsachen besteht nicht einfach darin, schlicht das Gegenteil von dem zu behaupten, was der Fall ist – auch das kommt vor –, sondern vielmehr Tatsachen in *Ansichten* zu verwandeln. Es ist klar, daß, wenn das möglich ist und soweit das möglich ist, wir mit der Politik ein höchst schlüpfriges Gelände betreten. Wählen wir, um das plausibel zu machen, ein für uns gegenwärtig sehr naheliegendes Beispiel.

Hannah Arendt schreibt: »Schließlich dürfen wir nicht vergessen, daß wir heute auch außerhalb dieser Propagandatechniken« – gemeint sind die Techniken der Massenbeeinflussung von der faschistischen Propaganda bis zum modernen ›image-making‹ – »mit angesehenen Staatsmännern konfrontiert sind, die wie Adenauer oder de Gaulle jahrzehntelang offenbare Unwahrheiten zur Grundlage ihrer Politik haben machen können«.[5] Nun, sie bezieht sich für Adenauer auf die Behauptung, daß nur ein relativ kleiner Prozentsatz die Barbarei des Nationalsozialismus akzeptiert habe. Aktueller ist Adenauers Weigerung, die DDR als Staat anzuerkennen. Die Behauptung, daß es nur einen deutschen Staat gebe, hat nicht nur Adenauers Politik, sondern die seiner Nachfolger über Jahrzehnte bestimmt und war für viele eine Tatsachenaussage. Noch heute gibt es Leute, die, wenn sie die ehemalige DDR meinen, von der »Zone« sprechen. Die Leugnung der Zweistaatlichkeit Deutschlands über Jahrzehnte kann durchaus und ist auch von vielen Leuten als Lüge angesehen worden. Andererseits sieht man sehr deutlich an diesem Beispiel, daß das Verfahren genauer darin besteht, daß eine Tatsache zur Ansichtssache erklärt wird. Mochten die Regimeträger in der DDR ihr System als Staat verstehen, mochten auch mehr und mehr Staaten in der Welt die DDR als solchen anerkennen, ob es diesen Staat gab oder nicht, ist dennoch durch die Adenauersche Politik zur Ansichtssache geworden. Faktisch wirkte sich das bis in die letzten Jahre aus. Trotz der formalen Anerkennung der DDR, die sich in Staatsverträgen und ähnlichem äußerte, lief die bundesrepublikanische Politik auf eine Abschaffung der DDR hinaus.[6] Und das war es auch, was Hannah Arendt klarmachen wollte. Die Auflösung von Tatsachen in Ansichtssachen ist letztlich doch nicht vollständig möglich, sondern sie ist vielmehr eine politische Strategie, bestimmte Tatsachen aus der Welt zu schaffen. Lüge bleibt für sie doch Lüge, auch wenn man in ihrer modernen Form versucht, Tatsachen zur Ansichtssache zu erklären. »So läuft«, sagt Hannah Arendt, »der Unterschied zwischen traditionellen und modernen politischen Lügen im Grunde auf den Unterschied zwischen Verbergen und Vernichten hinaus.«[7]

2. *Zur Definition der Lüge*

Wir sahen, daß Hannah Arendt mit ihrer Rechtfertigung der Lüge als Mittel der Politik nicht wirklich durchkommt, und wir sahen auch den Grund: Sie hält nämlich doch daran fest, eine Lüge Lüge zu nennen. Hier ist seit langem von Ethikern, Moraltheologen und Moralphilosophen eine andere Strategie verfolgt worden.[8] Die Absicht war dabei ganz offensichtlich, bei einer grundsätzlichen Aufrechterhaltung des Verbots der Lüge, etwa im Sinne des neunten Gebots »Du sollst kein falsch Zeugnis reden wider deinen Nächsten«, Lügen im trivialen Sinne unter Umständen zuzulassen, indem man zeigte, daß sie gar nicht im vollen Sinne die Definition der Lüge erfüllten. Also: Wenn eine Lüge keine wirkliche Lüge ist, dann ist sie auch erlaubt. Diese Strategie besteht also darin, die Definition der Lüge so zu verfeinern, daß der Bereich der möglichen Falschaussagen, die danach Lügen genannt werden müssen, kleiner wird. Zu den Definitionsmerkmalen der Lüge gehören generell erstens die einfache Falschheit, das heißt die Diskrepanz zwischen Aussage oder Gedanke auf der einen Seite und Tatsache auf der anderen Seite, zweitens die Täuschungsabsicht, das heißt also, daß eine Falschheit mit dem Motiv vorgebracht wird, den Kommunikationspartner zu täuschen. An dritter Stelle wird nun ein Kriterium hinzugefügt, das das Gewünschte leisten soll, das heißt viele absichtliche Falschaussagen zu ermöglichen, ohne daß sie gleich als Lügen gelten müssen. Dieses Kriterium ist für unseren Zusammenhang von ganz besonderer Bedeutung. Es handelt sich keineswegs nur um eine Spitzfindigkeit der Moraltheologen oder der Moralphilosophen. Es geht um etwas, das man je nachdem als Wahrheitspflicht oder Wahrheitsanspruch bezeichnet:

Lügen ist ja grundsätzlich eine kommunikative Beziehung, das heißt, es findet zwischen zwei Kommunikationspartnern statt. Auch der Grenzfall des Sich-selbst-Belügens – wenn das überhaupt in striktem Sinne möglich ist – wird nach Analogie einer Partnerbeziehung gedacht. Wenn also Lüge etwas ist, das grundsätzlich in einer Kommunikationsbeziehung zu Partnern stattfindet, dann stellt sich die Frage, ob ich in jedem Fall gegenüber jedwedem Partner, wer immer er sei, zur Wahrheit verpflichtet bin bzw. umgekehrt, ob jeder

Partner, wer immer er sei, berechtigt ist, von mir die Wahrheit zu fordern. Die Pflicht, die Wahrheit zu sagen, könnte ja unter Umständen aufgehoben werden, weil staatsmännische Klugheit gebietet, sie zu verschweigen. Oder es könnte sein, daß andere, etwa weil sie Untergebene sind, gar nicht das Recht haben, die volle Wahrheit zu erfahren. Das sind also die Hintergründe, von denen her Politiker – wie wir eingangs sagten – häufig der Auffassung sind, daß ihre »Lügen« gar keine Lügen sind. Zur Erfüllung der Definition der Lüge fehlt der Situation, in der ihre Falschaussagen gemacht wurden, die Erfüllung des Kriteriums der Wahrheitspflicht bzw. des Wahrheitsanspruchs.

Es ist wohl lohnend, an dieser Stelle einen Mann zu zitieren, der nun wirklich nicht im Verdacht steht, nur geschickte Winkelzüge zu machen, wie vielleicht Moraltheologen, oder Selbstverteidigung zu betreiben, wie Politiker, nämlich den deutschen Frühaufklärer Samuel Freiherr von Pufendorf. Er schreibt in seinem Werk *Acht Bücher vom Natur- und Völkerrecht*: »So erhellet ..., daß man nicht jedem alles, was man im Sinne hat, anzeigen müsse, sondern nur dasjenige, zu dessen Erfahrung von uns andere ein ganz vollkommenes, oder zum wenigsten ein solches Recht haben, das der uns obliegenden Pflicht gemäß und gleich wichtig ist. Aus diesem fließet, daß man mit Recht stillschweigends übergehen oder mit Schweigen dissimilieren könne, was andere zu wissen nicht Recht und wir ihnen zu sagen keine Schuldigkeit über uns haben. Ja! da niemands Recht gekränket wird, mag man sogar, wenn anders unserer oder anderer Unglück nicht abgewendet werden kann oder wenn man durch solchen Weg eigene oder fremde Wohlfahrt zu befördern weiß, die Zeichen des Gemütes dermaßen anwenden und brauchen, daß sie ganz was anders als man im Sinne hat, zu verstehen geben.«[9]

Das dritte Kriterium läuft also auf folgendes hinaus: Eine Falschaussage mit täuschender Absicht ist nur dann eine Lüge, wenn in der Situation, in der sie vorgebracht wurde, für den Sprechenden eine Wahrheitspflicht bestanden hat bzw. für den Hörenden ein Anspruch auf Wahrheit. Alles läuft also auf die Frage hinaus, wie Sprecher und Hörer zueinander stehen: Damit wird deutlich, daß die Lüge eine Sozialstruktur impliziert. Wenn man mit dieser Erkenntnis nun weiter in den Traktaten über die Lüge nachforscht und die Frage stellt, wer wem gegenüber die Wahrheit sagen muß, dann stellt sich sehr schnell heraus, daß man gegen Eltern, Richter, Vorgesetzte und überhaupt gegenüber der Obrigkeit die Wahrheit sagen muß, aber daß umgekehrt diese Obrigkeit, die Vorgesetzten, die Eltern keineswegs immer gegenüber ihren Untergebenen zur Wahrheit verpflichtet sind. Das heißt – um es kurz zu sagen –, Lügen ist sozial gesehen eine asymmetrische Angelegenheit. Lügen tun die Kleinen, die Abhängigen, die Unterdrückten, und sie sind es, die dazu kein Recht haben; während die Herren, die Obrigkeit, die Mächtigen, entweder die Wahrheit sagen, oder wenn sie es nicht tun, dann ist es jedenfalls keine Lüge.

3. Kinderlügen

Das mag etwas drastisch formuliert sein. Aber daß wir im Prinzip alle so denken, möchte ich an einem Beispiel zeigen, nämlich am Beispiel der Kinderlügen. Kinder lügen so häufig, so ausgiebig und mit einer Leichtigkeit, daß man glauben könnte, der Mensch sei eher von Natur ein Lügner. Das verblüfft Erwachsene immer wieder, ärgert sie, bringt sie auf die Palme, wie man so sagt. Natürlich handelt es sich hier nicht um Lügen im Sinne bewußter Falschaussagen mit der Absicht, den Partner zu täuschen. Nicht immer jedenfalls, oder vielmehr läßt es sich in der Regel gar nicht klar ausmachen, ob ein Kind der Falschheit seiner Aussagen sich bewußt ist und ob es sie in der Absicht zu täuschen gemacht hat. Man hat vielmehr allmählich eingesehen, daß Kinder in einer weitgehend phantastischen Welt leben, in der der Unterschied von fact und fiction, von Tatsache und Phantasie noch nicht durchgeführt ist. Deshalb ist man heute verglichen mit der klassischen Pädagogik gegenüber sogenannten Kinderlügen auch toleranter geworden und verfolgt sie nicht mehr mit so drakonischen Strafen, deretwegen die klassische bürgerliche Pädagogik auch als »schwarze« bezeichnet wurde. Aber gerade diese Einsicht in die kindliche Phantastik hat gelehrt, daß ein klares Verhalten gegenüber Kinderlügen doch notwendig ist. Zwar glaubt man nicht mehr, eine ursprüngliche Bosheit im Kinde ausrotten und einen Eigenwillen brechen zu müssen, aber um so deutlicher wird doch, daß die drakonischen Strafen gegenüber Kinderlügen einen Sinn hatten, nämlich den Sinn der Wahrheitsdressur. Indem das Kind mit der Forderung, die Wahrheit zu sagen, konfrontiert wird, wird es überhaupt erst gezwungen, den Unterschied von Tatsache und Phantasievorstellung zu machen. Das Kind wird häufig, bedrängt durch die Fragen »Hast du das auch wirklich gesehen? Ist das auch wahr? Woher weißt du das?«, als Ort, auf den sich seine phantastischen Aussagen beziehen, einen Ort oder eine Zeit wählen, wo die Eltern nicht zugegen waren. Im Kindergarten habe es dieses erlebt, als die Eltern zum Einkaufen waren, jenes gesehen. Erst durch diesen Zwang zur Rechtfertigung, durch diese Konfrontation mit der Wahrheitsforderung wird die phantastische Aussage allmählich zur Lüge.

Wir sehen hieran folgendes: In gewissem Sinne ist das Kind gegenüber der Unterscheidung von Wahrheit und Lüge zunächst indifferent. Die Wahrheitsforderung, die Verpflichtung darauf, die Wahrheit zu sagen, geht von den Eltern aus. Sie ist in gewissem Sinne ontogenetisch, das heißt für die Entwicklung des einzelnen Kindes auch notwendig, denn der Unterschied von Tatsache und Einbildung muß gelernt werden, will man mit der Realität fertig werden. Nun gilt aber fast schon als empirische Regel: Je radikaler Eltern ihre Kinder darauf verpflichten, ihnen die Wahrheit zu sagen, desto großzügiger gehen sie selbst mit der Wahrheit gegenüber ihren Kindern um. Gerade sehr rigide, autoritäre Eltern verlangen von ihren Kindern, strikt die Wahrheit zu sagen, nehmen aber für sich in Anspruch, darüber zu bestimmen, was den Kindern zu wissen zusteht und was ihnen tunlichst zu verschweigen ist. Dagegen sind eher permissive Eltern, das heißt solche, die durch Gewährenlassen auf Selbstentwicklung setzen, bereit, Lügen oder besser gesagt mehr oder weniger phantastische Falschaussagen zuzulassen – fühlen sich aber ihrerseits verpflichtet, ihren Kindern gegenüber, wo immer es geht, in puncto Wahrhaftigkeit vorbildlich zu sein. Ihr Erziehungsstil betont weniger den Unterschied von Kind und Erwachsenem.

Wenn man nun diese beiden unterschiedlichen Haltungen zur »Kinderlüge« vergleicht, dann zeigt sich an diesem sehr alltäglichen Beispiel die grundsätzliche Struktur, nämlich daß die Lüge ihren Ort in einer asymmetrischen Sozialbeziehung hat. Als Lüge wird die Falschaussage desjenigen Partners bezeichnet, der in der schwächeren sozialen Position ist und der von dem stärkeren Partner auf Wahrheit verpflichtet wird. Kinder belügen die Eltern, aber nicht Eltern die Kinder. Das ist die durchschnittliche Auffassung – und das ist auch die alltägliche Wirklichkeit, wenn man sie an der Elle der ausgeführten Definition der Lüge mißt:

Kinder lügen im vollen definitorischen Sinne, das heißt, sie machen bewußte Falschaussagen in täuschender Absicht, gerade wenn sie explizit auf Wahrheit verpflichtet werden und streng in subalterner Stellung gehalten werden. Für ihr explizites Lügen gibt es dann auch ein Motiv, nämlich sich zu schützen, sich herauszureden, der Strafe auszuweichen oder auch nur überhaupt ihr Eigenleben gegenüber dem reglementierenden Zugriff der Eltern zu bewahren. Wenn wir dieses Ergebnis verallgemeinern, dann ergibt sich: Lügen ist überhaupt eine Sache der Unterdrückten und Untergebenen. Einerseits sind sie es, die auf Wahrheit verpflichtet werden, während die Obrigkeiten sich in der Regel einer solchen Verpflichtung überhoben sehen, andererseits sind auch gerade sie es, die ein Motiv zur Lüge haben: sie lügen zum Schutz, aus Furcht und um sich irgendwie durchzumogeln. Entsprechend wird ja auch die der Lüge entgegengestellte Tugend der »Ehrlichkeit« als eine ausgesprochene Dienstboteneigenschaft angesehen. Ehrlich sind oder haben zu sein Subalterne, während es ganz absurd wäre, von einem Herrn oder Fürsten zu sagen, er sei ehrlich. Einen Politiker ehrlich zu nennen macht ihn geradezu lächerlich. Aufrichtigkeit dagegen ist seit alters eine aristokratische Tugend, eine Sache der Herren und Freien. Aufrichtig und wahrhaftig zu sein, können sich gerade diejenigen leisten, denen niemand etwas zu sagen hat, weil sie nichts verbergen müssen und der Blick ihrer Untergebenen an ihnen abgleitet. So zählt Aristoteles die Wahrhaftigkeit unter die Tugenden des vornehmen Umgangs. Wahrhaftig ist derjenige, der weder zu viel noch zu wenig aus sich macht, sondern sich so gibt, wie er ist, sagen wir ruhig: der es sich eben leisten kann, sich so zu geben, wie er ist. Aufrichtigkeit ist also eine Tugend der Vornehmen, Lüge eine Strategie der Unterdrückten.

4. *Lüge und Demokratie*

Doch halt, sind wir mit unserer Verallgemeinerung, ausgehend vom Beispiel der Kinderlüge, nicht zu weit gegangen? Sind denn unsere Verhältnisse überhaupt noch durchgehend nach Herr und Knecht, Vorgesetztem und Untergebenem, vornehm und gering geordnet? Kann sich denn der Politiker, der Staatsmann heute noch mit Recht in der Rolle einer väterlichen Obrigkeit fühlen? Kann man wirklich von seinen Wählern, Klienten, von den Staatsbürgern Wahrheit verlangen und in Anspruch nehmen, paternalistisch die Unwissenden zu führen? Ist denn in der Demokratie überhaupt das Verhältnis zwischen den Regierenden und den Regierten im Sinne einer Asymmetrie von Rechten und Pflichten zu verstehen?

Immanuel Kant, der ja in Deutschland, noch unter feudalistischen Verhältnissen lebend, in vielem die Ansprüche des aufbrechenden Bürgertums formuliert hat, war auch ein entschiedener Verfechter der republikanischen Staatsform. In diesem Zusammenhang ist auch seine Stellungnahme zum Thema Lüge zu sehen. Im Jahre 1797 veröffentlichte er eine kleine Schrift mit dem Titel *Über ein vermeintes Recht, aus Menschenliebe zu lügen*. Er setzt sich darin mit dem französischen Philosophen Benjamin Constant auseinander, der, wie wir es ja auch schon von Pufendorf gehört haben, die Pflicht, die Wahrheit zu sagen, dadurch eingeschränkt hatte, daß nicht jedermann ein Recht darauf habe, die Wahrheit zu hören. Kant dagegen behauptet, daß die Pflicht, die Wahrheit zu sagen, eine Pflicht gegen *jedermann* sei. »Wahrhaftigkeit in Aussagen, die man nicht umgehen kann, ist formale Pflicht des Menschen gegen jeden, es mag ihm oder einem anderen daraus auch noch so großer Nachteil erwachsen.«[10] »Eine Pflicht gegen jeden« – ohne Ansehen der Person! Wie rechtfertigt Kant diese Forderung?

Bekanntlich ist Kant ja ein moralischer Rigorist, und das kommt hier auch darin zum Ausdruck, daß man der Pflicht, die Wahrheit zu sagen, ohne Rücksicht auf die Folgen nachkommen solle – dazu noch gleich mehr. Aber die Aufhebung jeder Einschränkung der Wahrheitspflicht bei Kant ist kein Ausfluß seines Rigorismus, sondern vielmehr seiner politischen Grundauffassung. In Wahrheitsfragen erkennt er keine Standes- und Rangunterschiede an; wenn es um Wahrheit geht, spielt für ihn das Autoritätsgefälle keine Rolle. Vor der Wahrheit, so könnte man sagen, sind alle Menschen gleich. In der Pflicht, die Wahrheit zu sagen, geht es darum, im Kommunikationspartner den Menschen anzuerkennen. Umgekehrt heißt, einen anderen zu belügen, ihn in seinem Menschsein zu beleidigen:

»Die Lüge also, bloß als vorsätzlich unwahre Deklaration gegen einen anderen Menschen definiert, bedarf nicht des Zusatzes, daß sie einem anderen schaden müsse; wie die

Juristen es zu ihrer Definition verlangen [...]. Denn sie schadet jederzeit einem anderen, wenn gleich nicht einem anderen Menschen, doch der Menschheit überhaupt...«.[11]

Nach dieser Formulierung Kants ist es im Prinzip ausgeschlossen, daß Eltern, Vorgesetzte, Obrigkeiten aller Art für sich in Anspruch nehmen, die Unwahrheit zu sagen, und das auch noch mit bewußter Täuschungsabsicht, und gleichzeitig den Vorwurf der Lüge von sich abzuweisen. Kant läßt nicht zu, daß ihre Kommunikationspartner, das heißt ihre Klienten, Untergebenen, Wähler usw., nur ein eingeschränktes Recht auf Wahrheit hätten. Sie zu belügen heißt nach Kant, sie zu beleidigen, weil sie nicht im vollen Sinne als Menschen genommen werden. Das ist also die Botschaft, die uns aus der Zeit, in der der moderne demokratische Staat geboren wurde, herüberschallt: Auch Politikerlügen sind Lügen, und die Politiker haben kein Recht dazu. Ist es nach griechischen Vorstellungen etwas Erbärmliches, wenn die Großen und Mächtigen lügen, so ist es nach modernen zutiefst undemokratisch, wenn Politiker lügen. Wenn sie es nicht um ihres eigenen kleinen Vorteils willen tun, sondern wegen des vermeintlichen Allgemein- oder Staatsinteresses, dann verhalten sie sich paternalistisch: Sie betrachten ihre Wähler und Klienten nicht als mündige Bürger und beschneiden ihre Partizipationsrechte. Sie beanspruchen auf Grund ihrer Stellung im Staat und in der politischen Hierarchie einen höheren Rang als Person, der ihnen das Recht geben soll, ihre Mitmenschen zu bevormunden. Das steht ihnen aber nicht zu, denn jede politische Macht in der Demokratie ist prinzipiell eine vorübergehende, eine nur geliehene. Eine Asymmetrie in Wahrheitsfragen zwischen Politikern und Bürgern schließt die Demokratie aus.

Kant hat mit seiner Schrift *Über ein vermeintliches Recht, aus Menschenliebe zu lügen*, oberflächlich betrachtet, ein Pamphlet gegen die Notlüge geschrieben. Es hat sich uns gezeigt, daß er bei genauerem Zusehen etwas viel Wichtigeres darin geleistet hat: Er hat durch Aufhebung jeder Einschränkung der Wahrheitspflicht der politischen Lüge den Boden entzogen. Kants Schrift ist deshalb für uns noch immer von Bedeutung, denn noch immer ist unsere Demokratie nicht von paternalistischen Resten vollständig gereinigt. Dagegen mutet, was Kant gegen die Notlüge sagt, naiv und weltfremd an. Das Beispiel, an dem er diese Frage diskutiert, ist folgendes. Man stelle sich vor, man würde von einem potentiellen Mörder gefragt, ob unser von ihm verfolgter Freund sich in unser Haus geflüchtet habe. Kant hält es in jedem Fall für ein Unrecht, den Freund durch eine Lüge zu decken. Dabei argumentiert er so, daß es ja durch Zufall passieren könne, daß unser Freund dem Mörder gerade auf Grund unserer Lüge in die Arme läuft, etwa weil dieser sich nicht mit langem Suchen im Hause aufhält. Kant versucht, durch solche Argumente jegliche Utilitätsüberlegung von der Frage, ob man ein Recht zu lügen habe, abzuhalten. Seine Naivität besteht aber darin, zu glauben, daß wahrheitsgemäßes Verhalten auch letzten Endes zum Besseren führt, weil die Welt im Prinzip in Ordnung ist und Obrigkeiten gerecht sind. Diese Naivität ist uns durch die Erfahrung des Dritten Reiches ein für allemal ausgetrieben worden. Die Frage nach der Berechtigung von Lügen ist deshalb nach dem Kriege mit einem gegenüber der traditionellen Diskussion umgekehrten Vorzeichen wieder aufgenommen worden. Hatte die Tradition bewußte Falschaussagen gerade den Vertretern der Obrigkeit zugestanden, weil ihren Untergebenen nur ein beschränktes Recht auf Wahrheit zustünde, so ist auf Grund der Erfahrung des Dritten Reiches, das heißt der Erfahrungen mit einer verbrecherischen Obrigkeit, eher den Unterdrückten und Gequälten zu lügen zugestanden worden. An diese gewandt, und nicht an die Mächtigen, hatte Christus seinerzeit gesagt, »seid klug wie die Schlangen und einfältig wie die Tauben«.[12] Daraus läßt sich freilich kein Recht auf Lüge ableiten, wohl aber, daß den Verfolgten, den Bedrängten, den Abhängigen in einer Notlage zu lügen erlaubt ist.

Zusammenfassend läßt sich für die heutige Situation wohl

folgendes sagen: Die Lüge ist und bleibt ein erbärmlicher Akt. Sie ist eine Strategie der Schwäche. Durch Lügen beleidigt man die Menschheit im Kommunikationspartner und in sich selbst. Daraus folgt, daß insbesondere die Mächtigen, das heißt auch die Politiker, kein Recht auf Lüge haben. Auch für die Ohnmächtigen ist es demütigend, lügen zu müssen. Aber es ist verzeihlich, wenn sie es tun.

Anmerkungen

1 Vgl. vom Vf. auch *Über die Lüge*, in: manuskripte, ZS. f. Literatur 23, 86. Heft, 1984, S. 3-8.
2 H. Arendt, *Wahrheit und Lüge und Politik*. München, 2. Aufl. 1987.
3 a.a.O., S. 44.
4 a.a.O., S. 8.
5 a.a.O., S. 76.
6 Geschrieben August 1990.
7 a.a.O., S. 77.
8 Eine gute Übersicht gibt Georg Müller, *Die Wahrhaftigkeitspflicht und die Problematik der Lüge*, Freiburg 1962. Siehe auch den Sammelband O. Lipmann, P. Plaut (Hg.), *Die Lüge in psychologischer, philosophischer, juristischer, pädagogischer, historischer, soziologischer, sprach- und literaturwissenschaftlicher und entwicklungsgeschichtlicher Betrachtung*, Leipzig 1927. In seinem Beitrag über »Die Lüge in der Politik« reklamiert Plaut für die Politik mit Machiavelli u.a. einen außermoralischen Standpunkt: »die Lüge erscheint als Instrument neben vielen anderen Mitteln der Politik« (a.a.O., S. 436).
9 Samuel Freiherr v. Pufendorf, *Acht Bücher von Natur- und Völkerrecht*, Frankfurt/Main 1711, S. 760.
10 Siehe Kant, *Über ein vermeintes Recht aus Menschenliebe zu lügen*, in: *Werke*, hg. v. W. Weischedel, Bd. 4, S. 638. Darmstadt 1969.
11 a.a.O., S. 638.
12 M. Lavos hat dies Christuswort (Matth. 10,16) zum Anlaß einer sorgfältigen Diskussion der Problematik der Lüge auf dem Hin-

tergrund ungerechter Gewalt, speziell des Nationalismus genommen. M. Lavos, *Seid klug wie die Schlangen und einfältig wie die Tauben. Zwei Gewissensfragen in den Nöten dieser Zeit*, Frankfurt/Main 1951.

Michael Stürmer
Vertrauen im modernen Staat

Ohne Vertrauen geht nichts: Keine parlamentarische Politik, kein Girosammelverkehr, kein Grundstücksgeschäft. Vertrauen ist die dauernde Vermutung, daß andere sich entsprechend den Spielregeln verhalten. Vertrauen ist das Öl für die Maschinerie des Alltags. Ohne Vertrauen kann der Mensch keinen Fuß vor den anderen setzen, ohne durch Angst vor anderen und Mißtrauen gegen sich selbst gelähmt zu sein. Ohne Vertrauen ist das Leben in der modernen Industriegesellschaft praktisch nicht möglich. Ohne gesundes und gemessenes Mißtrauen allerdings auch nicht.

Vertrauen in der Politik und im Alltag indessen heißt nicht Ausbruch exzessiver Nächstenliebe. Es heißt auch nicht ununterbrochen Harmonie. Es heißt nur, daß Regeln gelten und daß sie honoriert werden und daß man sich darauf verlassen kann, daß Regelübertretungen nicht ungestraft bleiben. In jeder demokratischen Politik gibt es formale Akte der Vertrauensübertragung. Der amerikanische Präsident wird mit Mehrheit gewählt. Jeder seiner Minister und höheren Amtsträger muß sich im Senat einem ›confirmation hearing‹ unterziehen, das heißt, er muß über sich selbst, seine Erfahrungen, neuerdings seine Vermögensverhältnisse, dazu über seine politische und moralische Überzeugung Rede und Antwort stehen, bis hin zu Frau und Freundin. Der einflußreiche republikanische Senator John Tower, über viele Jahre der allmächtige Vorsitzende des Streitkräfteausschusses, war von Präsident Bush für den Chefsessel im Pentagon vorgesehen. Nach Monaten qualvoller öffentlicher und nichtöffentlicher Sitzungen war unübersehbar: Tower würde keine Mehrheit im Senat finden, und der Präsident würde sich hüten, ihn trotzdem zu ernennen. Senator Tower mußte auf den Traum seines Lebens verzichten. Für seinen Nachfolger, den republikanischen Kongreßabgeordneten Richard Cheney, war die Befragung im Senat nichts als ein Spaziergang. Der eine fand Vertrauen, der andere nicht.

Im parlamentarischen System der Bundesrepublik Deutschland ist die Vertrauensfrage durch Grundgesetz und Geschäftsordnung der Bundesregierung geregelt. Der Bundeskanzler bedarf für die Regierungsführung einer Mehrheit des Bundestages, dem er mittels der Regierungserklärung seine Politik darlegt. Er wirbt damit um das Vertrauen der Parlamentsmehrheit, die in der Regierungserklärung ihre eigenen Werte und Interessen wiedererkennen will. Richtlinienkompetenz des Kanzlers und Ressortverantwortlichkeit der Minister entsprechen einander, aber auf dem Papier ist die Kanzlerautorität stärker als die Ministerautorität. In der Praxis einer Koalitionsregierung indessen sieht es anders aus. Da endet die Richtlinienkompetenz an den Grenzen der eigenen Partei. Ein Kanzler, der demoskopisch durch ein Stimmungstief geht, kann das gelassen tun. Entzieht ihm jedoch die Mehrheit des Parlaments das Vertrauen, dann wird es ernst. Zwar ist er dann, anders als seine Weimarer Vorgänger, noch immer regierungsfähig, aber es fehlt ihm das Mehrheitsvertrauen, und damit sehr viel. Sein Rücktritt ist übrigens erst fällig, wenn ein konstruktives Mißtrauensvotum beides schafft. Entzug des Vertrauens und Präsentation eines mehrheitsfähigen, vertrauensfähigen Nachfolgers.

In der Politik besteht ein merkwürdiger Widerspruch: Alles politische Handeln ist Kontrollen, Fristen und Sicherungen unterstellt. Mißtrauen regiert. Das Grundgesetz kennt als Ausdruck des modernen Verfassungsstaats ein gestuftes System vieler Kontrollen. Die Macht wird eingeengt und eingehegt. Das Mißtrauensvotum des Artikels 67 Grundgesetz wird ergänzt durch die Präsidenten- und Richteranklage, die Verweigerung von Haushaltsmitteln. Der Politikwissenschaftler Prof. Hans Maier, lange Jahre bayerischer Staatsminister für Wissenschaft und Kultus, spricht von einer ›merkwürdigen Zweiteilung‹: »Auf der einen Seite Vertrauen als bereitwillig eingeräumter Kredit, sogar als Überziehungskredit im persönlichen, privaten Bereich – auf der anderen Seite das Mißtrauen als entschlossen installiertes Frühwarnsystem im öffentlichen Leben.«

Aus den Irrungen und Wirrungen der 68er Zeit stammt der Slogan: »Trau keinem über dreißig«. Die fortschreitende Zeit und die Tatsache, daß den 68ern der 30. Geburtstag nicht erspart blieb, hat den Jugendkult von damals relativiert. Geblieben aber ist als Inbegriff politischer Bildung, daß keinem Politiker zu trauen sei. In vielen Medien, vom Fernsehen bis zu den Politikmagazinen, ist dies die Maxime geblieben: eine merkwürdige Wiederauferstehung des bekannten Untertanensatzes, daß politisch Lied ein garstig Lied sei. Darauf läßt sich ein demokratischer Staat aber nicht bauen. Darauf läßt sich demokratische Politik nicht gründen. Vielmehr muß man daran festhalten, daß Vertrauen im gewöhnlichen Leben, im geschäftlichen Alltag und selbstverständlich auch in der Politik ein Zentralbegriff ist, in der Tat eine Kategorie des Politischen, und daß sogar, wie Hans Maier warnt, Vertrauen im Privaten und im Politischen eng zusammengehen.

Es gibt eine auffallende Langzeit-Beobachtung des Allensbacher Institutes für Demoskopie, die in diesen Zusammenhang gehört. In den frühen 50er Jahren stellte man einem repräsentativen Querschnitt der westdeutschen Bevölkerung die Frage, ob man wohl, so allgemein gesprochen, den Menschen eher vertrauen könne oder eher mißtrauen müsse. Anfangs waren mehr als 56% der Befragten für Mißtrauen. Nur langsam baute sich dieser Berg ab, und heute meint nur noch einer von vieren, daß man kein Vertrauen haben könne. Die ersten Allensbacher Umfragen in der DDR nach dem Fall der Mauer wiederholen noch einmal diesen Befund aus dem Westen der späten 40er Jahre: Auch hier sagen mehr als 50%, daß man niemandem vertrauen könne – was übrigens die Legende von der Wärme und Heimeligkeit des ehemaligen SED-Staats deutlich dementiert. Mißtrauen geht mit der Diktatur zusammen, mit Kontrolle, Omnipräsenz von Gestapo oder Stasi, mit Abschließung und Angst. Vertrauen ist Teil und Mittel der Demokratie – allerdings ein Vertrauen, das nicht ohne Vorbehalt gilt und nicht ohne die Rückversicherung öffentlicher Kritik, parlamentarischer Kontrolle und richterlicher Überprüfung.

»Würden Sie von diesem Mann einen Gebrauchtwagen kaufen?« – Das war die Frage, mit der 1960 im amerikanischen Fernseh-Wahlkampf der Demokrat John F. Kennedy den Republikaner Richard Nixon bloßstellte: Vertrauen im Politischen war dadurch mit Vertrauen im Persönlichen und Geschäftlichen direkt verbunden worden – und wahrscheinlich mit Recht. Es gehört zu den besonderen deutschen Verwundungen aus der neueren Geschichte, daß die Deutschen über Generationen ihrer Obrigkeit viel Vertrauen schenkten und dies lange Zeit vielleicht sogar mit gutem Grund. Dann aber, als die Katastrophe eingetreten war, gab es gar kein Vertrauen mehr. Die Demokratie wurde durch Vertrauensentzug auf diese Weise für die Diktatur bestraft, und den Feinden der Demokratie kam dies zupaß. Das neue und lebenswichtige Gleichgewicht zwischen Vertrauen zur gewählten Autorität einerseits und Kontrolle der Macht andererseits hat lange Zeit gebraucht, um auch in Deutschland wieder allgemein westeuropäischen Gepflogenheiten zu entsprechen. Macht, so schreiben die Großen und Guten der deutschen Publizistik gern im Wort zum Sonntag, sei böse. Power corrupts, absolute power corrupts absolutely: Macht korrumpiert, unbegrenzte Macht korrumpiert unbegrenzt. Das ist ein eherner Satz amerikanischen Verfassungsverständnisses, Verfassungstheorie und -praxis.

In der Tat, vor der Macht muß man auf der Hut sein, weil sie nicht nur andere verschlingt, sondern einen selbst mitreißen kann. Seit der klassischen Antike zieht sich diese Warnung durch die dramatische Literatur wie durch die politische Regierungskunst. Dagegen und zur Eindämmung der Macht aber sind Gleichgewichtssysteme geschaffen worden, auf amerikanisch: »checks and balances«. Der amerikanische Präsident ist ein Monarch auf vier Jahre: aber ihn umgibt ein Rahmen der Begrenzungen, Kontrollen und Gegengewichte. Daß die Macht verführt, korrumpiert, ist nur eine politologische Variante des aus der Bibel bekannten Satzes, daß Menschen verführbar und korrumpierbar sind, in einem Wort sündhaft. Es geht nicht darum, die Menschen zu Idealwesen zu machen – woran zuletzt der Sowjet-Sozialismus bitter scheiterte. Es geht darum, die Macht einzuhegen: Dafür empfehlen sich die Mittel und Wege der Demokratie. Wie Adenauer einmal bemerkte: »Sie müssen die Menschen nehmen wie sie sind, andere gibt es nicht.«

Das Bild vom Menschen, das die moderne Demokratie voraussetzt, ist nicht optimistisch, sondern realistisch. Der Florentiner Niccolò Machiavelli schrieb in seinen ›Discorsi‹ vor fast 500 Jahren, von den Menschen lasse sich »im allgemeinen so viel sagen, daß sie undankbar, wankelmütig und heuchlerisch sind, voll Angst vor Gefahr, voll Gier nach Gewinn«. Nicht Liebe, nicht Vertrauen könne sie zusammenhalten, sondern allein die Furcht. »Denn das Band der Liebe ist die Dankbarkeit, und weil die Menschen schlecht sind, zerreißen sie es bei jeder Gelegenheit um ihres Vorteils willen; das Band der Furcht aber ist die Angst vor Strafe, die den Menschen nie verläßt.«

Die Anthropologie des Machiavelli ist von Pessimismus geprägt. Politisch folgt aus ihr die Fürstenherrschaft, die der Florentiner in seinem Buch »Vom Fürsten« genau beschrieb. Die Demokratie aber, kann sie von der Vermutung ausgehen, daß alle Menschen gut sind, ihr Handeln billig und gerecht? Eine Demokratie, die darauf bauen wollte, wäre bald am Ende, und das Ende hieße Anarchie und Bürgerkrieg.

Was also tun – wenn man doch, mit Adenauer, die Menschen nehmen muß, wie sie sind?

Die Demokratie kann nicht davon absehen, Macht an Menschen zu verleihen und nicht an genial konstruierte Apparate. Hans Maier kommt zu dem Schluß, der urteilende und wählende Mensch habe gar keine andere Möglichkeit, als sich an die Personen zu halten, die den politischen Betrieb repräsentieren, und an den Eindruck, den sie als Menschen auf ihn machen. Max Weber, der große Soziologe, hat zu Beginn dieses Jahrhunderts klar erkannt, daß auch die Demokratie nicht ohne Charisma, die Parteienregierung nicht ohne die persönliche Ausstrahlung des »leader« glücken kann. Es ist unübersehbar, daß hier die Gefahrenzone der modernen Massendemokratie beginnt.

Das athenische Demokratie-Modell ging davon aus, daß jeder Bürger über alles zu urteilen vermöge und daß die intelligent ratschlagende Bürgergemeinde einer höheren Vernunft die Stimme gebe und ihr zum Sieg verhelfen werde. Wie die Geschichte der Großmacht Athen zeigt, hat das weder gegen Justizmord noch machthungrige Abenteurer, weder gegen Krieg noch gegen Katastrophen geschützt. Heute wird kein vernünftiger Mensch vom Stimmbürger verlangen, daß er ein fundiertes Urteil haben müsse über alles, was auf der politischen Tagesordnung steht, von der neuesten Rentenanpassung bis zur Europäischen Wirtschafts- und Währungsunion, von der nuklearen Abschreckung bis hin zur Hermes-Bürgschaft an den kriegslustigen Irak. Was im Parlament Sache der Experten, was in den Ministerien Sache Tausender von Fachleuten ist, kann nicht in seiner Gesamtheit Gegenstand des rationalen, gebildeten Urteils jedes einzelnen Bürgers sein und schon gar nicht kann man ihm eine Art wahlpolitischer Reifeprüfung abverlangen – zur Demokratie gehört auch das Recht, sich für Politik nicht zu interessieren. Eine Demokratie-Theorie, die nach athenischem Vorbild die All-Kompetenz fordert, bewegt sich im luftleerem Raum, ja sie treibt ins Unvernünftige und würde sich selbst und die Demokratie zerstören. Der Wahlbürger wäre nicht nur überfordert, durch die Gesamtheit des Politischen, er wäre sogar hilf- und ratlos. Die Omni-Kompetenz würde in Omni-Inkompetenz umschlagen.

Was also tun, wenn nicht die Demokratie zur großen Illusion geraten soll? Parlament und Parteien, Interessengruppen und Medien bilden Öffentlichkeit, diese Öffentlichkeit räsonniert, sie bildet Meinungen und das Urteil. Ob diese aber angemessen oder nicht angemessen sind, wissenschaftlich richtig oder falsch, erwünscht oder nichterwünscht, ist nicht von ausschlaggebender Bedeutung. Was von Bedeutung ist, damit die demokratische Massengesellschaft überhaupt politisch sich zu organisieren vermag, ist eine dreifache Vertrauensübertragung:

1. Vertrauensübertragung auf die Institutionen des Staates unter der Vermutung, daß diese ein geregeltes Verfahren sichern, daß sie Machtmißbrauch und Übermacht verhüten und daß sie durchschaubar bleiben und, wenn sie sich nicht bewähren, korrigierbar.
2. Vertrauensübertragung auf die politischen Parteien unter der Vermutung, daß sie die großen Richtungen, die Interessen und Meinungen gliedern und repräsentativ zusammenfassen und bündeln, daß sie Politik erklären und rechtfertigen, daß sie die besten Kandidaten präsentieren und daß sie sich zur Wiederwahl stellen.
3. Vertrauensübertragung endlich auf die Politiker unter der Vermutung, daß sie von praktischem Verstande sind, daß sie die Politik insgesamt zu überschauen vermögen, zu koordinieren wissen, und daß sie persönlich ordentliche Menschen sind, nicht machtbesessen, aber auch nicht von kindlicher Einfalt. Politik ist nicht in erster Linie eine wissenschaftliche Veranstaltung und auch keine moralische Anstalt, sondern ein Ringen um Macht unter verfassungsmäßig bestimmten Regeln. Die Frage der letzten »Wahrheit« stellt sich dabei nur im Grenzfall. Im Normalfall gilt Legitimität durch Verfahren. Das heißt indessen nicht, daß alles zur Disposition steht. Mit Tatsachen und Sachverhalten empfiehlt sich vorsichtiger Umgang. Denn früher oder später kommen sie doch ans Licht, dafür sorgen Parlament und Medien, politische Konkurrenz und öffentliche Neugier! Auch ist Enthüllung in politischen Dingen ein ebenso treffsicheres Machtmittel, je nachdem, ebenso wie

der selektive Umgang mit der Wahrheit. Die finanziellen Praktiken der damals noch gewerkschaftseigenen Neuen Heimat waren zu Anfang der 80er Jahre dem politischen Bonn nicht völlig unbekannt. Trotzdem blieb es einem Hamburger Wochenmagazin überlassen, der damals in der Raketenfrage und bei der Schuldenaufnahme schwer belagerten Regierung Schmidt die gewerkschaftlichen Türme Stück für Stück zu demontieren, je nachdem, wie es in den Fahrplan der Krise paßte. Das politische Bonn erster Klasse fieberte dem Sonntagabend entgegen, das zweiter Klasse dem Montagmorgen, wenn das betreffende Magazin in den Kiosken war.

Müssen Politiker die Wahrheit sagen, stets und ohne Rückhalt, ohne Rücksicht auf die Folgen auch? Wollen die Menschen die Wahrheit immer wissen, und in aller Ausführlichkeit, und notfalls mit allen Konsequenzen? Als Bundeskanzler Helmut Schmidt vor der Bundestagswahl 1976 davon informiert wurde, die Rentenfinanzierung sei in einer Schieflage, behielt er das wohlweislich für sich, bis die Wahl gewonnen war: Unter dem Vorwurf der ›Rentenlüge‹ wußte er danach zu leben – und zu regieren.

Als Konrad Adenauer Bundeskanzler wurde, da wußte er sehr wohl, daß Deutschlands Osten verloren und daß Deutschlands Mitte auf lange Zeit den Sowjets und ihren Statthaltern gehören würde. Adenauer zog daraus den Schluß, die Deutschen im westlichen Teil des Landes müßten es unverbrüchlich und unbeirrbar mit Westeuropa und den Vereinigten Staaten halten. Diese Politik sollte auf kurze Sicht die Westdeutschen aus Besiegten des Zweiten Weltkriegs zu Verbündeten der freien Welt machen – auf lange Sicht aber sollte ein prosperierendes Westdeutschland Magnetwirkung haben auf den Osten, die Westbindung sollte den Deutschen die Einheit wieder bringen. Für die sozialdemokratische Opposition stellte sich alles umgekehrt dar: Westbindung und Wiedervereinigung würden nie und nimmer zusammengehen, und dem Kanzler wurde Illusion, ja

Täuschung vorgeworfen. Aus der Erfahrung des Jahres 1989 geurteilt, stellt sich aufs neue die Frage, wer damals irrte und wer nicht, Adenauer oder Ollenhauer. Die Antwort hat die Geschichte gegeben.

Im Zusammenhang der deutschen Einigung gab es viele Fragen, die die politisch Wissenden sich stellten und die sie doch wohlweislich nicht auf die Marktplätze trugen: Die Frage, wie lange Gorbatschow sich halten könne; die Frage, was passieren würde, wenn die Übersiedlerzahlen dramatisch stiegen; die Frage, wie ein neues Tschernobyl sich auswirken würde; die Frage, welche Fernwirkung ein sowjetischer Bürgerkrieg in Mitteleuropa haben würde. Sollte der Bundeskanzler in Bonn, der Ministerpräsident in Ost-Berlin jede dieser Gefahren auf Befragen ausmalen zu einem großen Krisengemälde? Jedes Wort, das ein Politiker sagt, beeinflußt den Sachverhalt, um den es geht. Alle Gefahren, die dem ruhigen Fortgang der deutschen Vereinigung drohten, in grellen Farben auszumalen hätte niemandem genutzt: Das Ergebnis wären Sorge, Angst, Panik und Lähmung gewesen.

Ein anderes Beispiel ist der Präsident der Deutschen Bundesbank. Er muß wie das gesamte Direktorium der Bank jede öffentliche Äußerung auf die Goldwaage legen. Ein Kommentar zum Pfund Sterling treibt die Märkte, er ist nicht wirkungsneutral. Der Präsident der Bundesbank ist daher wohl beraten, äußerste Zurückhaltung zu üben im Umgang mit den eigenen Einsichten. Sein Wort wieg schwer. Aber gar nichts zu sagen und nur bedeutungsvoll zu schweigen ist ihm auch nicht erlaubt.

Als ein sowjetischer Ministerpräsident Anfang Mai 1990 Preiserhöhungen, ja Verdoppelungen ankündigte in einer Rede, da sagte er zwar die Wahrheit. Das Ergebnis aber war, daß in Moskau gehortet wurde, die Läden leergekauft wurden und ein Zittern durch die Sowjetunion ging. Auch der Umgang mit Öffentlichkeit will gelernt sein.

Welche Folgerungen sind zu ziehen? Politiker sind Realisten und rechnen deshalb mit dem Wunsch der Menschen, unangenehme Dinge möglichst spät und schonend oder gar nicht zu erfahren. Zweitens gilt, daß Wahrheiten ihre Zeit haben: was heute kaum mehr ist als ein kühner Gedanke, mag in zwanzig oder dreißig Jahren anders aussehen. Verrat sei eine Sache des Datums, sagte der französische Diplomat Talleyrand: Mit Wahrheiten steht es mitunter nicht anders. Drittens ist das Wort des handelnden Politikers nicht neutraler Kommentar zum Zeitgeschehen, sondern Teil der wirkenden Kräfte. Das Wort selbst kann die Tatsache, die es scheinbar nur beschreibt, tief verändern und dramatisieren.

Die Panik an den Devisen-, Öl- und Aktienbörsen am Tag nach dem Einmarsch des Irak in Kuweit war durch keine unumstößlichen wirtschaftlichen Tatsachen gerechtfertigt, sie kam aus einer Schreckreaktion. Die Wahrheit kann Panik auslösen, die Unwahrheit aber auch. Die Fähigkeit der Menschen, eingeschlossen die kältesten Börsianer, erscheint offenbar begrenzt, sich mit Tatsachen rational auseinanderzusetzen. So verloren die Anleger in wenigen Börsenstunden viele Milliarden – ohne daß die westlichen Wirtschaftsdaten dafür zwingend Anlaß gaben.

Die härteste Wahrheit über unser Leben lautet, daß es mit dem Tode endet: Wollten wir aber, wenn wir könnten, Zeit und Umstände genau wissen? Die Frage liegt scheinbar weit ab von der Politik und den Politikern. Sie verdeutlicht aber, daß in extremis mit Unwissenheit zu leben ist, mit Wissen aber nicht. Der Mensch braucht Hoffnung, und es ist weder weise noch menschenfreundlich, sie ihm zu nehmen.

Natürlich gibt es in der parlamentarischen Demokratie ein ehernes Gesetz: Daß ein Minister oder Beamter dem Parlament nicht die Unwahrheit sagen darf. Franz Josef Strauß, Verteidigungsminister, hat 1962 darüber seinen Hut nehmen müssen. Allerdings war die Unklarheit vor dem Parlament nicht Ursache, sondern nur Anlaß seines Sturzes. Die Ursachen lagen, wie Leser der FJS-Memoiren wissen, im gestörten Verhältnis zu Kanzler Adenauer, dessen Erbschaft der Bayer nicht abwarten konnte, und in einer die deutschen

Verhältnisse übersteigenden Atompolitik. Die »Spiegelkrise« war nur auslösendes Moment des Ministersturzes.

Aber gilt das parlamentarische Reinheitsgebot auch, wie für die Regierung, für jeden einzelnen Abgeordneten? Und wie steht es um den geläufigen Typus der Aussage, die Halbwahrheit? Das Parlament hat qua Grundgesetz das Instrument der Großen und Kleinen Anfrage, und es macht davon, ob Mehrheit oder Opposition, fröhlichen Gebrauch. Es gibt die parlamentarische Fragestunde, und alle diese Instrumente haben immer auch den Charakter eines Duells zwischen denen, die fragen dürfen, und jenen, die antworten müssen. Die Länge einer Antwort kann ebenso Ausweis erschöpfender Wahrheitsliebe sein wie der Versuch, eine Nähnadel in einem Heuhaufen zu verstecken. Die Kürze kann fast beleidigend sein, oder auch von lakonischer, abschließender Art. Jedenfalls gilt in dem abgezirkelten Ritual der parlamentarischen Fragen und Antworten nicht allein das Prinzip der Wahrheitsfindung, sondern auch das des politischen Machtkampfes. Denn am Anfang war das Wort, und die Wahrheit ist zuerst und zuletzt eine Sache von Worten, und wer das letzte Wort hat, der hat gewonnen.

Um nunmehr zum Schluß mit Hans Maier auf das gestörte Vertrauen in der Politik zurück zu kommen: »Eine Wendung zum Besseren müßte wohl von beiden Seiten, von Politikern wie Bürgern, ausgehen: nicht nur von Politikern wäre ein ethisches Verhaltensminimum einzuklagen, wie es heute allenthalben und manchmal allzu lautstark geschieht – auch der demokratische Souverän müßte Interessenlosigkeit, Ohne-mich-Haltung, ja manchmal eine neidige Voyeurs-Moral in seinen eigenen Reihen viel unnachgiebiger bekämpfen. Solange Vertrauensbildung auf den Privatbereich eingeschränkt bleibt, fehlt unserer Politik das Kernstück ihrer Wirksamkeit. Ohne Vertrauen ist repräsentative Demokratie eine Zumutung.«

Klaus Staeck
Die Opfer als Täter

Wo Opfer zu beklagen sind, muß es auch Täter geben. Es gehört zu den Schwierigkeiten im Umgang mit Politik, daß ein häufiger Rollentausch die Öffentlichkeit verwirrt. Politiker begegnen uns sowohl in der Rolle des Opfers, als auch oft genug als Täter. Eine Doppelgesichtigkeit ganz anderer Art erschwert den Umgang mit der vielstrapazierten Moral. Das gilt vor allem in der Begegnung mit Politik. Selbst bei oberflächlicher Analyse ist ein erstaunliches Phänomen zu beobachten: die Trennung von Politik und Moral als Rechtfertigungsgrund für unpolitisches Verhalten. Hier wird – schlechter deutscher Tradition gemäß – die Moral zum Schutzschild des Bürgers vor Politik verklärt: nur der verhält sich moralisch, der sich von der Politik fernhält, sich nicht mit ihr einläßt, sich nicht an der Politik die sprichwörtlichen Hände schmutzig macht. So wird Moral zur Ideologie des kleinen Mannes und der kleinen Frau, um möglichst unpolitisch, den jeweiligen Verhältnissen angepaßt, über die Runden zu kommen. Moral als Ausrede und Vorwand, die Verantwortung für gesellschaftliches Handeln auf andere abzuschieben, ohne dafür die Verantwortung zu übernehmen.

Die Befürworter dieser »sauberen«, quasi entrückten Moral sind immer fein heraus, erteilen sich via Definition ihres Moralbegriffes ständig selbst die Absolution und sind, aus dieser Perspektive gesehen, nie zu fassen. Ist dieser Teufelskreis einmal in böser Absicht geschlossen, ist er nur schwer durch Argumente wieder zu durchbrechen. Schließlich sind Sauberkeit und Ehrlichkeit zentrale Begriffe im moralischen Formenkreis. Wüßten wir nicht, daß gerade unsere Geschichte reich ist an Beispielen, in denen die sogenannten unpolitischen Menschen noch jedes verbrecherische Regime stabilisiert haben, hätten wir in der Diskussion um die Anfechtbarkeit dieser Saubermann-Position einen schweren Stand.

Auch wenn es dem herrschenden Zeitgeist wenig entsprechen mag, bleibt die Frage aktuell, was Moral tatsächlich noch zu leisten vermag jenseits des Mißbrauchs für eine allgemeine Verdrängung. Moral kann immer noch Utopiefunktion haben, Ziele vorgeben, Maßstäbe setzen, an denen man Demokratie mißt. Politik als gelebte Moral wäre eine schöne Vorstellung. Wenn Moral nicht nur ein Gegenstand philosophischer Betrachtungen sein soll, muß ein gesellschaftlicher Raum geschaffen werden, in dem Politik und Moral nicht als ständiger Widerspruch empfunden wird, sondern einander ergänzen und durchdringen.

Von diesem Moralbegriff als Gestaltungselement in der Demokratie ausgehend, erhebt sich die Frage nach der Diskrepanz, in der sowohl Politiker als auch die Mehrheit der Bürger zu den moralischen Ansprüchen leben. Wegen der allgemein herrschenden Vorurteilsstruktur gerät eine Diskussion über diese Widersprüche jedoch schnell an ihre Grenzen. Ein Beispiel spricht für viele:

Das Thema schien interessant, die Runde prominent besetzt. Ein Sender hatte fünf Kulturmenschen zusammengebracht, um sie laut Ankündigung über Kulturpolitik reden zu lassen. Doch wie bei derlei Talkshows üblich, über das eigentliche Thema erfuhr man fast nichts. Zu schnell war man übereingekommen, daß Politik Mutter und Vater alles Bösen dieser Welt sei und es deshalb gelte, alle Kräfte auf die Bekämpfung dieses Übels zu konzentrieren. Die schenkelklopfende Verachtung alles Politischen war so eindeutig, daß Widerspruch in dieser Runde bestenfalls auf blanken Hohn gestoßen wäre. Wohl sich an das Rahmenthema erinnernd, fragte einer – der negativen Antwort gewiß –, ob denn ein Kollege jemals einen Politiker in einer Ausstellung gesehen hätte. Niemand hatte. Wirklich niemand? Ich könnte sofort etwa dreißig Politiker aus allen Parteien nennen, deren Kunstinteresse über einen Pflichtbesuch weit hinausgeht. Vielleicht kannte die Talk-Gemeinschaft tatsächlich niemanden und nutzte nur ihre Unkenntnis zu einer allgemeinen

Denunziation in der Erwartung breiten Einverständnisses mit den Zuschauern.

Das wäre alles noch zu ertragen, gäbe es nicht allgemein eine weitverbreitete Ahnungslosigkeit über die einfachsten politischen Vorgänge und Zusammenhänge. Insoweit teilen Politik und Kunst ein traurig schönes Schicksal: jeder glaubt jederzeit mitreden zu können, um so mehr in einer Zeit, in der wir von einem »historischen« Ereignis zum nächsten eilen und sich alle mehr oder weniger als Akteure der Welt-Geschichte empfinden. Das könnte für die Demokratie sogar von Nutzen sein, wären da nicht die meist so schrecklich vereinfachenden End-Urteile, die jeder meint einbringen zu müssen. Natürlich setzt eine politische Diskussion kein Studium der Politikwissenschaft voraus. Aber hoffentlich das Bewußtsein, daß die wichtigste Aufgabe der Politik in der Demokratie darin besteht, das friedliche Zusammenleben der Menschen so gut wie möglich zu regeln. Eine äußerst schwierige Arbeit, die jenen, die sich für den Erhalt eines demokratisch verfaßten Gemeinwesens engagieren, stets neue Anstrengungen abverlangt.

In Erinnerung an die Novemberereignisse in der DDR zeigte Mitte des Jahres 1990 die Düsseldorfer Kunsthalle zahlreiche Dokumente des Widerstandes, die der Schnellebigkeit einer Zeit der sich überstürzenden Ereignisse schon weitgehend zum Opfer gefallen sind. Auf zwei authentischen Transparenten hieß es da »Wir stellen die Machtfrage« und »Nicht länger mit der Lüge leben«.

Ein guter Einstieg zum Thema »Müssen Politiker ehrlich sein?«. Gewarnt sei allerdings vor schnellen Antworten nach dem Muster: alle Politiker nehmen es mit der Wahrheit nicht so genau, werden früher oder später durch Macht korrumpiert. Getreu jener sich nun schon durch die Generationen schleppenden Behauptung, Politik sei ohnehin ein schmutziges Geschäft und verderbe den Charakter.

Auf dem Höhepunkt des Skandals um den CDU-Politiker Uwe Barschel begann jemand einen Leserbrief mit den Worten »Politik war, ist und wird immer das dreckigste Geschäft auf Erden bleiben« und endete »Unsere Politiker, gleich welcher Couleur, waten durch einen Sumpf von Machenschaften und Intrigen, der immer tiefer wird. Nur Machtsucht und Eigennutz veranlassen Menschen, Politiker zu werden.« Fast zeitgleich schrieb ein Redakteur der alternativen »tageszeitung« in einem Kommentar: »Korrupte und verlogene Politiker sind nun einmal kein Skandal, sondern kruder Alltag.«

Derartige Urteile lassen kaum noch Spielraum für eine Diskussion. Bedrückend ist die Übereinstimmung im Ergebnis trotz ganz unterschiedlicher Ausgangspositionen. Doch was führt den ewig dumpfen deutschen Stammtisch und den alternativen Hochmut immer noch und immer wieder so wundersam zusammen? Ist es die Verachtung der Demokratie, die rechte und linke Spießer bei uns nicht zum erstenmal auf solch beklemmende Weise vereint? Sind es die Erfolgserlebnisse, die allemal bei derlei Hetze winken? Für mich ist eine funktionierende Demokratie kaum vorstellbar in einem »Sumpf von Machenschaften und Intrigen« mit lauter »korrupten und verlogenen Politikern«. Keine Staatsform lebt so sehr vom ständigen Engagement der Bürger auf allen Ebenen, gleichgültig, ob wir diese Mit-Arbeit nun Politik nennen oder nicht.

Überhaupt hat man den Eindruck, daß der Politikbegriff bei solchen Alltagsdiskussionen recht beliebig benutzt wird. Für viele scheint die Politik zunehmend eine Projektionswand zu sein für die Bündelung aller Lebensängste und Diesseitserwartungen mit ungewissem Ausgang. Diffuse Schuldzuweisungen für enttäuschte Hoffnungen brauchen einen Adressaten. Mit der fortschreitenden Anonymisierung fast aller Lebensvorgänge bietet sich die Politik mit ihren Repräsentanten geradezu als idealer Partner an für Anklagen und Beschimpfungen aller Art. Mit zunehmender Ohnmacht gegenüber dieser allgemeinen Entwicklung werden die Urteile härter. Differenzierungen sind nicht gefragt und werden selten geduldet, wenn in vertrauter oder öffentlicher Runde wieder einmal eine vorletzte Schlacht gegen *die* Politik und *die* Politiker geschlagen werden soll.

Bedrückend, wer sich neuerdings alles auf den Bundespräsidenten als Kronzeugen beruft, der in einem in Buchform veröffentlichten Interview die Machtversessenheit der Parteien als zentrale Quelle für Politikverdrossenheit einer wachsenden Mehrheit ausmachte. Mit Politikerbeschimpfung kann man es derzeit zu Bestsellerehren bringen. Verteidigt man dagegen Politik und Politiker gegen allzu unqualifizierte Angriffe, gerät man leicht ins Abseits.

Gemeinsam scheint jener verschworenen Gemeinschaft der Anständigen, billig und gerecht Denkenden, jenen ewigen Trägern des gesunden Volksempfindens die Ablehnung *der* Politik, die sie für alles Übel dieser Welt verantwortlich machen. Nicht selten verbirgt sich dahinter die Heilserwartung eines irdischen Paradieses, der sich nur die Politik in den Weg stellt. Hier geraten oft linke und rechte Vorstellungen in peinliche Nähe. Dabei sind die Motive für die Ablehnung der Politik recht unterschiedlicher Natur. Meist sind es einmal gemachte Erfahrungen mit wirklich oder vermeintlich erlittenem Unrecht. Erfahrene Ohnmacht schlägt schnell um in bleibenden Haß. Hat man erst einmal den schiefen Blick, findet sich Bestätigung leicht überall. Gefährdet sind vor allem die Gläubigen in der Politik. Wer einmal in gutem Glauben wirklich korrupten Machthabern gedient hat, speist aus dieser Enttäuschung oft eine lebenslange Missionsarbeit gegen jedes politische Engagement. Das war nach 1945 bei vielen ehemals begeisterten Nationalsozialisten der Fall und wiederholt sich nun bei Leuten, die sich von der SED abgewendet haben.

Politik wird in der Demokratie inzwischen weitgehend von Leuten ausgeübt, die aus dieser Beschäftigung einen Beruf gemacht haben mit festen Regeln. Im Ernstfall ist es eine äußerst aufreibende, mit vielen Entbehrungen verbundene Tätigkeit, die noch dazu durch Wählerwillen gelegentlich recht abrupt beendet werden kann. Ein Beruf, der natürlich hin und wieder korrupte Leute in seinen Reihen hat, wie es korrupte Ärzte, Juristen, Polizisten, Gastwirte und Bauunternehmer gibt. Auffällig ist nur, daß jeder noch so kleine Politiker für alle Schandtaten der Weltgeschichte verantwortlich gemacht wird.

Unübersehbar ist jedoch die Kluft zwischen der lauthals öffentlich zur Schau getragenen Empörung und dem eigenen Verhalten vieler Zeitgenossen. Der Verdacht liegt nahe, daß all die braven Bürger in Mehrheit genau jene Politiker wollen, die sie so wortreich beschimpfen und zu verachten scheinen. Die jeweiligen Wahlergebnisse sprechen für sich. Nur hin und wieder unterbrochen durch eine Art Befreiungsschlag, wenn es einer nun wirklich zu toll getrieben hat wie im Falle des Uwe Barschel. Denn zu sehr ähneln sich oft genug das Verhalten der angegriffenen Politiker und das der Angreifer.

So vehement einerseits der ehrliche Politikertyp immer aufs neue angemahnt wird, so erschrocken wäre wohl eine Mehrheit, wenn er tatsächlich auf allen Ebenen käme und seinerseits die Ehrlichkeit der Bürger einklagte. Im Umweltbereich läßt sich diese These am deutlichsten belegen.

Mit schöner Regelmäßigkeit setzen die Bürger den Schutz der Natur als eine Art Placebo für die Seele auf Platz eins des Forderungskataloges ihrer politischen Wünsche. Mit sicherem Instinkt wählen dann aber dieselben Mehrheitsdemokraten auf Bundesebene einen Politiker in dieses Amt, der zwar ständig neue Maßnahmen zum Schutz der Umwelt fordert, es aber schließlich doch nicht so weit kommen läßt, daß der einzelne in seinem zerstörerischen Treiben ernsthaft behindert wird. So ergibt sich in vielen Bereichen eine stille, gelegentlich sogar offene Komplizenschaft zwischen Täter und vermeintlichem Opfer. Noch immer haben wir keinerlei Geschwindigkeitsbegrenzungen auf unseren Autobahnen, wird bei uns weiter das ozonzerstörende FCKW produziert und verbraucht, wachsen die Müllberge ins Gigantische. Hätten all die tugendhaften Zeitgenossen diese wenigen beispielhaft genannten Mißstände tatsächlich ändern wollen, sie hätten es längst gekonnt. Allem Gerede zum Trotz scheint sich eine Mehrheit ihre Repräsentanten doch am liebsten als eine Mischung aus wenig Jesus Christus und recht viel Al Capone zu wünschen. Tritt tatsächlich einmal ein Kandidat zur Wahl an, der alle Anforderungen in Sachen Ehrlichkeit und Glaubwürdigkeit zu erfüllen scheint, wird er bald als »für die Politik zu gut« abqualifiziert. Ertappten Regelverletzern wird dagegen schnell anerkennend eine Art Schlitzohrigkeit attestiert, die nun einmal zum Geschäft gehöre.

Auf kaum einem Gebiet sind die praktizierenden Heuchler so aktiv wie auf dem Felde der Glaubwürdigkeit in der Politik. Hat es etwa Helmut Kohl bisher geschadet, daß er bis zur allerletzten Minute zu den über ihre jeweiligen Machenschaften gefallenen Uwe Barschel und Wolfgang Schnur hielt, die beide dem Begriff Ehrenwort eine ganz neue Deutung gaben? Ist nicht Graf Lambsdorff trotz Vorstrafe wegen Steuerhinterziehung zum Parteivorsitzenden der FDP gewählt worden? Haben die Enthüllungen über die skandalöse Parteispendenpraxis nicht fast allen Beteiligten schließlich genützt? Oder ist unsere Öffentlichkeit durch die Fülle der Skandale derart abgestumpft, daß sie in einer Art zynischen Resignation erstarrt ist. Sind die Maßstäbe erst einmal abhanden gekommen, trifft die Verachtung der Politik schließlich alle, die sich rechtschaffen Mühenden und die tatsächlich Korrupten gleichermaßen.

Zwar scheint in dieser Situation eine Glaubwürdigkeitsdebatte um so notwendiger. Es bleibt jedoch fraglich, ob angesichts der bereits geschaffenen Fakten diese Diskussion überhaupt noch sinnvoll und mit Aussicht auf Erfolg geführt werden kann. Glaubwürdigkeit und Ehrlichkeit können schnell zum Nachteil gereichen, zur Schwäche, wenn der Bürger die meisten Politiker für korrupt hält. Glaubwürdigkeit mag ein dankbarer Untersuchungsgegenstand für Politik-Seminare sein. In der alltäglichen Praxis hat sie in Wahrheit keinen sehr hohen Stellenwert.

Die zunehmende Verachtung der Politik hat zwei bittere Konsequenzen. Sie verschafft ein ideales Alibi, um sich jeder Mitarbeit in politischen Angelegenheiten zu entziehen, und mehrt zunehmend die Gefahr, daß die so herbeigeführte Isolation Politiker in eine Art Kastensituation treibt. Schließlich gilt der Korrupteste als der Stärkste und wird deshalb am Ende auch noch gewählt. Gerät doch hin und wieder eine »ehrliche Haut« in ein hohes Amt, werden Überlebens-Wetten abgeschlossen.

Die permanente pauschale Politikerschelte muß früher oder später dazu führen, daß nur noch Personen mit ganz bestimmten Persönlichkeitsmerkmalen in politische Ämter nachrücken. Sie trägt die Züge einer sich selbst erfüllenden Voraussage. Am Ende sind die Politiker dann tatsächlich so, wie man sie in den düstersten Unterstellungen stets beschrieben hat.

Wir sollten begreifen, daß Politik in der Demokratie kein Gegenstand der Verteufelung ist, sondern jene, die sich damit befassen, einer ganz normalen für die Gemeinschaft notwendigen Arbeit nachgehen. Viele auf Zeit, einige auf Dauer. Die Aufstiegserwartungen sind möglicherweise deshalb besonders groß, weil – einigen sportlichen und künstlerischen Tätigkeiten vergleichbar – die Beschäftigung mit Politik keine geregelten Laufbahnen und Prüfungen voraussetzt. Auch der Außenseiter hat eine Chance. Gewählt werden kann der Talentierteste wie der Unbegabteste, der Klügste ebenso wie der Dümmste. Mein Respekt gilt bisher jedem, der sich um ein demokratisch ausgeschriebenes Amt bewirbt und sich den Mühen eines Wahlkampfes unterzieht.

Daß diese mit mancherlei Berufsrisiko behaftete Tätigkeit von der Gemeinschaft auch anständig entlohnt wird, halte ich für selbstverständlich. Die scheinheiligen Debatten um jede Diätenerhöhung verschleiern nur die Tatsache, daß es ganz andere Entlohnungen gibt, deren Gerechtigkeit in Frage gestellt werden kann. Wer fragt schon ein Vorstandsmitglied der Deutschen Bank, ob er die reichliche Million pro Jahr wirklich »verdient« hat. In einer Demokratie sollten in jeder Hinsicht die Voraussetzungen geschaffen werden, daß sich die besten Frauen und Männer in die Politik begeben.

Die Denunzierung der Macht als ihrem Wesen nach unanständig und daher nicht erstrebenswert entspricht weitgehend der Vorstellung so manches wackeren Linken. So ehrenvoll die aus dem Wissen um die Gefahren der Macht folgende Abstinenz im Einzelfall auch sein mag, so oft scheint sie nur eine angstbesetzte Ausrede für eigene Verweigerung. Macht wird zu allen Zeiten auf allen Ebenen ausgeübt und ist keineswegs auf das politische Feld beschränkt. Kaum eine Familie, ein Kindergarten, eine Schule, ein Betrieb, ein Verband, ein Sportverein ohne Machtkämpfe.

Wer jemals Macht ausgeübt hat, weiß, daß sie süchtig machen kann. Es ist der sinnliche Teil des Strebens nach Macht und damit auch der gefährliche. Das nicht mehr Abtreten, sich nicht freiwillig Zurückziehenkönnen aus Angst, in ein tiefes schwarzes Loch zu fallen, gehören dazu. Wer eine ganz normale Abwahl als individuelle Niederlage und persönliche Kränkung empfindet, wird, um die Macht zu behalten, leichter auch zu illegalen Mitteln greifen als jemand, der in der negativen Wählerentscheidung nur das natürliche Ende eines zeitlich befristeten Auftrages sieht. Nicht selten ist es aber die unverhohlen zum Ausdruck gebrachte Häme einer latent rachsüchtigen und schadenfrohen Gesellschaft, die Abwahlen zu persönlichen Katastrophen werden läßt.

Dabei krankt die öffentliche Debatte an einer merkwürdigen Fehleinschätzung der tatsächlichen Machtverhältnisse. Bei nüchterner Betrachtung verfügen unsere jeweiligen Regierungen nur über einen Teil der Macht und wie ich behaupte, nicht einmal über den größeren. Als der Vorstandssprecher der Deutschen Bank, Alfred Herrhausen, von Terroristen ermordet wurde, kam ein Boulevardblatt der Wahrheit schon sehr nahe, als es behauptete, »Deutschlands mächtigster Mann« sei umgebracht worden. Haben wir auch glücklicherweise das Primat des Militärs über die Politik abgeschafft, das Primat der Ökonomie wird niemand ernsthaft bestreiten wollen, vor allem in seinem Verhältnis zur Ökologie. Eine geschickte Regie sorgt bei uns dafür, daß immer häufiger der Politik die Verantwortung für Dinge zugeschoben wird, die eindeutig in den Zuständigkeitsbereich der Wirtschaft fallen. Aufstieg und jähes Ende der Atommüll-Wiederaufbereitungsanlage in Wackersdorf ist ein besonders eindringliches Beispiel für diese These. Im lokalen Bereich läßt sich die Übermacht wirtschaftlicher Interessen besonders anschaulich darstellen. Wäre es nicht richtiger, in Städten wie Leverkusen und Ludwigshafen die Aufsichtsratsvorsitzenden der Bayer AG und der BASF von der Bevölkerung wählen zu lassen, statt der jeweiligen Oberbürgermeister? So mächtig sind Politiker meist gar nicht, wie Laien vermuten.

Je mehr das Glaubwürdigkeitspostulat unter allzu großem Verschleiß leidet, desto bedrohlicher addieren sich die großen und kleinen bekannt gewordenen Vergehen einzelner Politiker zu einem düsteren Gemälde voller Verderbnis und Korruption. Schließlich glaubt der vielbeschworene mündige Bürger, sich mit vollem Recht von der Politik abwenden zu können. Die Enttäuschung über eindeutiges Fehlverhalten wiegt um so schwerer, je stärker das Vertrauen über jeden Zweifel erhaben schien. Die Neue Heimat und die Affären um die ehemals ebenfalls gewerkschaftseigene COOP sind besonders traurige Beispiele. Kollektive Verletzungen hinterlassen die nachhaltigsten Spuren.

So wieder geschehen, als sich die sich christlich nennende Partei West mit ihrer ostdeutschen Schwester zusammenschloß. Einer Partei, die noch bis vor kurzem als treuer Vasall der nun entmachteten SED jede Schweinerei bereitwilligst mitmachte, sich ebenso bereicherte und bruchlos ihren nicht minder schuldbeladenen Apparat in die Demokratie überführte. Dieser aalglatte Zusammenschluß der beiden ungleichen Partner ist einer der spektakulärsten Coups deutsch-

deutscher Nachkriegsgeschichte, mit verheerenden Folgen für alle Parteien. Was ist schließlich aus unseren Maßstäben geworden, wenn der letzte DDR-Regierungschef bis zu seiner eigenen Enttarnung als untadelig galt, obwohl er in seiner Regierung einen Justizminister duldete, der schon Walter Ulbricht zu üblen Diensten war, und einen Innenminister, der die Aufarbeitung der Stasi-Vergangenheit der DDR aktiv behinderte und inzwischen immer wildere Kapriolen schlägt.

All jenen, die nicht zu Unrecht dem zynisch-netten PDS-Vorsitzenden Gregor Gysi vorwerfen, er wolle nur die Leiche SED wieder schönschminken, sei die Frage gestellt, was unterscheidet Gysi eigentlich so schrecklich von all den vielen nun wieder problemlos in höchste Staatsämter übernommenen Blockflöten. Zwar werden diese aalglatten Opportunisten inzwischen auch wieder reihenweise zum Rücktritt gezwungen. Das allgemeine Bewußtsein von der Verletzbarkeit der Demokratie aber schwindet bedrohlich von Skandal zu Skandal.

An beliebig vielen Beispielen läßt sich andererseits leicht nachweisen, daß die verehrten Bürger häufig mindestens mit zweierlei Maß messen, der Vorwurf der doppelten Moral auch sie trifft. Der mediale Unterhaltungswert einiger Politiker wiegt oft mehr denn ihre Glaubwürdigkeit. Ein Kommunalpolitiker, der vor laufenden Kameras tapfer Tschernobyl-verseuchten Salat schluckt oder Trockenmilch trinkt, ein Umweltminister, der gesetzwidrig publicitysüchtig den Rhein durchschwimmt, und ein PDS-Vorsitzender, der einen Huckepacksprung mit dem Fallschirm riskiert, scheinen die Mehrheit allemal mehr zu interessieren als nur schwer zu führende Ehrlichkeitsbeweise.

Bei all dem spielen die Medien eine nicht zu unterschätzende Rolle. Das rasche Verschwinden einer kritischen, kontrollierenden Öffentlichkeit bleibt nicht ohne Folgen. Zu viele Machtverfilzungen, zu deutliche Abhängigkeiten gibt es inzwischen, um die Kontrolle der Macht noch gewährleisten zu können. Mit der systematisch betriebenen Lähmung der öffentlich-rechtlichen Medien durch rechtsparteipolitische Infiltration und finanzielle Auszehrung wird eine der Säulen zerstört, auf denen unsere Demokratie ruhen sollte. Eine steigende Zahl von Journalisten versteht sich mehr als Regierungslautsprecher denn als wichtige Kontrollinstanz einer angestrebten Machtbalance. So müßten beispielsweise viele Berichte und Kommentare im ZDF inzwischen voll auf die Wahlspot-Zeiten der größten Regierungspartei angerechnet werden.

Der vor allem seit dem Auftreten der Privatsender eingeleitete Wettlauf um das niedrigste Niveau hat verheerende Folgen. Unterhaltung total und Sensation um jeden Preis statt Information zielen auf eine bedrohlich zunehmende Verblödung des Publikums.

Dabei ist der unserem Politikbetrieb immer wieder gemachte Vorwurf kühler Professionalität und Sterilität oft berechtigt. Der ehemalige Bundeskanzler Schmidt konnte der Zustimmung der ganzen Nation sicher sein, als er öffentlich beklagte, daß er seine Stromrechnung nicht mehr lesen könne. Während ihm noch auf vergleichsweise einfache Weise geholfen werden konnte, wiegt die Vermutung schon schwerer, daß nicht wenige Gemeinderäte und Abgeordnete auf allen Ebenen in vielen Fällen die Tragweite der ihnen abverlangten Entscheidungen kaum noch überblicken. Die verständliche Sehnsucht der Bürger nach Verständlichkeit und Durchschaubarkeit aller in ihrem Namen getroffenen Entscheidungen wird wohl mehr und mehr eine Illusion bleiben. Gute Zeiten für Scharlatane aller Art, auf zunehmend komplizierter werdende Fragen einfache Antworten zu versprechen. Hier soll die Politik etwas leisten, was auf anderen Gebieten oft nicht einmal mehr versucht wird.

Wachsende Sorge bereitet mir auch, wie man auf Entscheidungsprozesse noch einwirken kann. Unser Politikbetrieb gleicht mehr und mehr einem in sich hermetisch geschlossenen System. Im Vordergrund steht die Innenlegitimation, die Außenkontakte sind häufig auf ein Minimum beschränkt.

Auf diese Weise werden Entscheidungsstrukturen kaum noch sichtbar. Die einzelnen Entscheidungsträger sind meist derart mit der täglichen Routinearbeit und der Absicherung ihrer Position nach innen beschäftigt, daß nur wenig Zeit bleibt für umfassende Information.

Nicht besser dran sind die vielen einfachen Parteimitglieder. Nur über ein Amt oder Mandat besteht die Chance, politische Entscheidungen mit beeinflussen zu können. Die Parteibürokratien auf allen Ebenen gleichen den allgemeinen Verwaltungen oft bis in die Feinstrukturen, nur sind sie in den meisten Fällen auffällig weniger effizient. So entsteht oft die paradoxe Situation, daß vor allem Oppositions-Parteien ihre Wahlkämpfe nicht nur gegen den politischen Gegner, sondern auch gegen die eigene Administration führen.

Andererseits ist die politische Einflußnahme über Vereinigungen und Initiativen kaum größer, außer es gelingt, eine kurzfristige Massenbewegung in Gang zu setzen. Aber selbst dann sei vor zu viel Optimismus gewarnt. Auf dem Höhepunkt der größten Bonner Friedensdemonstration erklärte ein Regierungsmitglied: »Die demonstrieren, wir regieren«.

Ich will nicht behaupten, daß es für immer aussichtslos bleiben muß, auch von außen Einfluß auf politische Entscheidungen zu nehmen, allerdings ist viel mehr Phantasie erforderlich als bisher, um die Nadelöhre für einen solchen Einstieg zu finden.

Meinen eigenen Versuch, über eine permanente Gratwanderung zwischen Kunst und Politik an einen Punkt zu gelangen, an dem eine Mitgestaltung möglich ist, sehe ich heute viel nüchterner als vor zwanzig Jahren. Das mag zu einem guten Teil auch daran liegen, daß die Künstler in ihrer überwiegenden Zahl zu Dekorateuren geworden sind und kaum noch in eigenen Angelegenheiten ein Mitspracherecht besitzen. In dieser Situation gerät das Einzelengagement oft zur Groteske. Hin und wieder gelingt es zwar, das sprichwörtliche Sandkorn im Getriebe zu plazieren, ohne jedoch den Lauf der Maschine auch nur für kurze Zeit zu gefährden.

Vieles, was wir gern den Politikern vorwerfen, kennen wir aus anderen Bereichen zur Genüge. Machtstreben, Eitelkeit, Selbstüberschätzung, Geschwätzigkeit, Karrierewünsche sind keineswegs ein Privileg der Politiker. Interessant ist nur, daß sich Menschen oft stark verändern, wenn sie in ein politisches Amt, ein Mandat hineinwachsen. Haben sich nicht viele Alternative, einmal in der Grünen Partei, viel zu rasch so verhalten wie jene Politiker, auf die sie früher verachtend mit dem Finger zeigten? Die mit hohem moralischen Anspruch angetretenen Grünen haben sich in weniger als zehn Jahren selbst zu einer ganz normalen Partei entwickelt. Der Zusammenbruch eines Systems im Osten, das sich fälschlich sozialistisch nannte, birgt die zusätzliche Gefahr, daß sich unsere moralischen Maßstäbe mangels Konkurrenz noch einmal nivellieren werden. Sieger neigen oft zu Überheblichkeit und Heuchelei. So ist schon erstaunlich, mit welcher Unverfrorenheit immer häufiger die feigsten Kritiker West über die ehemaligen Systemkritiker Ost moralisch den Stab brechen und im nachhinein Widerstandshandlungen einfordern, die sie selbst unter viel günstigeren Bedingungen nie erbringen würden.

Als Fazit bleibt: Allen Freunden von bequemen Pauschalurteilen über *die* Politik kann die Mühe des Differenzierens nicht länger erspart bleiben. Solange mit BILD die unglaubwürdigste aller Zeitungen in Deutschland West und Ost die höchste Auflage hat, solange Millionen dem Fetisch Auto alles unterordnen, solange die Zerstörung der Natur mit so breiter Zustimmung weitergeht wie bisher, ist es anmaßend und verlogen, alle Verantwortung auf *die* Politiker abzuwälzen, eine zahlenmäßig dann doch recht kleine Gruppe. Es gibt keinen Automatismus zwischen Macht und daraus folgender Unehrlichkeit. Gäbe es ihn, bräuchten wir zwischen Uwe Barschel und Björn Engholm nicht mehr zu unterscheiden und machten sie noch nachträglich zu Komplizen. Wer aber zu dieser Unterscheidung nicht mehr bereit ist, fördert in Wahrheit jedes Gangstertum in der Politik.

Meine These: So mancher Zeitgenosse, dessen laute Klage über die Politiker schrill zum Himmel klingt, ist kaum besser als die Beschimpften. Die rührende Vorstellung, all die verfahrenen Dinge kämen schon wieder ins Lot, könnte man allen Politikern nur endlich das Handwerk legen, ist mehr als naiv. Demokratie ist eine harte Sache. Die Verantwortlichkeiten sind geregelt. Der Wähler trägt auch die Verantwortung für die Gewählten. Erst wenn wir bereit sind einzugestehen, daß sich die Politiker nicht wesentlich von der vielgerühmten Basis unterscheiden, können wir vernünftig miteinander darüber reden, was sich in der Politik alles ändern muß.

Dietmar Kamper

Stupidität. Über politische Dummheit heute

Es gibt einen Berliner Spruch, der die Farben andeutet, mit denen das Thema ausgemalt werden soll, so hell wie möglich, so dunkel wie nötig, nicht in der Weise der Abwehr, nicht mit leichtfertiger Versöhnlichkeit, sondern aus einer dritten Position heraus. Sagt der eine Steppke zum anderen: »Du hast es gut. Du bist doof.« – Die Aussage gilt auch für die Lage, in der sie getroffen wird. Der Angesprochene hört etwas, das er nicht verstehen kann. Obwohl er Adressat des Satzes ist, übergeht ihn der Sprecher und redet mit einem Dritten, der die Situation augenzwinkernd lachend oder leicht gequält quittiert. Man wird das Gelächter aufklären müssen, um an die Grundfarbe heranzukommen. Erst das Selbstbewußtsein des implizit angesprochenen Hörers könnte die problematische Struktur im Verhältnis von wohltuender Dummheit und abwertendem Urteil auflösen.

Stupidität als gesteigerte Dummheit

Schon immer war es opportun, eine gewisse Dummheit zu investieren, wenn man sich an der »Kunst des Möglichen« beteiligen wollte. Unbeschränkte Wahrnehmung ist in der Politik so unangebracht wie eine Intelligenz, die es mit der Kategorie »Unmöglichkeit« zu tun hat. So wuchsen die Abstände zwischen den »Machenden« und den »Wissenden«. Man hatte sich schon gewöhnt: Nachdenkliche Menschen sind meist unpolitisch; politische Menschen sind bestenfalls Vorplaner. Reflexion und Aktion passen in der Politik nicht zusammen. Inzwischen scheint die gegenseitige Exklusivität besiegelt zu sein. Wer Macht haben und behalten will, braucht ein tägliches Desensibilisierungstraining. Beschränktheit zum Zwecke des Handelns fordert Abwehr jeglichen Zweifels, erst recht der Verzweiflung. Wer dagegen verstehen und begreifen will, was heute geschieht, ist zur Ohnmacht eines leidigen Besserwissens verurteilt, das bestenfalls dies zum Thema hat: wie die Macht und die ihr entsprechende Dummheit überhaupt funktionieren können.

Denn es ist eine spürbare Verschärfung eingetreten. Die auf Dauer gestellte Arbeitsteilung zwischen Politik und Intelligenz, die auf der Seite der letzten als Politikberatung, schlimmstenfalls als Gleichgültigkeit organisiert wurde, bricht neuerdings auseinander. Das kann aus der Gleichzeitigkeit extremer Varianten gefolgert werden: Auf der politischen Bühne agieren glaubwürdige Dramatiker ebenso wie gewiefte Schauspieler und vergeßliche Funktionäre und schlecht simulierende Normalbürger, deren einstudierte Posen trotz Routine durchsichtig bleiben, und Bürokraten, die sich ihre Rhetorik von der Kanzel geliehen haben, und gewinnende Populisten, die sogar ihr Charisma noch als Maske zu benutzen wissen. Das Unerträgliche der Situation kommt in einer spezifischen Steigerung zum Ausdruck.

Dummheit als »Nichtwissen des Tuns«, als Absehen von konkreten Voraussetzungen und als Nichtwahrnehmen von folgenreichen Nebenwirkungen und wirklichen Spätfolgen, steht gegenwärtig unter Druck. Sie verfeinert sich zur Stupidität, zu einer Art Un-Geist, der sich beliebig drapieren läßt. Im Zeitalter der Simulation ist Politik dazu verurteilt, jegliche sachdienliche Geistesgegenwart zu verlieren bis auf diejenige ihrer Selbsterhaltung. Während die Dummheit noch Züge eines Vermögens trug, das sie für ein Handeln nach Zweck-Mittel-Relationen tauglich machte, besteht das Resultat stupider Macht in nichts anderem als im Verfehlen ihres Zieles, was dann mit allen Mitteln der Inszenierung vertuscht wird. So verausgabt sich die neueste Politik längst in der sorgsamen Verheimlichung dessen, daß Politik im alten Verstande nicht mehr stattfindet. Der Vollzug der Macht ist die Kaschierung einer fundamentalen Leere.

Man nehme das Beispiel der Umweltpolitik. Obwohl alle wissen, daß es schon jetzt zu spät ist, gelingt es lediglich – und zwar nur unter dem Vorzeichen spektakulärer Öffentlichkeit –, eine mittelfristige Strategie aufzustellen, die in Jahrzehnten rechnet und überdies sofort »vergessen« wird, wenn der öffentliche Druck nachläßt. Politisches Handeln ist hier eine absolute Farce. Was geschehen *muß* – um zu retten, was an elementaren Lebensressourcen wie Wasser, Luft, Erde noch zu retten ist –, *kann* nicht geschehen, ohne »lebenswichtige« Produktionszweige zum Absterben zu bringen. Die Alternative lautet strikt: Geld oder Leben – wobei jeder weiß, daß man zum Leben Geld braucht. Die Unausweichlichkeit im Gang der Dinge gerät von Mal zu Mal um so härter, je weniger sie begriffen wird. Eine der Gesamtlage adäquate Erkenntnis müßte eine Offenheit aufbringen, die nirgends in Sicht ist.

Vielleicht liegt das an einer Mutation des Geschehens, das nicht mehr krisenhaft, sondern katastrophisch ist. Krisen lassen sich als Ausnahmezustände der Zeit verstehen, in denen noch Rettung durch Gefahr hindurch möglich ist. Das Katastrophische hält solche Hoffnung nicht aus. Es ist – wie der bevorstehende Tod des Individuums – unvermeidlich; nur der Zeitpunkt kann verschoben werden; auch ist es möglich, das Skandalöse daran zu vergessen und zu verdrängen. Aber es wird nichts helfen. Also wäre es würdevoller, den Gefahren ins Auge zu blicken und ein Denken zu üben, das die Vernichtung seiner selbst nicht scheut. Das gängige Argument, man dürfe nur solche Probleme stellen, die lösbar sind, hat seine Stichhaltigkeit deshalb verloren, weil die Fragen sich längst gestellt haben, ohne Rücksicht auf die Kompetenz dessen, der nach Antworten oder gar nach Verantwortung sucht.

Totstellreflex

Dummheit als Abschirmung von Zweifeln, als Selbstgewißheit im Planen und Tun, hat eine lange Vorgeschichte. Die Autoren der »Dialektik der Aufklärung« billigen ihr sogar gattungsgeschichtliche Dimensionen zu. »Dummheit«, so heißt es auf den letzten Seiten des Buches von Horkheimer und Adorno, »Dummheit ist ein Wundmal«, wenn Intelligenz dem Füllhorn der Schnecke verwandt ist und Erfahrungen, die man macht, mit Verletzungen einhergehen. Jene unmerklichen Narben, die zurückbleiben bei dem Versuch, sich zu äußern und Kontakt mit den widrigen Umständen des Lebens aufzunehmen, bilden Deformationen und dementsprechende Charaktere aus. »Der gute Wille wird zum bösen durch erlittene Gewalt« und läßt jene Hoffnung auf das Andere der Welt, die jedes Individuum auszeichnet, zum Stillstand kommen. In der Dummheit als Narbe bezeugt sich – so abschließend Horkheimer und Adorno –, »daß alles Lebendige unter einem Bann steht«. Dieser Satz steht seinerseits in der Tradition der radikalen Aufklärung eines Nietzsche und eines Freud, derzufolge das menschliche Bewußtsein überhaupt keine Erkenntnisinstanz darstellt, sondern eine Institution der Abwehr. Was zu viel ist, zu gewaltig, zu groß oder komplex, provoziert – so betrachtet – ritualisierte Gegenwehr, die mittels normierender oder normalisierender Maßnahmen auf Dauer gestellt werden soll. Aber im Verlust der Intelligenz liegt endlich die Tendenz zum Aufhören angemessener Reaktionen. Gegenwehr – noch einmal und noch einmal überfordert – droht sich zur Notwehr mit panischen Umrissen auszuwachsen. Gesteigerte Dummheit, Stupidität tendiert zur Panik, zum Wildwerden der Antwort von sich her, zur selbstmörderischen Volte. Das Wort stupide ist mit stupor verwandt und bezeichnet einen Zustand, in dem die Menschen entweder starr werden vor Schrecken oder aus Angst in der leerlaufenden Wiederholung der Simulation versinken.

Was in der Stupidität symptomatisch auftaucht, ist die Tödlichkeit aller Wahrheiten von Belang. Diese Sterblichkeit löst jene sattsam bekannten lebensdienlichen Ausweichmanöver der Erkenntnis aus, in denen die wachen Geister der Zeit sich vorfinden. Wer standhält, unterliegt zunächst der Versteinerung. Die aus einer Traumatisierung stammende Katatonie bildet ein ganzes Arsenal von Totstellreflexen aus, das das gesamte gesellschaftliche Leben überzieht und so etwas wie einen kollektiven Schlaf bewirkt, in dem bestenfalls intelligente Schlafwandler vorkommen. Erst nach und nach läßt sich der Starrkrampf lösen. Dann zeigen sich auch Wege, wie man der Stupidität entgeht. Wer in der Meditation des Schreckens erfahren ist und seiner Angst methodisch entspricht, kann von Zeit zu Zeit aufwachen und der körperlichen Symptomatik eine sprachliche Symbolik abgewinnen. Dann wird plötzlich deutlich, um was es geht: um die zwei Seiten einer Medaille, die nicht viel wert ist: um Schwermut oder Wiederholung, um autistischen Widerstand oder automatisches Weitermachen, um Isolation oder Maschinisierung des Geistes. Auch diese Wahrheit ist unannehmbar. Wenn die normale Dummheit respektive die dumme Normalität als Sprengstoff mit Zeitzünder bezeichnet werden muß, dann ist die gespaltene Stupidität bereits eine Form des perfekten Futur, die keine menschliche Geschichte mehr erlaubt.

Simulation als Realsatire

Simulation korrespondiert mit Dummheit insofern, als das dummgemachte Bewußtsein dazu neigt, sich seine Grenzen simulativ zu verstellen. Daß es ein Abwehrsystem ist, kann dem Bewußtsein nicht zu Bewußtsein kommen, weil die Dummheit sich selbst als Intelligenz simuliert. Dieser fast geschlossene Kreislauf einer Autosuggestion, in dem ein Modell der Wirklichkeit eine Wirklichkeit generiert, korrespondiert auffallend mit der skizzierten Mutation des Geschehens und läuft auf die Karriere eines Verhaltens hinaus, das man als Selbsttäuschung charakterisieren kann. Von einem bestimmten Punkt der menschlichen Geschichte an verliert die Wirklichkeit ihre Substanz. Dann muß sie nachgestellt, nachkonstruiert, nachgespielt, mit einem Wort inszeniert werden. Die Notwendigkeit des Nachspiels, das bald zum Vorspiel wird, fordert eine andere Form der Identitätsbildung: die lebenslängliche Selbstinszenierung. Die Menschen werden genötigt, zum Schauspieler, ja zum Regisseur ihres Lebens zu werden, wenn sie sich am gesellschaftlichen Leben beteiligen wollen. Das Reservoir an Rollen und Drehbüchern ist übrigens begrenzt. Der Einfallsreichtum der Aufführungen schwankt zwischen langsamer Stereotypie und schnellem modischen Wechsel. Doch das ist nicht wichtig.

Wichtig ist der allgemeine Zwang zur Existenz im Bilde. Der entsprechende Habitus muß erlernt, auf Dauer gestellt und in automatisierter Funktionaliltät geübt werden. Das ändert ein ehemals verläßliches Selbstverhältnis radikal. Die Kategorie des »als ob« wird universal. Was dann insbesondere simuliert wird, ist das bisherige Gegenteil aller Simulation: das Authentische. Wie der Schatten früher dem Körper anhaftete, so ist jetzt der Mensch seinem Spiegelbild, seinem imaginären Doppel verhaftet. Virtuose Künstlichkeit versucht die Natur vollkommen zu ersetzen. Vollkommenheit heißt nicht allein, daß deren Abwesenheit nicht vermißt wird, sondern auch, daß alles so aussieht, als ob es Natur sei. Die hohen Werte der Natürlichkeit werden inzwischen ausnahmslos simuliert. Das macht eine Rede vom »Zeitalter der Simulation« so vertrackt: Nähe und Ferne im Umfeld des Ähnlichen sind ausgewechselt. Nichts ist dem Simulacrum heute derart ausgeliefert wie das Echte. Die unheilige Allianz, die auch in der Politik an der Macht ist, heißt: Wahrheit als Täuschung, Täuschung als Wahrheit.

Simulation ist allerdings als Begriff ein Unding. Strenggenommen ist er nur anwendbar auf Fälle, auf die er nicht anwendbar ist. Ähnlich wie bei der Lebenslüge, die – wo sie *als* Lüge ertappt wurde – eine der wichtigsten Wahrheiten des Lebens geworden ist, wäre die Simulation, als solche bezeichnet und verwendet, eine Auflösung ihrer selbst. Als Begriff löscht sie die Realität, die sie meint. Nie wäre jemand, der im angedeuteten Sinne an der Simulation partizipiert, in der Lage, von Simulation zu sprechen. Er kann sie nicht kennen, denn wenn er sie kennt, muß er damit aufhören. Ein Simulant, der absichtlich simuliert, ist ein derart blutiger Anfänger in der Kunst des »als ob«, daß er vernachlässigt werden kann.

Jean Baudrillard hat Simulation in vierfacher Gestalt kenntlich gemacht. Erstens sei sie eine täuschend echte Nachahmung des Echten. Zweitens sei sie die »echtere« Ersetzung des Echten. Drittens sei sie die Behauptung, daß es nie etwas Echtes gegeben hat. Viertens sei sie ein in sich selbst ruhendes, wohliges Innesein, das sich gegen alle Beeinträchtigung von außen deshalb so erfolgreich zur Wehr setzt, weil es auf dem Gipfel seiner Ausdehnung keine Alternative kennt. Damit sei dann die Simulation in ihrer indifferenten, referenzlosen Form erreicht, ein Omnipotenzwahn, der alle Kraft in die Anstrengung investiert, reibungs- und störungslos zu funktionieren.

Bei der vierfachen Kennzeichnung handelt es sich um eine Eskalation: Vortäuschung, Ersetzung, Auflösung, Löschung von Realität. Bisher hat sie nur in der ersten Gestalt die Gemüter bewegt. Doch absichtliche Täuschungen aufzudekken, war und ist eine Kleinigkeit für intelligente Zeitgenossen. Nicht daß ein Politiker lügt, ist das Problem im Zeitalter der Simulation, sondern daß er jederzeit glaubt, was er sagt, wenn er lügt, und daß das Gesagte das Einzige ist, was für ihn – gegen alle Vernunft – zählt, und daß er weiß, daß es schließlich außerhalb der machtgestützten Sage überhaupt nichts anderes gibt.

Die Baudrillardsche Mühe manifestierte sich in einer angestrebten Subversion. Nicht mehr Kritik am Falschen (mit ihrem Festhalten an der Differenz von Wahrheit und Lüge), sondern Übertreibung der Alternativlosigkeit, eine Strategie des Scheins, wie sie da und dort in den Künsten, besonders bei den Situationisten, erprobt worden ist, sollte die Lösung des Banns bewirken. Auch der Schein hat kein Gegenteil, wie die Simulation auf den Stufen zwei bis drei. Aber die artifizielle Herstellung von Fiktionen, von Imitationen, von Schein als Schein kommt zu spät. Die situationistische Internationale hat – so betrachtet – keine Zukunft. Die politische Wirklichkeit ist in der Selbstdemaskierung immer schon besser als jede Absicht. Es dominiert längst die Real-Satire.

Das Imaginäre als Vorschein des Todes

Es ist möglich, »daß die Realität nicht nur die Fiktion überholt, sondern ihr vorauseilt, ja vorauseilend ihr zuvorkommt, um die Schäden zu reparieren, die die Fiktion erst anrichten wird«. So lautet ein Schlüsselsatz aus Umberto Ecos letztem Roman: Das Foucaultsche Pendel. Diese gelehrte Geschichte eines Wahns mit realen Folgen ist für das Thema einschlägig. Sie entkoppelt die alte Zweiteilung der Welt: hier die Realität mit dem ehernen Gang der Dinge, dort die Fiktion mit dem freien Lauf der Phantasie, und setzt sie neu zusammen im Horizont eines Zeitgeistes, der von nichts mehr fasziniert wird als von den realen Effekten des Fiktiven. Ob allerdings die Realität der Fiktion vorauseilen kann, um deren Verheerungen wieder gutzumachen, bleibt auch im Roman die offene Frage.

Immerhin stellt dieser eine der ersten ernsthaften Abrechnungen mit dem gesellschaftlichen Imaginären dar, das in der gestuften Simulation seine schrankenlose Macht entfaltet. Eco schafft eine solche Abrechnung nicht theoretisch, aber in der Form einer dozierenden Fabel, die für den Fall gilt, daß die Welt selbst, in ihrer Gestalt und in ihrer Genese, zur Fabel geworden ist. Der Roman handelt vom aktuellen Schicksal des normalisierten, rettungslos aufgeklärten Bewußtseins, das unfreiwillig, nur in Verfolgung seines Begehrens zu wissen, in das Gegenteil jeder Aufklärung, nämlich in die finstersten Obsessionen gerät. Hier herrscht die furchtbare Realität des Abstrakten, ein Gespinst von Gespenstern, das für den Anspruch einer Realitätsprobe nur ein vernichtendes Hohngelächter übrig hat. Der große Plan der Weltbeherrschung ist zerfleddert – so Eco –, aber seine Reste belagern die Menschen und lassen sie durch die herrschende Konfusion von Realität und Fiktion hoffnungslos in die Irre geraten.

Nicht mehr die Vernunft, sondern nur noch die Einbildungskraft des Schriftstellers kommt gegen die Gewalt des Imaginären an, weiß aber zugleich, daß sie zu spät weiß. »Ab einem bestimmten Punkt macht es keinen Unterschied mehr, ob man sich daran gewöhnt, so zu tun, als ob man glaubte, oder ob man sich daran gewöhnt, wirklich zu glauben.« Dieser bestimmte Punkt ist im Zeitalter der Simulation kollektiv überschritten. Niemand kann mehr definitiv entscheiden, ob eine Lüge eine Lüge ist, ob ein Ereignis wirklich stattgefunden hat oder nicht, ob eine Nachricht erfunden oder zutreffend ist, ob die individuellen Produktivkräfte des Menschen: Glaube, Liebe, Hoffnung, Einbildungen darstellen oder wahr sind: »Ich sterbe, weil wir über jede Grenze hinaus phantasievoll gewesen sind.« Auch der Wahn ist produktiv, nicht nur die Macht. Die einzige Chance angesichts einer derart überwältigenden Unsicherheit besteht im Aufspüren der Gesetzmäßigkeiten der Simulation, die – nachdem die Dinge haltlos ins Rutschen gekommen sind – einen offenbar harten Duktus angenommen hat. Ecos Roman handelt von diesem ehernen Gang der Phantasie im Raum einer imaginären Immanenz. Das Verhängnis ist unausweichlich. Ein Salto mortale beendet die Geschichte, Ausdruck unabdingbarer Stupidität. Der Protagonist ist am Schluß aus Angst vor dem Tod gestorben.

Die »Wirklichkeit der Bilder«, noch vor einigen Jahrzehnten als Gegengift gegen die unaufhaltsame Entfernung des

Menschen gepriesen, führt heute einen Tod im Schilde. Das schrankenlose Imaginäre verzehrt alle Bindungen und stellt sich nach und nach als Todeszone heraus, als selbstgemachtes hyperkomplexes Labyrinth. Deshalb ist es unzureichend, die Simulation lediglich deskriptiv oder logisch zu analysieren, wie Friedrich Kittler es neuerdings unternimmt. Er bringt sie in den Zusammenhang einer binären Codierung der Welt: Affirmation heißt Bejahen, was ist. Negation heißt verneinen, was nicht ist. Simulation ist dagegen über Kreuz geschaltet: sie bejaht, was nicht ist, und eröffnet so einen Freiraum. Vergessen wird dabei, daß die Simulation die Bilder braucht und daß an allen Bildern Sterbegeschichten haften.

Die Wasserscheide zwischen Politik und Intelligenz

Simulation heißt Rückzug in eine neue Innerlichkeit. Sie ist ein Mischeffekt aus Verunsicherung und Sicherheitsstreben. Dummheit als eine der labyrinthischen Verwirrung entgegengesetzte, beschränkte Sicht der Dinge geht gewissermaßen auf »Nummer Sicher«. Komplexitätsreduktion, soziologisch und politologisch als das Nonplusultra systemadäquaten Verhaltens propagiert, ist selbst Ursache einer Kette unendlicher Komplexionen. Auch dafür hat Eco eine Formel: »Für jedes komplexe Problem gibt es eine einfache Lösung, und die ist die falsche.« Das ist das Muster eines sozialen Handelns mit verkehrtem Erfolg. Das wirkt sich auf dem Feld der Politik verheerend aus. Das bedeutet fortgesetzten Krieg mit anderen Mitteln. Denn falsche – weil einfache – Lösungen für komplexe Probleme steigern unentwegt die Komplexität, die ihrerseits unentwegt die Dummheit dümmer macht. Das führt zu einer Stillstellung der Praxis im Paradox und zu zerreißenden theoretischen Spannungen. Denn der überschrittene bestimmte Punkt läßt die erfolgreichsten Lösungsstrategien zu neuartigen Problemquellen werden.

In fast allen Lebensbereichen meldet sich gegenwärtig eine bedrohliche Einsicht zu Wort: daß etwas geschehen muß, was nicht geschehen kann. Die Errungenschaften der Moderne, auf die alle so stolz waren, weil sie in irgendeiner Weise den Sieg über die Not der Lebensfristung mitbewirkt hatten, sind selbst Not-Ursachen ersten Ranges geworden. Die mächtigsten Problemlösungen – heißt das – schaffen mit Macht längst mehr Probleme, als sie lösen. Alle Listen der Vernunft, die Unterwerfung dessen, was ist, unter kurz- und langfristige Kalküle, die Ausbeutung der Ressourcen, die Verwechslung der Wünsche mit den Bedürfnissen, die Substitution des Tauschens durch das Täuschen, die Abstraktion des menschlichen Begehrens zu Geld und Gut, die Konstruktion der Werte, die Transformation der Dinge in Zeichen der Dinge usf. – alle Listen der Vernunft gehen in die Irre.

Aber darauf ist niemand vorbereitet, erst recht nicht auf die absolute Unwirksamkeit der alten Lösungsformeln für die neuen Probleme. Die gediegenen Kriseninterventionen sind definitiv zu Verstärkern von Krisen geworden. Was Wunder, daß im Spürsinn für das Schieflaufen der Moderne alte und neue Fundamentalisten Konjunktur haben. Diese erheben gewissermaßen die allenthalben entstandene Dummheit zum Prinzip. Sie verzehren in regressiven Träumen die Stupidität ihrer Anhänger und entlasten sie von den Nöten der Komplexität. Die Ordnung, für die sie eintreten, ist jedoch eine ebensolche Bedrohung des Lebens wie die Unordnung, die sie bekämpfen. Da ist es aussichtsreicher für kommende Lernprozesse, den für eine Übersicht inkommensurablen Wegen des Labyrinths zu folgen, bevor die endgültige Wasserscheide zwischen Politik und Intelligenz sich formiert hat.

Die aktuelle Lage läßt sich mit wenigen Sätzen charakterisieren. Politik im herkömmlichen Sinne wird objektiv zum Chaos-Generator. Die Kunst des Möglichen produziert eine Unmöglichkeit nach der anderen. Die Komplizierung der Verhältnisse durch einfache Muster des Umgangs fordert eine Antwort, die sich nicht in unbemerkter Komplizenschaft erschöpft. Schließlich gibt es nur noch zwei zeitgemäße Reaktionsformen, eine wahrscheinliche und eine unwahrscheinliche: Erstens die Vertuschung der Ohnmacht mittels der Simulation, die eine Übergabe des Projekts der Moderne an die Finessen des gesellschaftlichen Imaginären darstellt; zweitens die Öffnung der Politik für das Unmögliche, die einem Verzicht auf Macht gleichkommt. Das Erste wäre eine sträfliche Fortsetzung der Paradoxie, die es gibt. Das Zweite ist eine Gegenparadoxie, die auf dem Feld des Politischen unvorstellbar bleibt: Aufhebung einer erlittenen durch eine gewollte Unordnung.

Gemeint ist die über eine Rückkopplung im Denken investierte Lücke, die das Denken selbst als historisches und biographisches Ereignis einnimmt. Derart fraktal kommen die Menschen in ihrem Verhältnis zur Welt und zu ihresgleichen nicht mehr umhin, das Entscheidende offenzulassen. Was die unter dem Diktat der einen Vernunft malträtierten Irren immer wiederholt haben: die Unabschließbarkeit ihrer Wahrnehmung, muß nun Modell werden, da sich eben diese Vernunft im Prozeß ihrer Normalisierung als dumm und stupide herausgestellt hat. Dem neuen Wahn, daß alles simulierbar sei, kann der alte Wahn entgegenkommen, der trotz der vielen Stimmen unerhört blieb, nämlich in seiner Erfahrung, daß es kein geschlossenes Denksystem des Offenen gibt, daß der Mensch seinem Kopf entgehen wird, wie der Gefangene dem Gefängnis.

Gerade durch die Vortäuschung, Ersetzung, Auflösung und Löschung von Realität, durch die Tilgung des Anderen gerät die Weltpolitik gegenwärtig ins Trudeln. Der beherrschende Glaube an den Mehrwert, der Kapitalismus, hat bald keine Alternative mehr. Das wird ihn unaufhaltsam in die Simulation treiben mit all den kenntlich gemachten paradoxalen Konsequenzen. Der Kapitalismus ist eine Kopfgeburt. Das sagt schon sein Name. Er hat immer vom Anderen und von einer vorausgesetzten körperlichen Realität gelebt.

In der grenzenlosen Welt der Spekulation, in der Immanenz des Imaginären wird er sich erschöpfen. Mit Krisen wurde er spielend fertig; er brauchte sie zum Überleben. Katastrophen sind dagegen außerhalb seiner Kompetenz.

Claus Offe
Falsche Antworten, verlogene Fragen

Eine ebenso alte wie einfache Einsicht besagt, daß »Politik« das Gegenteil ist von einer »Privatangelegenheit«. Politisches Handeln ist eines, das nicht von einzelnen Personen allein vollzogen werden kann, sondern immer auf die Mitwirkung anderer angewiesen ist. Seine politischen Ziele erreicht man nur, wenn man andere für sie gewinnt. Das gilt nicht nur für das Handeln in demokratischen politischen Systemen, sondern auch und gerade für moderne Diktaturen. Sie stehen und fallen mit der Fähigkeit des Diktators oder der herrschenden Partei, andere durch Einsatz der strategischen Mittel von Erpressung, Bestechung, Drohung, von Versprechungen und Einschüchterung zur Kooperation zu bringen – oder jedenfalls zum Verzicht auf Opposition. Der Erfolg politischen Handelns hängt vom Handeln einer mehr oder minder großen Zahl von »Anderen« ab; denn niemand ist allein mächtig genug, um politische Ziele *gegen* alle anderen durchzusetzen.

Wie kann man andere zur Unterstützung eigener politischer Ziele veranlassen? Dies geschieht dadurch, daß man Einfluß entweder auf ihre *Wünsche* oder auf ihr *Wissen* nimmt. Politische Präferenzen und die Wahrnehmungen und Wirklichkeitsdeutungen der Menschen sind die beiden Stellgrößen, aus denen ihr Handeln und ihre Unterstützungsbereitschaft resultieren. Mit einem gewissen Recht hat man unser Zeitalter als ein »nach-ideologisches« bezeichnet; das bedeutet für unseren Zusammenhang, daß auf der Ebene der Wünsche, Präferenzen und Wertvorstellungen keine scharfen Antagonismen zu erwarten sind. In den 70er Jahren richteten die beiden großen Volksparteien in der Bundesrepublik sogenannte »Grundwerte-Kommissionen« ein; es war wenig überraschend zu sehen, daß sich das jeweilige Ergebnis dieser Suche nach obersten politischen Präferenzen aufs Haar glich: Freiheit, Gerechtigkeit, Solidarität, dazu Wohlstand, Umweltschutz und Frieden sind – wenn auch in nuancierten Ausdeutungen – als Bezugswerte politischen Handelns so selbstverständlich und so unbestreitbar, daß es in diesem Felde kaum Gelegenheit zur Profilierung und Polarisierung gegenüber dem politischen Gegner gibt.

Wenn insofern, um den Punkt zu überspitzen, »alle sowieso dasselbe wollen«, dann konzentriert sich die politische Auseinandersetzung auf die zweite unserer beiden Stellgrößen – auf das Wissen und die Wirklichkeitsdeutungen der Bürger. Je weniger »ideologisch« die Politik wird, desto mehr wird sie »kognitiv«. Jeder Funktionär einer politischen Partei weiß geradezu instinktiv, worauf es im politischen Geschäft ankommt: auf die Vermittlung von Bildern, Gewißheiten und sachlichen Entscheidungsprämissen, die, wenn sie einmal im Bewußtsein der Bürger verankert sind, deren Handeln und deren Unterstützungsbereitschaft wie von selbst in die erwünschte Richtung lenken. Wenn es der Bürger zum Beispiel für gewißlich erwiesen hält, daß eine Senkung der Unternehmenssteuer zur Schaffung neuer Arbeitsplätze führen wird, dann ergibt sich aus diesem »Wissen« – zusammen mit dem Allerweltsziel »Wachstum und Vollbeschäftigung« – seine rationale Unterstützung für eine Partei, die solche Steuersenkungen befürwortet.

Politische Erfolge hängen deshalb wohl zunehmend davon ab, was »die anderen« wissen oder nicht wissen, welches Bild sie sich von der Realität machen – und das bedeutet aus der Perspektive politischer Führungsgruppen: was man sie *glauben machen kann.* Die Wirklichkeit der Politik ist eine Politik mit der »Wirklichkeit«: der fortlaufende Streit darüber, welche Sachverhalte und Kausalketten als erwartbar, gewiß und vertrauenswürdig gegeben sind – und welche nicht. Gleichzeitig ist der einzelne Bürger in einer geradezu lächerlichen Weise und wohl ebenfalls noch zunehmend unbefähigt, verläßliche Urteile über die Wirklichkeit mit *eigenen* Denk- und Beobachtungsmitteln, sozusagen mit unbewaffnetem Auge, zu fällen. Er ist laufend auf das angewiesen, was man »Erkenntnis-« oder »Deutungshilfe« nennen könnte; und diese wird von Regierungen und Parteien natürlich nur allzugern gespendet. Denn diese wissen, daß ihre politischen Erfolge entscheidend davon abhängen, welche Realitätsbilder sich im Bewußtsein der Bürger festsetzen. Darauf reagieren sie mit der strategischen *Inszenierung* der Wirklichkeit.

I

Diese dramaturgische Dimension moderner Politik hat der amerikanische Politikwissenschaftler Murray Edelman mit dem Begriff der »symbolischen Politik« bezeichnet. Sie findet immer dann statt, wenn politische Akteure nicht Rechte und materielle Güter verteilen und »reelle« Leistungen zustande bringen, sondern sich statt dessen die Inneneinrichtung der Köpfe der Leute zum Betätigungsfeld wählen – ohne dies allerdings zu deklarieren. Symbolische Politik ist das, was man tatsächlich und in berechneter Weise tut, wenn man nur so tut, als ob man etwas täte. Man weckt Vertrauen, nährt Illusionen, beschwichtigt Ängste, besetzt Begriffe, erregt Sympathien, kultiviert Feindschaften und Wir-Gefühle, vermittelt Sinn und läßt doch alles beim alten.

Vollendete Tatsachen, festgezurrte Einflußbeziehungen, defizitäre Haushalte, bestehende Verträge und schlichte Trägheit begrenzen das Handlungsfeld und die Gestaltungsspielräume moderner Politik. Die Hypothese hat viel für sich, daß, je mehr dies alles der Fall ist, desto mehr die Politik von der Droge symbolischer Ersatzhandlungen abhängig wird. Die Wirklichkeit, die sie verändert, ist weniger die äußere Welt als das Bild, das wir uns von ihr machen, und die Erwartungen, die wir an sie richten.

Politik hat zu tun mit der Erzeugung von Wissen bei relevanten Anderen. Die hohe Kunst der politischen Beleuchtungstechnik besteht – wie im Theater – darin, nicht nur Licht zu werfen, sondern auch Schatten und Dunkel. Beides, Wissen und Unwissen, dient dem dramaturgischen Zweck. Es sind keine vollständigen und voll ausgeleuchteten Bilder, welche die Politik vermittelt, sondern perspektivisch interessierte, die ebensoviel bereden, wie sie verschweigen.

Diese politische Produktion von Wirklichkeitsbildern ist immer interessiert, nicht authentisch und in einem gar nicht einmal besonders strengen Sinne »unehrlich«. Unehrlich handelt jemand, der in einer von mindestens drei möglichen Weisen gegen die Wahrheit verstößt: er sagt etwas, was nicht wahr ist; er verschweigt etwas, das wahr ist und dessen Bekanntwerden den Erfolg seines Handelns beeinträchtigen würde; oder er verstößt in seinem Handeln gegen Normen, an die er gebunden ist oder zu denen er sich bekennt. Wenn wir die begrifflichen Meßinstrumente für politische Unehrlichkeit noch etwas feiner einstellen, dann kommt auch jene Lüge in den Blick, die darin besteht, daß ich mich zu dem Ziel A (zum Beispiel die rasche Wiedervereinigung der beiden deutschen Staaten) und zugleich zu dem Ziel B (zum Beispiel die Verhinderung von Steuererhöhungen) bekenne, obwohl ich *weiß*, daß beide sich gegenseitig ausschließen. Noch ein Stück schwieriger wird die Diagnose von Lügen, wenn wir auch solche Fälle einrechnen wollen, in denen mir der Widerspruch zwischen A und B zwar nicht bewußt *ist*, ich mir die einschlägigen Informationen aber leicht beschaffen *könnte*. Dann besteht die Lüge also in der vorwerfbaren Verletzung der Pflicht des Bürgers oder Politikers, sich zureichend zu informieren. Aber wer wollte eine solche Pflicht zur Norm erheben, und wer ihre Verletzung jeweils nachweisen?

Kein Kassenwart eines Vereins, kein Schatzmeister einer politischen Partei und kein Finanzminister wird unklug genug sein, eine *günstige* Entwicklung der Einnahmen an die große Glocke zu hängen. Denn er kann wissen, daß das nur Begehrlichkeiten wachriefe, unter deren Ansturm sich die günstige Lage alsbald in ihr Gegenteil verkehren würde. Hier haben wir es mit der mildesten Form von Unehrlichkeit, nämlich mit dem Verschweigen, dem Auslassen, dem Herunterspielen zu tun.

Viele Vereinbarungen, und keineswegs nur im Felde der internationalen Diplomatie, machen nur dann Sinn, wenn sich die Beteiligten darauf verlassen können, daß nicht nur ihr Inhalt, sondern sogar ihr Vorhandensein geheim bleibt. Hier kommt es also auf das Geheimhalten der Geheimhaltung selbst an; denn wenn jeder wüßte, daß es ein geheimes Zusatzabkommen zu einem internationalen Vertrag gibt, dann hätte sich der Zweck dieses Vertrages schon erledigt.

Viele Versprechen können, selbst wenn sie in lauterster Absicht abgegeben worden sind, einfach deshalb nicht erfüllt werden, weil unvorhersehbare Ereignisse die Rangfolge der Prioritäten umstürzen. Immerhin könnte man aber eine Unehrlichkeit darin sehen, daß Politiker die einschränkende Bedingung solcher Unvorhersehbarkeiten regelmäßig nicht nennen oder sie sogar bestreiten.

Das Herunterspielen von Schwierigkeiten, absehbaren Engpässen, Konflikten und Haushaltsdefiziten kann sogar eine notwendige Voraussetzung für erfolgreiche politische Initiativen sein. Wenn alle Beteiligten tatsächlich immer alles wüßten, was sie wissen könnten, dann hätte diese komplette Kenntnis einen vielleicht so niederdrückenden Entmutigungseffekt, daß politisches Handeln vollends in Lethargie und Fatalismus unterginge.

Strategisch motivierte Unehrlichkeit ist kein Privileg der Politiker, sondern kennzeichnet ebenso das Verhalten der Bürger in ihrer Beziehung auf Staat und Politik. Wer vor Gericht einen Schaden einklagt, wird diesen eher wahrheitswidrig vergrößern als verkleinern. Wer Anträge auf öffentliche Förderung stellt, wird die benötigten Mittel in Antizipation der allfälligen Kürzungen eher übertrieben hoch ansetzen. Und wer im öffentlichen Dienst verbesserte Arbeitsbedingungen und höhere Einkommen fordert, der wird als Begründung tunlichst nicht allein die eigenen Einkommensinteressen, sondern das selbstlose Motiv eines besseren Dienstes an der Allgemeinheit geltend zu machen versuchen.

In allen diesen Fällen wäre eine strikte Befolgung von Ehrlichkeits- und Aufrichtigkeitsnormen schon deswegen schwer zumutbar, weil immer das Argument zur Verfügung steht, »die anderen«, das heißt die politischen Konkurrenten, verhielten sich ja auch nicht besser und es sei unzumutbar, dem einzelnen anzusinnen, auf den handfesten wirtschaftlichen Kosten seiner Ehrlichkeit sitzenzubleiben.

Die Verleugnung des genuin strategischen und insofern »unehrlichen« Charakters politischen Handelns ist selbst unehrlich. Die größten Lügner sind die Saubermänner, die die Politik als das sprichwörtlich schmutzige Geschäft verleumden. Es ist ein untrügliches Kennzeichen populistischer Politiker, sich selbst als nicht-strategische Akteure darzustellen – das heißt, so zu tun, als ob sie nichts als »das allgemeine Gute« im Auge hätten und unablässig darauf bedacht wären, dem Volk »reinen Wein einzuschenken«, gesinnungsethisch ihren innersten Überzeugungen folgten und diese stets mit Aufrichtigkeit verträten. Es gibt eine populistische Lüge der Authentizität.

Die Tatsache, daß Politiker mit der Wahrheit strategisch umgehen müssen, ist nicht nur nicht zu leugnen; sie ist vielleicht nicht einmal ernstlich zu bedauern. Vielmehr wird die nüchterne Anerkennung der Tatsache, daß dies so ist, durch zwei ihrer eher tröstlichen Wirkungen erleichtert.

Erstens dadurch, daß dem Verschweigen, der Lüge, der Täuschung und der Korruption der Politiker gewisse Grenzen gesetzt sind. Sie können die Realität nicht *beliebig* manipulieren – dagegen bestehen in einigermaßen funktionstüchtigen demokratischen Verfassungsstaaten Schranken in Gestalt parlamentarischer Untersuchungs- und Kontrollrechte, der Medien, der Parteienkonkurrenz, der Gerichte und letztlich des politischen Wissens und des guten Gedächtnisses der Bürger.

Zweitens aber dürfte die Anerkennung des innigen Zusammenhanges von Politik und Lüge bei den Bürgern einen ebenso realistischen wie heilsamen *Argwohn* kultivieren. Dieser Argwohn, der selbst ein produktives Element einer demokratischen politischen Kultur ist, veranlaßt sie, ihren Vertrauensvorschuß für die Politik oder einzelne Politiker und ihre Deutungsangebote knapp zu halten. Weit davon entfernt, dem populistischen Trugbild einer »ehrlichen« Politik nachzujagen und sich im Falle der Enttäuschung dieses Trugbildes moralisch indigniert vom schmutzigen Geschäft der Politik abzuwenden, wird der mit heilsamem Argwohn die Politik beobachtende Bürger gegen den Bann und die Verführung einer als durch und durch ehrlich, aufrichtig, authentisch oder gar wissenschaftlich abgesegnet daherkommenden Politik immun sein. So hat es mir immer als ein Vorzug der amerikanischen politischen Kultur eingeleuchtet, daß dort Politiker immer in erster Linie als Akteure gelten, die ihren *eigenen* Vorteil, ihre Machterhaltungs- und Bereicherungsinteressen im Auge haben – und denen man deshalb entsprechend gründlich auf die Finger schauen muß.

In Grenzen gehören also »falsche Aussagen«, das heißt Irreführungen, Vereinfachungen, Geheimhaltung, Beschönigung, Verschweigen und wahrheitswidrig polemische Unterstellung, ganz unverzichtbar zum Handeln von Politikern. Ebenso gehört dazu die Sicherung von Vorteilen für Personen und für Organisationen, die, würden sie bekannt, auf öffentliche Mißbilligung stoßen müßten und deshalb am Bekanntwerden gehindert werden.

2

Man kann aus diesen Überlegungen, denke ich, zumindest lernen, daß politische Ehrlichkeit keine moralische Kategorie von Bürgern und Politikern, sondern eine Eigenschaft institutioneller Systeme ist. Die Politik ist nur so ehrlich, wie die Institutionen wirksam sind, die Unehrlichkeit riskant machen und die Wahrscheinlichkeit steigern, daß die Urheber strategischer Täuschungen mit einem abschreckenden Maße von Wahrscheinlichkeit eine *Ent*täuschung erleben und ihre unehrlichen Wirklichkeitsinszenierungen korrigiert werden. Die Norm politischer Ehrlichkeit wird dann eingelöst, wenn im Rahmen hinreichend sensibler und fairer *Institutionen* falsche Aussagen schlechte Chancen haben. Falsche Aussagen kommen dann zwar unvermeidlich vor, aber institutionelle Mechanismen der Aufdeckung und Korrektur sorgen dafür, daß sie keinen gravierenden Schaden anrichten.

Politische Institutionen wie Parteien, Wahlen, das Verfassungsgericht, Parlamente, Verwaltungen sind Vorkehrungen für Ja/Nein-Entscheidungen. Sie bilden einen Rahmen von Verfahren und produzieren im Ablauf dieser Verfahren Konfigurationen von Alternativen – von Fragen, die zur Prüfung und Entscheidung anstehen. SPD oder CDU? Fristenlösung oder Indikationslösung? Einsatz der Bundeswehr außerhalb des Nato-Bereichs erlaubt oder nicht erlaubt? Energiebedarfsprognose zutreffend oder nicht zutreffend? Antrag genehmigt oder abgewiesen? Usw.

Können nun Institutionen ihrerseits lügen? Wir hätten es dann sozusagen mit Lügen zweiter Ordnung zu tun – mit Täuschungen über die zuverlässige Aufdeckbarkeit von Täuschungen. Wir haben gesehen: Institutionen sorgen, wenn sie angemessen funktionieren, für ein erträgliches Maß an Ehrlichkeit von Akteuren und ihren Aussagen. Aber wer sorgt dafür, *daß* sie funktionieren – und nicht nur den *fälschlichen* Anschein erwecken, diese Funktion der »kognitiven Hygiene« für Politik und Gesellschaft zu erfüllen?

Politische Institutionen – Parteien, Parlamente, Verwaltungen, Wahlen, Gerichte, das Rechtssystem, die Verfassung insgesamt – sind nicht nur die unpersönlichen Wächter, die das Spiel der Akteure so regulieren, daß es, jedenfalls unter günstigen Umständen, zu einer schrankenlosen Verletzung von Normen der Ehrlichkeit (wie anderer moralischer Normen) nicht kommt. Dann wird ein Korruptionsfall aufgedeckt, eine Irreführung des Parlaments durch die Regierung politisch skandalisiert, und der Vorwurf der Täuschung des Wählers belegt – all dies mit vermutlich so nachteiligen Folgen für die Urheber der entsprechenden Machenschaften, daß sich für sie eine Wiederholung schon aus Gründen dieses erwartbaren Nachteils nicht lohnt.

3

Auf der anderen Seite können Institutionen, zumal in Ausnahmesituationen, jedoch auch zu Wachs in den Händen strategischer Akteure werden. Dann kehren sich die Rollen von Wächtern und Bewachten um, und wir haben es nicht mehr mit fairen, unvoreingenommenen und für die Akteure unantastbaren Regeln und Verfahren zu tun, sondern mit gezinkten Karten. Unter dem Anschein und Vorwand der Neutralität, der Chancengleichheit und der unparteiischen Kontrolle sickert Macht ins Institutionensystem ein. Durch sie wird es so verbogen, daß ihr Kontrolleffekt verlorengeht und an seine Stelle ein mehr oder weniger offenkundiger Begünstigungseffekt tritt – es kommt statt zur Herrschaft *der* Institutionen zur Macht politischer und gesellschaftlicher Akteure *über* die Institutionen. Dieses Umkippen des Verhältnisses von Institutionen und Akteuren läßt sich an dem Doppelsinn der scheinbar so unschuldigen Formulierung ablesen, mit der wir sagen, jemand »habe recht«. Normalerweise wollen wir damit sagen: er hat das Recht *im Rücken* und kann sich auf das Recht berufen. Das »Haben« des Rechts kann aber auch bedeuten: jemand hält das Recht *in Händen* und macht sich gemäß seiner eigenen Zwecke und Interessen über das Recht her.

Ein vergleichsweise harmloses Beispiel für diese Umkehrung bot seinerzeit 1990 der Streit um den Wahl- und Beitrittstermin in der DDR. Während in der bisherigen Bundesrepublik der Wahltermin selbst nur in engen Grenzen wählbar war, verlangte die Ausnahmesituation der politischen Einigung der beiden deutschen Staaten nach der *politischen* (also von Machterwerbs- und Machterhaltungsinteressen geleiteten) Neuschöpfung von Institutionen – also von Einrichtungen, die ihre Autorität und Verbindlichkeit nur daraus gewinnen können, daß sie als neutrale, faire und unparteiische Verfahren *über* jenem Kräftespiel strategischer Kontrahenten stehen. Das Dilemma, das in dieser Zirkularität von Institutionen und Akteuren, von Bewachern und Bewachten liegt, ist ebenso mißlich wie unvermeidlich – und das nicht nur in jenen prekären Fällen, in denen die Teilnehmer an institutionellen Verfahren über ihre eigenen gemeinsamen Interessen zu Gericht sitzen und sich etwa Abgeordnete bzw. Parteien höhere Diäten oder Finanzzuschüsse aus der Staatskasse genehmigen. Unausweichlich ist das Dilemma vor allem deswegen, weil Institutionen ja nicht im Himmel bestimmt oder durch geheiligte Traditionen ein für alle Mal festgelegt werden, sondern das Werk jener Akteure selbst sind, deren Konflikte sie regeln sollen. Die Akteure, die an der Erfindung institutioneller Regelungen (und daran besteht ein laufender und eher wachsender Bedarf!) mitwirken, sind in eben diesem Konflikt befangen. Was liegt da näher als der Versuch entweder des jeweils Mächtigeren, die Spielregeln gemäß *seinem* Interessen zu oktroyieren, oder aber der gemeinsame Versuch aller Beteiligten, sich selbst nach der Logik der Kartellbildung auf Kosten Dritter institutionell abzusichern und mit Privilegien auszustatten?

Wenn einer von diesen beiden Fällen vorliegt, so können wir davon sprechen, daß die *Institutionen selbst lügen*. Unter dem Vorwand, gesellschaftliche und politische Konflikte neutral, unvoreingenommen und insofern in einer allgemein anerkennungswürdigen Weise zu regulieren, verkehren sie sich zur Waffe in eben diesen Konflikten.

Von theoretischen Köpfen der äußersten Rechten wie der radikalen Linken ist den Institutionen des demokratischen Verfassungsstaates genau dieses vorgehalten worden: daß sie selbst eine Veranstaltung zur Beschönigung und Verdeckung von Täuschungen seien, statt zu ihrer Kontrolle, und daß sie den Mächtigen, statt sie zu kontrollieren, in Wahrheit unter dem bloßen Vorwand von Kontrolle komplizenhaft zur Hand gingen. So erklärt der italienische Politiktheoretiker Gaetano Mosca um die Jahrhundertwende die Institution der demokratischen Wahl selbst zu einer »Lüge«, weil sie dem Volk vorspiegele, es könne seine Repräsentanten kontrollieren, während es in Wahrheit die Eliten sind, die das Volk zur Akklamation bringen. Ihm und einer langen Reihe verwandter Geister gelten Wahlen, Parlamente und Gewaltenteilung als ein System *verlogener Fragen*. Ähnliche Kritik an der Unwahrhaftigkeit politischer Institutionen findet man bei Nietzsche, Lenin und Carl Schmitt – wobei sich linke und rechte Geister an der freilich gewichtigen Frage scheiden, ob es überhaupt so etwas wie »ehrliche«, zumindest weniger trügerische Institutionen geben könne, worauf bekanntlich die Linke setzt, die Rechte dagegen pfeift.

Eine andere Weise, in der Institutionen »lügen«, liegt dann vor, wenn sie sich spröde und undurchlässig zeigen gegen die Realität eines sozialen Wandels, dem gegenüber sie ihre Fähigkeit zur Regulierung faktisch verloren haben, ohne dennoch auf ihren überkommenen, aber hohl gewordenen Regelungs*anspruch* zu verzichten. Auch darunter leidet ihre Anerkennungswürdigkeit – diesmal nicht deswegen, weil sie sich dem Verdacht aussetzen, Wachs in der Hand von strategischen Akteuren zu sein, sondern umgekehrt: weil sie als eine versteinerte Vergangenheit übriggeblieben und veränderten Gesellschaftsverhältnissen gerecht zu werden nicht mehr in der Lage sind. Gewiß ist es nicht leicht, einen solchen Befund im Einzelfall – des Berufsbeamtentums, der Kommunalautonomie, des Elternrechts, der Sozialversicherung? – schlüssig zu beweisen, also zwingend darzulegen, daß das Leben aus ihnen gewichen ist und die empirischen Unterstellungen, denen sie ihre Entstehung und ihre Anerkennung einstmals verdankten, schlicht nicht mehr erfüllt sind. Uns kommt es hier nur auf die Erinnerung an den Umstand an, daß dies immerhin so sein *könnte* – und daß dann die betreffende Institution als eine bloße Fassade das Interesse derjenigen verbirgt, die an ihr festzuhalten strategische Gründe haben.

Das Problem ist nicht etwa, daß die Medien lügen. Das Problem liegt in der Annahme, daß es auf dem Wege über die modernen Massenmedien und ihre Nachrichtenprogramme überhaupt zuverlässig gelingen könnte, den Bürgern ein zureichendes Bild von den aktuellen und für das Gemeinwesen insgesamt bedeutsamen Vorgängen zu vermitteln. Massenmedien sind Institutionen, welche die Elemente im Strom des Geschehens anhand der Frage sortieren, was »allgemein bedeutsam« und mithin kommunikationswürdig ist und was nicht. Vielleicht ist es diese *Frage,* die, wie man so sagt, »falsch gestellt« ist. Ähnlich wie die Frage »falsch gestellt« ist, nach der das Rechtsinstitut des Abtreibungsparagraphen 218 die Welt in erlaubte und strafbare Abtreibungsfälle sortiert. Denn diese institutionelle Praxis, Fragen falsch zu stellen, lenkt von einer ebenso richtigen wie wichtigen Frage ab – der Frage nach dem »menschenfeindlichen Wahnsinn, die Abtreibungsfrage überhaupt mit dem Strafrecht zu behandeln«, wie der Journalist Klaus Hartung zum Thema der Reform des Paragraphen 218 scharf und treffend formuliert hat. Die Stasi der ehemaligen DDR sortierte in ebenso menschenfeindlicher Weise sämtliche Aktivitäten der Bürger danach, ob sie »feindlich« seien oder nicht; und wenig beneidenswerte Richter in der Bundesrepublik waren nach der Rechtslage gehalten, darüber zu urteilen, ob Sitzstreiks vor Atomraketen »verwerflich« und mithin strafwürdig sind oder nicht.

Institutionen lügen, wenn sie – wie in diesen Beispielen – die Welt falsch codieren und mit einem ungehörigen und irreführenden Entweder-Oder überziehen. In diesen Codierungsangeboten selbst kann ein doppelter Täuschungseffekt stecken. Entweder fixieren sie sich auf eine möglicherweise belanglose und äußerliche Differenz von Scheinalternativen, die wichtige Gemeinsamkeiten des so Geschiedenen unsichtbar werden läßt – man denke nur an die Institution der Wahlkämpfe und andere Erscheinungsformen der Parteienkonkurrenz. Oder sie fingieren durch Klassifikation Gemeinsamkeiten *innerhalb* der unterschiedenen Klassen von Personen oder Ereignissen – man denke nur an die absurde Unterscheidung, die das Rentenrecht zwischen den vor und den nach 1920 geborenen Müttern und ihren Rentenansprüchen schafft.

Wenn Institutionen der Lüge der Akteure Einhalt gebieten sollen, wer gebietet der Lüge der Institutionen Einhalt? Natürlich sind in einer zivilisierten Gesellschaft Institutionen mit ihrer Hauptfunktion, Unterscheidungen zu praktizieren und Differenzen zu markieren, ganz unerläßlich. Dem allenfalls romantischen, vielleicht anarchistischen, oft wohl eher schlicht infantilen Bedürfnis, dem harten Entweder-Oder aus dem Wege zu gehen, mit dem die Institutionen (z. B. die Institutionen der schulischen und akademischen Prüfungen) ihre Fragen formulieren, und statt dessen im Sowohl-Alsauch oder im Weder-Noch zu verharren, soll hier gewiß nicht das Wort geredet werden. Das ändert indes nichts daran, daß diese Institutionen selbst möglicherweise verquere und diskriminierende Alternativen aufstellen und damit verlogene Fragen stellen, uns eine unangemessene Sortierregel aufnötigen und uns Entscheidungen über falsch gestellte Fragen abverlangen.

Es ist das Kennzeichen einer zivilisierten Gesellschaft, daß sie über hinreichend abwehrkräftige Institutionen verfügt, die als faire und unpersönliche Sortierverfahren die Disposition strategischer Akteure zu lügen, zu täuschen und zu betrügen kontrollieren und in erträglichen Maßen halten. Aber das ist nur das eine von *zwei* Kennzeichen einer zivilisierten Gesellschaft. Das andere besteht genau umgekehrt in ihrer Fähigkeit, diese Institutionen selbst unter Kontrolle zu halten und die von ihnen ausgehenden Entscheidungszumutungen und Schematisierungen daraufhin zu überprüfen, ob sie angemessen, gerecht und vernünftig sind. Diese zweite Qualität zivilisierter Gesellschaften, ihre Institutionen kritisch zu befragen und gemäß den Ergebnissen dieser Prüfung gegebenenfalls umzubauen, kann nun ihrerseits nicht selbst vollständig institutionalisiert werden. Sie bleibt Instanzen überlassen, für die uns so altmodische Namen wie Charakter, Bürgermut, Berufsethik und professionelle Ehre, Solidarität, Verantwortungsbewußtsein und moralische Urteilskraft einfallen – oder auch soziologische Kategorien wie die der politischen Öffentlichkeit oder der neuen sozialen Bewegungen und der Bürgerrechtsbewegungen. Eine zivile Gesellschaft, die über diese Qualitäten und moralisch-politischen Ressourcen verfügt, zeichnet sich durch den Willen und die Kraft aus, sich einerseits der befriedenden Potenz von Institutionen zu bedienen, ohne jedoch andererseits die Irreführungen, Lügen, Täuschungen und die *Suggestion falscher Differenz* in Kauf zu nehmen, die von unseren Institutionen nicht weniger ausgehen können als von normalen Lügnern auch.

Reinhard Löw
Moral und Moralisierung

Das Verhältnis von Macht und Moral gehört zu den klassischen Themen der politischen Philosophie, und selbst extreme Positionen wie die machiavellistische oder die von Thomas Hobbes stellen mit ihrem Ausschluß der moralischen Dimension aus der Politik eine Theorie auf, die selbst sehr wohl noch auf ihre Moralität hin befragt werden kann. Selbst die Konstruktion eines Rechtsstaats, der funktionieren müßte, »auch wenn alle seine Bürger aus Teufeln bestehen sollten« (so Immanuel Kant), also eine transzendentale Tilgung des Moralischen aus der Politik, streift das Moralische nur um den Preis ab, nun nicht mehr rückübersetzbar in konkrete politische Konstellationen zu sein. Von den »Bedingungen der Möglichkeit« führt kein logischer Weg zur Staatslehre und zur konkreten Politik, und es ist nur für den philosophischen Fachmann ein Trost, daß das auch gar nicht beabsichtigt war. Wäre es beabsichtigt, so ist zu befürchten, daß die Resultate so überzeugend wären wie die Reisen Platons nach Syrakus oder Heideggers nach Berlin.

Das bedeutet indes nicht, daß Politik und Moral besser geschieden oder sogar notwendig getrennt sind. Denn erstens sind Politiker Menschen, und es sind von daher zunächst an sie dieselben moralischen Ansprüche zu stellen wie an andere Menschen auch, z. B. nicht zu lügen, keine Steuern zu hinterziehen, unbestechlich im Amt zu sein, keinen auswärtigen Geheimdiensten Informationen zu liefern oder sich nicht alkoholisiert ans Steuer zu setzen. Zweitens aber ist Moralität eine Größe, die in das politische Kalkül der Bewertung von Handlungen der Machthaber (bzw. Machtträger) in allen drei Staatsgewalten einbezogen werden muß. Will sagen: ein wie immer geleitetes moralisches Empfinden beim Wähler beurteilt politische Aktionen nicht nur nach deren Opportunität oder Popularität, sondern auch nach deren Moralität, wobei eine Differenzierung und Hierarchie etwa im Sinne der Schelerschen Wertebenen, vom Nützlichen über das Edle zum Heiligmäßigen vorhanden sind. Und wenn auch ein heiligmäßiger Politiker seinen Zunftbrüdern eher als Idiot (im griechischen oder dostojewskijschen Sinne des Wortes) erscheint, so müßte das Beispiel Mahatma Gandhi zu denken geben. Wenn sein Erfolg (wie vielleicht ein künftiger des Dalai Lama) von ganz bestimmten Konstellationen abhing, dem Zusammenbruch des Kolonialsystems im Bewußtwerden seiner Unrechtmäßigkeit, der internationalen Aufmerksamkeit und medialen Wirksamkeit, der materiellen und personellen Belastung Großbritanniens durch den voraufgegangenen Weltkrieg, so ist dies kein Einwand gegen Effektivität des Heiligmäßigen in der Politik: gute Politik bedeutet ja gerade, in der entsprechenden, gerade in der einmaligen Situation die richtigen Mittel zum guten Zweck zu ergreifen.

Wenn an der moralischen Integrität Gandhis wohl nur schwer zu zweifeln ist, ist eine solche Beurteilung in den letzten vierzig Jahren zunehmend schwieriger geworden, und zwar im Horizont eines Problems, dem Platon die ersten beiden Bücher seiner Politeia gewidmet hat: das Verhältnis des vollkommen gerecht Erscheinenden, der vollkommen ungerecht handelt, zu seinem Gegenteil. Unter diesem Horizont stehen die folgenden Überlegungen zum Verhältnis von Politik und Moral, und zwar gemäß des gewählten Themas: Moral und Moralisieren. Meine These ist, daß in der Politik eine Doppeltendenz zu beobachten ist, kunstvoll verbunden, und zwar gleichermaßen die Politik zu moralisieren wie die Moral zu politisieren. Diese These versuche ich in drei Schritten zu erhärten:

1. der Unterscheidung von Moral und Politik,
2. der Analyse der Bestrebungen, sie einer falschen Übereinstimmung zuzuführen, und
3. dem Versuch, ihr Verhältnis angemessen zu denken.

Mein Ausgangspunkt für die Frage nach deren Verhältnis ist nicht die Behauptung von ihrer völligen Verschiedenheit, wohl aber die von Nicht-Identität. Damit ist gemeint, daß sie Gemeinsames besitzen – nämlich aus Handlungen zu bestehen, die als diese immer in der Dimension des Moralischen zu verantworten sind –, aber daß sich auch spezifische Unterschiede finden. Auf der genannten »Dimensionsebene« ergibt sich als Unterschied, daß politische Handlungen zwar prinzipiell immer der moralischen Beurteilung fähig sind, daß moralische Handlungen sich aber jeder politischen Bewertung entziehen können. Ein Symmetrieverhältnis war allenfalls in der vorplatonischen Polis zu beobachten.

Ich möchte Ihr Augenmerk jetzt aber auf die für die Gegenwart wichtigsten drei Differenzen zwischen Moral und Politik lenken:

1. Moralität läßt sich im Normalfall schnell und eindeutig beurteilen. Das heißt: Moralische Urteile können sich im Normalfall auf eine Hierarchie von Werten verlassen, die eine eindeutige Vorzugsregelung erlaubt.

Politik dagegen muß im Normalfall nicht nur unter Unsicherheit handeln und längerfristig planen, sie muß sich auch um Interessenausgleich und Kompromisse bemühen. Politik muß den praktisch-konkreten Rahmen erzeugen und gewährleisten, innerhalb dessen Rechtssicherheit ebenso wie Moralität möglich sind.

2. Moral ist durch ihre Kompromißlosigkeit gekennzeichnet. Ich kann nicht sagen: Moralisch wäre eigentlich das richtig, aber heute ziehe ich ausnahmsweise den ökonomischen Aspekt vor. In einem solchen Fall handle ich schlicht unmoralisch. Moralität ist nämlich in der Reihe der zu berücksichtigenden Aspekte einer Güterabwägung nicht ein besonders schönes oder wertvolles dieser Güter, sondern die Moralität ergibt sich (oder nicht) aus der *Reihenfolge* aller übrigen Aspekte. Moral ist also kompromißlos; sie braucht sich um die Finanzierbarkeit oder Durchsetzbarkeit ihrer Entscheidungen resp. Beurteilungen nicht zu bekümmern.

An dieser Stelle läßt sich allerdings auch eine Überschneidung beider Sphären ausmachen. Selbst bei einem Bagatelldelikt muß der Rechtsstaat die Tat verfolgen, auch dann, wenn die Aufklärungswahrscheinlichkeit gering ist und die Verfolgung viel mehr kostet als z. B. der gestohlene Gegenstand. Im Gegensatz zu Michael Kohlhaas hat er aber als mittleres Prinzip die »Verhältnismäßigkeit« der aufzuwendenden Mittel im Vergleich zum zu erreichenden Zweck. Erst bei Kapitaldelikten ist dieses Prinzip aufgehoben, wenn man von seiner Tatzeit-Bezogenheit absieht (Verjährung).

Die 3. Differenz wird offenkundig im Anschluß an die genannten Kapitaldelikte. Moralisch braucht überall dort, wo es um die im 1. Artikel des Grundgesetzes festgeschriebene »Würde der Person«, ihr Recht auf Leben und Unversehrtheit geht, gar nicht mehr abgewogen zu werden, weil dieses Recht alle übrigen Aspekte einer Handlung dominiert.

In der Politik dagegen kann die moralische Unantastbarkeit der menschlichen Person *auch* Gegenstand einer Abwägung sein: wenn zum Beispiel Unfälle bei einer bestimmten Straßenführung für deren Änderung sprechen, Kostenberechnungen oder ökologische Aspekte dagegen. Oder wenn trotz gigantischer Verkehrstotenzahlen der Autoverkehr nicht völlig verboten, resp. eine Höchstgeschwindigkeit von 100 oder gleich 30 km/h eingeführt wird. Oder wenn ein Geiselnehmer vom Staat zehn Milliarden Mark erpressen will (Geiselnehmer halten sich daher auch gewöhnlich an »vernünftige« Summen). Oder wenn der Staat seine Soldaten wie im Golfkrieg oder im Jugoslawien-Konflikt an eine (potentielle) Front schickt. Darf er über Leben und Unversehrtheit dieser »Bürger in Uniform« gebieten, obwohl ihm deren Unverletzlichkeit im 1. Artikel des Grundgesetzes vorgeschrieben sind?

Die pazifistische Position sagt ganz klar »nein«. Diktatoren verschiedenster Couleur sagten und sagen ebenso eindeutig »ja«. Es sind die beiden Variationen über den Einzelnen und das Volk, die eine: »Du bist alles, dein Volk ist nichts«, die andere: »Du bist nichts, dein Volk ist alles.« Beide Positionen sind allerdings als Extreme abstrakt. Die pazifistische sieht davon ab, daß der Einzelne in eine Familie, in eine Sprache, eine Kultur, eine Gesellschaft hineingeboren wird und in ihr aufwächst, von ihr und mit ihr lebt. Er kann ihr zwar auch entwachsen und sich eine neue Heimat suchen. In der Praxis aber kann er sich nicht »keine Heimat« suchen, vom Selbstmord einmal abgesehen.

Der *Totalitarismus* hingegen sieht davon ab, daß sein Volk, einschließlich des Tyrannen selbst, aus konkreten Menschen besteht, deren Schicksale ihm nicht gleichgültig sein können, jedenfalls nicht sein eigenes, das seiner »Leibstandarte«, das seiner Geheimpolizei, Armee, seiner Ärzte usf.

Der Versuch der Vermittlung zwischen den beiden Extremen ist unter der Bezeichnung bürgerlicher Rechtsstaat bekannt. Die Einschränkungen, die er seinen Bürgern auferlegt (vom Steuerzahlen bis zum An-die-Waffen-gerufen-Werden), sind vom Wechselspiel zwischen Judikative und demokratisch gewählter Legislative gedeckt; die Exekutive selbst ist an Regeln gebunden, die von den anderen beiden Gewalten erlassen oder gutgeheißen sind. Die Loyalität gegenüber diesem Rechtsstaat ist schließlich an drei Bedingungen geknüpft, nach Robert Spaemann: auswandern zu können unter Mitnahme von Hab und Gut, zweitens die Meinung frei äußern zu dürfen, drittens die offenkundige, reale Möglichkeit der Änderung von Gesetzen.

Bevor ich mich der zweiten Überlegung zuwende, fasse ich noch einmal zusammen. Unter ethisch-moralischem Blickwinkel ist das politische Handeln eine besondere Form des Handelns, das zum Postulat seiner immanenten Moralität gleichwohl die Durchsetzbarkeit, die Finanzierbarkeit sowie die weiterreichenden (Neben-)Folgen seines Handelns mitberücksichtigen muß. Politisches Handeln ist weder amoralisch, noch braucht es eine eigene Spezialmoral. Lediglich die Dimension seiner Verantwortlichkeit ist erheblich erweitert, und die Einforderung dieser Verantwortlichkeit geschieht durch den Wähler/das Volk. Dazu nachher mehr, zunächst zur »Moralisierung der Politik«:

Unter der »Moralisierung der Politik« verstehe ich zunächst einmal die Tendenz, politische Sachprobleme nicht mehr primär unter dem Aspekt des Politischen, sondern dem des Moralischen zu diskutieren. Diese Tendenz ist viel älter als ihr erstes Offenkundigwerden in der Bundesrepublik, nämlich bei der sogenannten Wende im Jahre 1982, als die Kanzlerschaft von Helmut Schmidt auf Helmut Kohl überging dank eines Koalitionswechsels der F.D.P. In einer bemerkenswerten Rede hat die F.D.P.-Politikerin Hildegard Hamm-Brücher ihre Scham und ihre Zweifel an der Moralität eines solchen Schwenkes deutlich gemacht. Daß sie diese Kritik an die eigenen Reihen richtete, war nobel. Daß sie nicht mitbedachte, inwiefern ein solcher Wechsel aus Sachgründen, vor allem ökonomischen, ihren Parteifreunden dringend geboten erschien, hat sie nicht erwähnt.

Dies erscheint in nuce als der von Hermann Lübbe in einem brillianten Essay diagnostizierte »Triumph der Gesinnung über die Urteilskraft«, die bei vielen Politikern der Partei der »Grünen« von Anfang an vorhanden war (wobei es bisweilen fraglich ist, ob man hier wirklich von »Politikern« resp. von einer »Partei« sprechen kann). Lübbe schreibt von einer »Selbstermächtigung zum Verstoß gegen die Regeln des gemeinen Rechts... unter Berufung auf die eigene, moralisch bessere Sache«, die sich vor allem in der rhetorischen Praxis niederschlägt. »Anstatt der Meinung des Gegners zu widersprechen, drückt man Empörung darüber aus, daß er sich gestattet, eine solche Meinung zu haben und zu äußern« – das heißt: Es wird nicht mehr gegen Ansichten und Absichten des Gegners argumentiert, sondern es wird seine moralische Integrität bezweifelt.

Auch daß hierbei starke geschichtsphilosophische Überzeugungen eine Rolle spielen, erscheint mit Lübbe evident: die These nämlich, daß die gegenwärtigen ökologischen Probleme das Endresultat *auch* einer moralischen Verfallsgeschichte sind – nämlich der amoralisch-kapitalistischen. Und zweitens die These, daß die Lösung dieser Problematik in einer »Verbesserung der moralischen Binnenlage der Bevölkerung und einer Gesinnungsstimulierung auf den richtigen Weg« hin besteht.

Wie eben bemerkt, ist diese Tendenz der Moralisierung von Politik nicht neu. Der Versuch, den politischen Gegner auch moralisch zu diffamieren, ist vermutlich so alt wie die Politik selbst, und dort, wo es sich nicht um Diffamierung, sondern um das Zutagetreten tatsächlicher moralischer Bedenklichkeit handelt (wie im Falle des designierten amerikanischen Verteidigungsministers Tower 1989), da ist er auch berechtigt: Warum sollte man die Verteidigung eines Landes auch ausgerechnet einem Manne anvertrauen, der so offensichtlich sein Privatleben nicht in Ordnung halten kann?

Das Neue ist also nicht die Bezweiflung konkreter Moralität, sondern die hinter ihr stehende politische Theorie. Für die Außenpolitik hat sie vermutlich als erster Carl Schmitt in seiner berühmten Schrift »Die Wende zum diskriminierenden Kriegsbegriff« verortet. Vor dieser Wende galt die Konfliktträchtigkeit des Zusammenlebens verschiedener Völker als gegeben, und die Frage lautete: Wie können solche unvermeidlichen, externen Konflikte ausgetragen werden, so daß Sieger und Besiegte nach dem Krieg wieder miteinander als Menschen umgehen können? Nach der Wende folgt aus dem »diskriminierenden Kriegsbegriff«, daß der Feind nicht mehr ein Gegner, sondern ein geächteter Verbrecher, ja ein Untermensch ist, daß jedes seiner Ziele moralisch in sich verwerflich ist und daß er mit allen Mitteln bekämpft werden darf – bis hin zum totalen Krieg.

Allerdings enthält dieses Schmittsche Modell der Auffassung des Freund/Feind-Verhältnisses als der elementaren politischen Unterscheidung eine sehr bemerkliche Lücke. Zwar vermag es die Entwicklung des Kriegs-, auch Bürgerkriegs-Verständnisses im 20. Jahrhundert aufzuhellen, aber mit der Situation einer parlamentarischen Demokratie, die nicht – wie die spätweimarer Republik – ständig auf der Kippe zum Bürgerkrieg steht, hat es nicht viel zu tun.

Und dennoch möchte ich behaupten, daß die Moralisierung der Politik innenpolitisch eine analoge Struktur zum Schmittschen Modell aufweist: als Doppel-Tendenz einer »Wende zum diskriminierenden Oppositionsbegriff« und zugleich einer »Wende zum diskriminierenden Regierungsbegriff«. Die erste Wende manifestiert sich in einem Verfall der politischen Kultur, beispielsweise darin, nach einer gewonnenen Wahl überall von seiner Mehrheit Gebrauch zu machen, alle Ämter und Posten nach Parteibuch zu besetzen, und lieber aus einem fernen Bundesland eine fachfremde Staatssekretärin oder einen fachfremden Minister zu holen als einen parteilosen Fachmann (eine parteilose Fachfrau) aus dem Lande. Die politische Umbesetzung von Staatsanwälten und Richtern, Intendanten und Fachreferenten ist bereits zum Automatismus geworden.

Analog ist die »Wende zum diskriminierenden Regierungsbegriff« zu sehen. Was eine Regierung auch tut, gilt dem politischen Moralisierer schon deswegen als schlecht, weil es sich um Regierung handelt, um Machtausübung, und die gilt als schlecht. Selbst dort, wo Entscheidungen in die Richtung der eigenen Intentionen gehen, werden sie abgelehnt, weil sie »nicht weit genug gehen«. Eher wird eine Verschlechterung in Kauf genommen als die Möglichkeit, die (vernünftige) Entscheidung einer Regierung mitgetragen zu haben (und sich das dann von der Basis vorwerfen lassen zu müssen).

Hinter einer Wende zu Diskriminierungen stehen immer Überzeugungen. Diese Überzeugungen speisen sich aus einem moralischen Impetus, der sie bis zum Fanatismus ausufern lassen kann. Um ihnen vorzubeugen, plädieren Lübbe (wie übrigens auch Niklas Luhmann) für eine Entkoppelung von Politik und Moral, für die Entfernung von Gesinnungen, da sie die politische Urteilskraft beeinträchtigen. Diese Forderung erscheint zunächst als Pflock geeignet, um die Moralisierungstendenz nicht allzuweit wuchern zu lassen. Aber ist der Versuch der Rettung des Status quo ausreichend für die gegenwärtigen Herausforderungen der Innen- wie Außenpolitik?

Bei aller berechtigten Kritik an der Moralisierung der Politik scheint die Forderung nach der völligen Entkoppelung von Moral und Politik doch überzogen zu sein. Während Luhmann diese völlige Entkoppelung propagiert, will Lübbe sich doch an einer Art »moralischen common sense« orientieren, der deswegen Geltung beanspruchen darf, weil er sich alles in allem bewährt hat.

Luhmanns These ist letztlich machiavellistisch, wenn auch verbrämt durch seine bis zum Überdruß hochwissenschaftlichen Sozialdifferenzierungs- und Komplexitäts-Reduktionstheorien. Lübbe verkennt, daß es nicht bloß der ›moral common sense‹ ist, der in einem Staate gilt, weil er gilt, sondern daß hinter ihm die Überzeugung steht, daß er entweder dem von Gott Gebotenen entspricht (in stark religiös geprägten Gesellschaften) oder daß er im Prinzip als ethisch vernünftig begründet werden kann. »Im Prinzip«, das heißt nicht, daß alle demokratisch zugestimmt haben müssen, aber daß vernünftigerweise eine Zustimmung antizipiert werden kann. Das ethisch als vernünftig Eingesehene entspringt aber nicht der Quersummenermittlung des ›moral common sense‹, sondern umgekehrt ist dieser ein ihm mehr oder weniger angemessenes Folgeprodukt. Damit meine ich, daß bei der Kritik an Überzeugungen und Gesinnungen in ihrem Verhältnis zur Urteilskraft, zur politischen Klugheit übersehen wurde, daß es auch vernünftige Überzeugungen und Gesinnungen gibt. Gesinnungen den Mantel des Ideologischen oder gar Weltfremden umzuhängen, das lag seit Max Webers Unterscheidung von Gesinnungs- und Verantwortungsethik in der Luft. Aber diese Unterscheidung ist abstrakt. Es gibt gar keine Handlungen, auch keine politischen, die *nur* aus der Gesinnung heraus geschehen, denn sogenannte Handlungen zielen ja genau auf jene praktischen Folgen, die der Gesinnungsethiker verantworten zu können glaubt. Ebensowenig gibt es umgekehrt Handlungen, die mit der Gesinnung (Überzeugung) des Handelnden (Politikers) überhaupt nichts zu tun haben. Gerade seine Verantwortlichkeit für die Folgen bezieht er aus der Überzeugung, daß *diese* Folgen die im konkreten politischen Fall (relativ) besten sind.

Natürlich muß man Max Weber zugute halten, daß er Idealtypen unterscheiden wollte und dies für eine Begriffsklärung auch äußerst erhellend ist. Aber Politiker sind keine »Idealtypen«, sie sind Menschen, und deswegen scheint mir für die Beurteilung eines Politikers die Frage nach seinen (moralischen) Überzeugungen als nicht weniger wichtig als die nach seinen Fachkompetenzen. Und natürlich werden wir bei einer solchen Frage auch – von Zynikern abgesehen – hochmoralische Antworten erhalten. Freilich gilt als Prüfstein für die Vertrauenswürdigkeit solcher Antworten oder gar Versprechen noch immer das gelebte Leben, und Diskrepanzen zwischen Leben und Überzeugung demontieren mit Sicherheit zuerst die Ehrlichkeit der zweiten.

Bevor ich auf das moralische Ethos des Politikers selbst zu sprechen komme, möchte ich noch von einer Diagnose berichten, die nicht nur den politischen, sondern den gesamten gesellschaftlichen Bereich betrifft: die Diagnose des »Verlustes der Selbstverständlichkeit des Moralischen« (wie Joseph Cardinal Ratzinger es formuliert hat). Damit ist nicht gemeint, daß es nichts Moralisches mehr gibt, sondern – viel subtiler – daß das Moralische eine Leistung sein soll, die gelobt, ja belohnt sein will und soll. Das mag bei der Erziehung von Kindern ganz richtig sein. Bei erwachsenen Menschen wird es fatal. Es soll dann ein Verdienst sein, daß man vor einem Untersuchungsausschuß die Wahrheit gesagt hat, daß man sein Einkommen rechtmäßig versteuert hat, daß man sich um die Erziehung seiner Kinder kümmert oder, politisch, im Wahlkampf nicht eine Lüge nach der anderen propagiert. Empört wies ein ehemaliger Parteivorsitzender darauf hin, daß er erhaltene Gutachterhonorare ordnungsgemäß versteuert habe – obwohl die nicht nur moralische, sondern auch strafrechtlich relevante Frage die war, ob er die Leistungen überhaupt erbracht habe, die zu den Honoraren führten.

Doch zurück zum Thema dieses Buches: Müssen Politiker die Wahrheit sagen? Aus moralischen wie rechtlichen Gründen und soweit es Politiker als Menschen betrifft, kann die Antwort nur ein klares »Ja!« sein. Wenn eine mittlerweile bundesdeutsche Partei ihr Vermögen verschleiert und verschiebt, um »drohenden Enteignungen« zuvorzukommen, so ist das nicht nur unmoralisch, sondern kriminell. Es gibt aber auch ganz andere Fälle, in welchen der Politiker zunächst Politiker und dann Mensch ist, und in diesen Fällen ist die Antwort nicht so leicht gegeben.

Die einzige Analogie zu einem Berufsstand, die mir – seitdem »Politiker« ein Beruf geworden ist – einleuchtend erscheint, ist die zum Beruf des Arztes. Der Arzt als Mensch ist natürlich immer angehalten, die Wahrheit zu sagen, aber im Arzt-Patient-Verhältnis gilt dies nicht. Da kann eine »Wahrheit« für einen Patienten, der sie nicht erträgt, tödlich sein. Sie dennoch zu sagen widerspricht dem ärztlichen Ethos um so mehr, als der erfahrene Arzt weiß, daß solche »Wahrheiten« häufig nur statistische Wahrscheinlichkeiten sind, daß der, dem man »noch ein paar Wochen gibt«, noch jahrelang ohne große Beschwerden leben kann (dem 25jährigen, lungenkranken Karl Jaspers prophezeite man noch zwei bis drei Jahre Lebenszeit – er starb als weltberühmter Philosoph mit 86 Jahren). Der Arzt muß wissen, ob seine »Wahrheit« nützt oder schadet – es ist kein Zufall, daß unter den klassischen, obersten Maximen des ärztlichen Ethos zwar ein »primum non nocere« (vor allem nicht schaden) und ein »primum utile esse« (vor allem nützlich sein) stehen, nicht aber ein »semper veritas« (immer die Wahrheit).

Die Frage ist, wie weit die Analogie zum Politiker reicht. Darf er vor den Wahlen mit Zahlen operieren, die seiner Wiederwahl günstig sind? Darf er – wie der ehemalige rumänische Staatschef Ceauçescu – befehlen, daß die Minimaltemperatur des Landes bei −17 °C zu liegen habe? Darf er im Kriegsfalle die Stärkeverhältnisse zwischen eigenem Land und Gegner so verfälschen, daß seine Landsleute an einen Sieg glauben? Ist Wahrheit der Taktik untergeordnet, dem Nutzen oder Schaden für sein Volk, seine Stadt, seine Kommune, seine Wiederwahl?

Jeder, der hier eine einfache Patentantwort gäbe, wäre entweder lügnerisch oder dumm. Ich würde deswegen lieber bei der Analogie des Arztes bleiben, diese aber nicht an seinem moralisch unter Umständen gerechtfertigten Verschweigen oder Verdrehen der Wahrheit aufzäumen, sondern an dem Ethos, das ihn als vertrauenswürdigen Arzt auszeichnet. Dazu gehört natürlich, daß er seinen Beruf, seine »Kunst« beherrscht; dazu gehört, daß er sich fortbildet im Fachlichen, ohne über der Wissenschaft seine Patienten zu vergessen. Dazu gehört ebenso notwendig eine Ausbildung im Ethischen, durch Vorbilder wie durch Kurse, durch Kasuistik und Diskussionen mit anderen. Wer nach »bestem Wissen und Gewissen« handeln will, muß auch bereit sein, das Gewissen auszubilden und zu schärfen und dies, als Vorbild, erzieherisch weiterzugeben. Und schließlich ist die Bereitschaft erforderlich, die Verantwortung für Leben und Tod seines Patienten auf sich zu nehmen, nicht nur diesem gegenüber, seinen Angehörigen, seiner Krankenkasse oder sonstwem, sondern vor Gott.

Wenn ich dies so ausführlich kennzeichne, so darum, weil sich die Parallelen zum Politiker von selbst ergeben, allerdings erst, wie gesagt, seitdem es so etwas wie den Berufsstand des Politikers gibt. Man mag dies bedauern (wie ich) oder nicht, es ist nun einmal so, daß Quereinsteiger eine immer kleinere Minderheit in Kabinetten und Parlamenten sind, und Beamte und Lehrer (welcher Fachrichtungen immer) die Mehrheit bilden. Bei ihnen auf die Ausbildung eines dem Arzte analogen Ethos zu achten, für welches das Moralische eine Selbstverständlichkeit ist, und zwar in der Zeit zwischen Berufsabschluß und Verantwortungsübernahme, scheint mir ein ausgesprochenes Desiderat zu sein. Und im übrigen halte ich es auch für eine vernünftige Praxis, wie in den USA Abgeordnete, Senatoren, Berater und Minister sehr genau auf ihre Vergangenheit auch im moralischen Sinne abzuklopfen. Daß schwarze Schafe dennoch bisweilen durchkommen, das bestätigt die Regel. Aber bevor jemandem Verantwortung übertragen wird, muß er sich fragen lassen, ob er einer ist, der glaubwürdig machen kann, daß er sie erfolgreich zu tragen bereit ist.

Die Glaubwürdigkeit eines solchen Politikers würde auch dann nicht leiden, wenn er im Interesse der ihm Anvertrauten einmal nicht die Wahrheit gesagt hat. Er muß auch dies verantworten können, und wiederum nicht nur vor allen möglichen Menschen, sondern auch vor Gott. Ohne die Dimension des Glaubens wird Politik zur Technik, und zwar nicht zuletzt zur Technik der eigenen Machterhaltung.

Mit einer solchen These freilich, schien mir zumindest bis vor kurzem, stehe ich auf ebenso unzeitgemäßem wie verlorenem Posten. Dann erzählte mir bei einem Ärztekongreß ein Philosoph, der ausdrücklich betonte, nicht an Gott zu glauben, daß er im Falle einer schweren Erkrankung natürlich nur in ein Krankenhaus gehen würde, in welchem der Chefchirurg praktizierender Christ und die Krankenschwestern möglichst katholische Diakonissinnen sind.

Die Analogie zur Politik möchte ich Sie gerne selber ziehen lassen.

Alfred Grosser
Berechnete Gefühlswellen

Natürlich sollte man aufrichtig, wahrheitstreu sein. Vor einigen Jahren, 1982, gab es eine Enquetekommission des Parlaments über Jugendfragen, und die beiden Vorsitzenden, Matthias Wissmann, ein CDU-Mann, und Rudolf Haug von der SPD schrieben folgendes:

»Glaubwürdigkeit und Vertrauen sind nicht zuletzt eine Frage des Stils und der Methoden von Politik. Die Glaubwürdigkeit von Politikern und Parteien ist für die protestierenden Jugendlichen von besonderer Bedeutung, da sie ein im Kern moralisches, idealistisches Politikverständnis besitzen.« Das läßt sich auch anders ausdrücken. Zum Beispiel vor einigen Jahren erschien ein Buch von Müller-Thurau, mit dem witzigen Titel: »Laß' uns mal 'ne Schnecke angraben.« Und da hieß es als Jugendausdruck, als Wort aus der Jugendszene:

»Unordnung, wo nichts am rechten Platze ist; Ordnung, wo am rechten Platze nichts ist.«

Dieses Nichts drückt das Mißtrauen aus gegen die Unehrlichkeit in der Politik. Als ich 1975 meine Friedenspreisrede in Frankfurt hielt, habe ich darauf hingewiesen, daß nicht nur die Freiheit, nicht nur Gerechtigkeit Hauptwerte seien, sondern daß die Wahrheit dazugehöre. Allerdings, fügte ich vorsichtig hinzu: »Es gibt keine absolute Wahrheit. Es gibt nur Dinge, die wahrer sind als andere und man kann versuchen, sich der Wahrheit zu nähern.«

Wie ist das nun mit den Männern in der Politik und den Frauen in der Politik?

Es trifft sich, daß jeder, der es mit der Öffentlichkeit zu tun hat, zuerst einmal zugleich ehrlich und unehrlich ist. Man feierte kürzlich in Frankreich General de Gaulle. Er ist vor 100 Jahren geboren worden. Er war ein großer Staatsmann, also ein großer Schauspieler. Wie drückt sich das aus?

Er erzählt in seinen Erinnerungen, wie er in eine Menge eintaucht und sagt: »Ich gab mich einer berechneten Gefühlswelle hin.«

Das ist der gute Staatsmann, der gute Schauspieler, und ich möchte auch sagen, der gute Professor. Er hat Emotionen, hält sich aber auf Distanz. Diese Emotionen helfen ihm, wirkungsvoller zu sein. Er kontrolliert sie. Ist die Kontrolle dieser Emotionen schon eine Unehrlichkeit?

Teilweise natürlich. Aber wenn sich jeder die Frage nach der persönlichen Ehrlichkeit stellt, so wird er auch bald Probleme bekommen. Wissen Sie, aus welchem Grunde Sie dieses oder jenes sagen oder machen? Sie finden gute Gründe, Sie finden positive Gründe, Sie finden negative Gründe. Und wenn Sie sich selbst befragen, mit quälender oder nicht quälender Selbstkritik, wissen Sie oft gar nicht, an welchem Punkt Sie in ihrer Aufrichtigkeit oder Unaufrichtigkeit angelangt sind.

Das läßt sich auch anders ausdrücken: Sie sind ständig in einer zweifachen, dreifachen, vierfachen Rolle. Zum Beispiel: Sie sind Fußgänger und eine Stunde später Autofahrer. Als Fußgänger sind Sie mit derselben Überzeugung gegen die Autofahrer wie als Autofahrer gegen die Fußgänger. Sie haben nur die Rolle verändert.

Dieser ständige Rollenwechsel läßt sich auch auf die Politik übertragen. Ende der vierziger Jahre hatten wir einen ganz harten Verteidigungsminister, Jules Moch. Dann war er nicht mehr Verteidigungsminister und wurde zum Vertreter Frankreichs im UNO-Ausschuß für Abrüstung. Er war jetzt genauso ehrlich überzeugt gegen die Aufrüstung wie er vorher überzeugt dafür war und umgekehrt. Wie man denkt, hängt nicht selten von der Rolle ab, die man spielt. Überzeugungen richten sich oft nach der Funktion, die man innehat, ohne daß man deshalb unehrlich wäre.

Das gilt natürlich oft auch für die Erinnerungen. Ist man schon unaufrichtig, wenn man sich falsche Erinnerungen aufbaut? Ein kleines persönliches Beispiel: Neulich fragten mich Studenten im Seminar, was ich in meinem Leben alles gewählt hätte. Und ich sagte: »Seit 1945, seit der ersten Nachkriegswahl in Frankreich, habe ich immer treu für die Sozialdemokraten gestimmt, manchmal widerwillig, aber ich hab's getan.« Und da hat mich ein Student lächelnd angesehen und hat gesagt: »Das stimmt einfach nicht, was Sie uns da sagen.« Und ich hab gesagt: »Wieso stimmt das nicht?« »Sie können 1945 nicht gewählt haben.« Ich hab' gesagt: »Natürlich hab' ich damals gewählt.« »Nein, denn damals waren Sie noch nicht wahlberechtigt. Ich kenne Ihr Geburtsdatum, Sie waren damals erst 20 Jahre alt, also durften Sie noch nicht wählen.« Er hatte völlig recht. Meine Erinnerung hatte mich getäuscht, und ich hatte dennoch nicht gelogen, ich war nicht unwahrhaftig, ich hatte nur voller Überzeugung angenommen, bereits im Oktober 1945 gewählt zu haben.

Gilt das auch oder gilt das nicht für alle Mitläufer nach dem Regimewechsel 1945, für die ehemaligen Anhänger der NSDAP? Wollten sie nur vergessen, was sie getan hatten? ›NSDAP‹ heißt ja »Nationalsozialistische Deutsche Arbeiterpartei«. 1946-47 hörte ich, im Deutschen bedeute er auch: ›Na, suchst Du auch Pöstchen?« – Das heißt im Klartext: Hast Du nicht vielleicht vergessen, was Du alles gedacht hast? Nun geht es darum, einen neuen Posten zu finden. In der ehemaligen DDR ist das heute wieder ein ganz aktuelles Problem. Viele sind jetzt überzeugte Demokraten und machen sich im Rückblick zu aufrechten Antiregimekämpfern, die in Wahrheit voller Überzeugung mitgelaufen sind. Seien wir also vorsichtig mit der Aufrichtigkeit der Politiker, denn es geht dann sofort auch um das Problem der Aufrichtigkeit von jedem.

Zwei Beispiele aus der konkreten Politik: Willy Brandt und die deutsche Einheit. Die Ostpolitik von Willy Brandt ging weitgehend davon aus, daß man die Existenz von zwei deutschen Staaten akzeptierte. Dazu hatte sich übrigens auch die CDU bekehrt, wie sich die SPD zuvor zu Adenauers

Europapolitik bekannt hatte. Später sagte Willy Brandt im Rückblick: »Es war ein wichtiger Schritt zur Einheit.« So dachte vielleicht damals schon Egon Bahr. Doch das war nicht das Hauptziel der Ostpolitik. Niemand konnte damals voraussehen, daß die Sowjetunion später Dinge zugestehen könnte, wie sie sie unter Gorbatschow zugestanden hat. Es war vielmehr undenkbar, daß die DDR aufgegeben, verwestlicht würde. Im Rückblick aber glaubte Willy Brandt, von Anfang an die weitere Entwicklung vorausgesehen zu haben.

Und nehmen wir nun die CDU-Seite. Die älteren CDU-Politiker glauben wahrscheinlich heute, daß Adenauer aufrichtig gewesen ist, als er sagte, ›die europäische, west-europäische Vereinigung sei ein Schritt zur deutschen Einheit‹. Damals war dieser Standpunkt völlig widersinnig, weil er völlig unwahrhaftig war. Es ging vielmehr darum, die Bundesdeutschen dazu zu bewegen, europäisch zu werden – weitgehend auf Kosten der Wiedervereinigung. Daß 40 Jahre später beides zusammengehen könnte, das konnte niemand vorausahnen.

Natürlich gibt es auch echte Lügen. Richard Nixon zum Beispiel hat das Parlament belogen. Übrigens: dafür mußte er gehen, weil er vor einem parlamentarischen Ausschuß Unwahres gesagt hatte. Er hätte natürlich auch sagen können, er hätte einen »Blackout« gehabt, er hätte völlig vergessen, was er getan und gedacht hätte, so wie es der jetzige Kanzler vor einem anderen Untersuchungsausschuß getan hat. Nixon hatte gelogen, ist ertappt worden bei der Lüge und mußte gehen.

Ich nehme noch das Beispiel von Franz-Joseph Strauß, der gehen mußte, weil er Demokrat war. Er hat gelogen, er hat furchtbar gelogen in der Spiegel-Affäre. Er mußte sich aber dem Bundestag stellen und auf die ganz harten Fragen von Fritz Erler, dem damaligen SPD-Wortführer nach und nach zugeben, daß er gelogen hatte. Also war er zuerst Lügner, dann aber doch der Demokrat, der sich stellt. In Regimen, wo man sich nicht stellt, kann man natürlich leicht lügen.

Dazu kommt auch noch, daß manche, die gelogen haben, ich möchte beinahe sagen, nur gelogen haben und andere viel Schlimmeres getan haben, ohne lügen zu müssen. Nehmen wir den Fall von Kurt Waldheim, der frühere Präsident der Bundesrepublik Österreich. Er hat meiner Ansicht nach als junger Mann im Faschismus mitgemacht, zwar wenig persönlich Verbrechen begangen, aber als Präsident gelogen. Das finde ich sehr schlimm und ich meine persönlich, er hätte gehen müssen.

Jurij Andropov z. B. hat als Nummer 1 der Sowjetunion gar nicht zu lügen brauchen, nicht mal der westlichen Presse gegenüber. Dabei ist er jahrelang Chef des KGB gewesen, und obwohl er viele Verbrechen verordnet und begangen hat, indem er die Arbeitslager unter seiner Aufsicht hatte, indem er Abertausende von Menschen in psychiatrischen Kliniken und woanders hat foltern lassen – es hat ihm einfach niemand die Frage nach seiner Verantwortung gestellt. Er hat gar nicht zu lügen brauchen.

Und diese Frage nach der Ehrlichkeit der Vergangenheit gegenüber ist heute in Ost-Europa die wesentliche. Sie ist außerordentlich schwierig zu beantworten. Die Verbrechen werden erst nach und nach aufgedeckt, das heißt nicht, daß andere Verbrechen dadurch gerechtfertigt würden. Dabei gehört außerordentlich viel politischer Mut dazu, so zu sprechen wie Văclav Havel, der vor und während seiner Präsidentschaft in Prag gesagt hat: «Die Vertreibung der Sudetendeutschen war ein Verbrechen. Nicht so schlimm wie die Verbrechen, die vorher gegen die Tschechen ausgeübt wurden. Aber: Verbrechen bleibt Verbrechen. Und das Übel wird verbreitet und nicht verringert, wenn mit einem anderen Übel geantwortet wird.« Das ist ein Bekenntnis zur Wahrheit. So wie Willy Brandts Kniefall vor dem Ghetto in Warschau.

Aber bevor sich zeigt, wie diese moralischen Aktionen verwendet, verarbeitet und genutzt werden können, muß noch etwas anderes, nämlich die List, zur Sprache kommen. Die

List, das ist etwas, von dem man zuerst einmal nicht sagen kann, wie sie verwendet wird. Denn oft ist nicht zu entdekken, daß List vorhanden war, und dann ist es zu spät, sie als List zu bekämpfen.

Ich möchte zuerst das Beispiel unseres jetzigen Präsidenten der Republik Frankreich, nämlich François Mitterrand, nehmen. Es erscheinen Unmengen von Büchern über ihn. Seit 1981 ist er jetzt Präsident, bleibt es voraussichtlich bis 1995. Da es bei uns keine zeitliche Begrenzung der Präsidentschaft gibt, wird er vielleicht noch 2002 oder 2009 im Amt sein. Was hat Mitterrand in der vergangenen Zeit getan, um an die Macht zu kommen und um die Macht dann zu bewahren? Die Antwort ist im Hinblick auf Ehrlichkeit und Aufrichtigkeit gar nicht einfach zu geben.

Als er 1946 in der Politik begann, stand er politisch relativ rechts, wandte sich jedenfalls scharf antisozialistisch gegen jede Verstaatlichung – was damals in Frankreich sehr mutig war, weil mit de Gaulle vieles verstaatlicht wurde. Nach und nach glitt er dann zur Mitte. Bis wohin? Er hat später, in den siebziger Jahren, die sozialistische Partei erobert, ist deren Chef geworden, mit Schlagwörtern, die man als neomarxistisch bezeichnen könnte, und mit einer Verteidigungspolitik, die u. a. die Verschrottung bzw. Nichterweiterung der französischen Atomwaffen verlangte. Er hat dann zusammen mit der kommunistischen Partei die Macht bekommen, hatte aber vorher den Mitgliedern der sozialdemokratischen Internationale, wie Olof Palme, Willy Brandt, Bruno Kreisky, versichert: »Ich tue das alles nur, um der kommunistischen Partei ihre Wählerschaft wegzunehmen.« Und das ist ihm gelungen, unter anderem dadurch, daß er vier kommunistische Minister in der ersten Regierung seines Regnum 1981 mit hereinbrachte, so daß der kommunistische Wähler getrost wirtschaftlich-sozial für diese Regierung stimmen konnte. Er sagte aber auch ungefähr: »Ich, der Sozialist, ich habe Walesa gerne, die kommunistische Partei liebt dagegen Jaruselzki. Du, französischer kommunistischer Arbeiter, liebst Walesa und nicht Jaruselzki, also kannst du deine Stimme den Sozialisten geben und nicht mehr den Kommunisten.« Diese Rechnung ist aufgegangen. Inwiefern war dies eine List? Inwiefern war Mitterand ehrlich überzeugt davon, daß man sozialistische, neomarxistische Wirtschaftspolitik betreiben müsse? Dabei geht es um ganz konkrete Tatsachen: Die französische Wirtschaftspolitik von 1981 bis 1983, die verheerende Resultate erbrachte, hat man 1983 dann umschalten müssen. Und alle Bücher, die jetzt über Mitterrand erscheinen, sagen, daß er von dieser wirtschaftspolitischen Neuorientierung überzeugt, daß es kein Spiel war und auch keine List. Ich bin völlig unfähig zu sagen, wann Mitterrand am aufrichtigsten gewesen ist, was er eigentlich für wirtschaftspolitische Überzeugungen hatte, und inwiefern er taktische Spielchen betrieben hat und noch betreibt. Wahrscheinlich ist er völlig aufrichtig im Hinblick auf Europa, auf die europäische Einigkeit. Da allerdings kann man bei einem französischen Politiker seit 40 Jahren nie genau sagen, ob der Sinn der europäischen Einheit nicht vielleicht nur darin besteht, ein zu starkes Deutschland in Banden zu halten.

List – sogar die ehrlichsten Politiker sind nicht frei davon. Um nur ein Beispiel zu geben: Wer galt als aufrichtiger? Wer war volksnäher im demokratischen Sinn als Franklin Roosevelt? Er hat sogenannte Kaminfeuergespräche mit den amerikanischen Wählern geführt, ganz nüchtern, ganz regelmäßig – nach dem Motto: Ich erkläre meine Politik. Und wahrscheinlich war er dabei sogar aufrichtig. Und doch hat niemand mehr List angewandt, ist unaufrichtiger gewesen als Roosevelt, um Amerika gegen den Wunsch, gegen den Willen seiner Bürger in den Krieg einzubinden – weil dieser Krieg notwendig war, damit überall in der Welt Demokratie und nicht der Faschismus siege. Er ist seinem Vok gegenüber unaufrichtig gewesen, um einen gemeinsamen Kampf mit Großbritannien gegen Hitler führen zu können.

Ja – was soll man nun sagen? Hat er unrecht gehabt, als er

die öffentliche Meinung zu überlisten versuchte? Hat er recht gehabt?

Ein anderes Beispiel auf einer anderen Ebene: Konrad Adenauer und die deutsche Wiederbewaffnung. Er hat Dinge gesagt, die einfach nicht stimmten. Als er im Frühling, im Sommer 1950 ganz überrascht tat: Nun stellt sich wegen des Korea-Kriegs das Problem der deutschen Wiederbewaffnung, da hatte er schon seit beinahe einem Jahr den Amerikanern angeboten, die Bundesrepublik wiederzubewaffnen. Das war zugleich eine List und eine Lüge. In der Bundesrepublik gab es die Bereitschaft noch nicht, sich wieder bewaffnen zu lassen. Darf ich vielleicht heute noch daran erinnern, daß zur Zeit jener Wiederbewaffnungsdebatte Segelflug und Florettfechten in der Bundesrepublik noch als militaristisch verboten waren. Man hatte ja gesiegt – die Engländer, die Amerikaner, die Russen, die Franzosen, gegen den Nationalsozialismus und den Militarismus. Wie konnte man nur die Deutschen dazu bringen, an der westlichen Verteidigung gegen die neue, ganz reale Bedrohung aus dem Osten teilzunehmen? Es ging mit List und es ging mit Lüge. Heute haben sich alle, allen voran die SPD, im Rückblick dazu bekehrt. War das nun eine List, die man im Rückblick rügen soll? Eine Lüge, die man im Rückblick strafen soll? Ich habe keine klare Antwort. Vor allen Dingen auch deshalb nicht, weil ich den Politikern nicht zutrauen kann, so zu handeln und so zu sprechen, wie ich es tue, denn ich bin kein Politiker. Und das sage ich im rein positiven Sinn für die, die in der Politik Verantwortung tragen – ich trage keine Verantwortung. Und in diesem Sinne ist der Professor, der Intellektuelle, in einer Lage, in der er viel wahrheitsnäher sein könnte – was er nicht notwendigerweise ist.

Das gilt insbesondere für die Presse.

Ich nehme ein Beispiel aus der letzten Zeit: Der Spiegel berichtete über die Haltung der Franzosen zur deutschen Wiedervereinigung. Ein großer Artikel handelt davon, in dem nichts ganz falsch ist. Und dennoch bleibt der ganze

Artikel eine große Lüge. Denn man greift sich nur die negativen Aspekte heraus, weil ja das Negative viel interessanter ist für das Publikum als das Positive. Zum Beispiel sagen alle demoskopischen Untersuchungen in Frankreich, daß rund $^2/_3$ der Franzosen für die Wiedervereinigung sind, also keine Angst vor einem erstarkten Deutschland haben. Um das nicht zugeben zu müssen, nennt man in dem Artikel keine demoskopische Zahl. Eine große Wochenzeitung befürwortet die Wiedervereinigung, eine kleinere Wochenzeitung lehnt sie dagegen ab – man zitiert nur die kleinere. Unsere große Tageszeitung »Le Monde« veröffentlicht Artikel für und wider – man zitiert nur die ablehnenden. Das sind eben Methoden, die ständig in vielen Zeitungen genutzt werden, zum Beispiel in der BILD-Zeitung, wo es noch viel absichtlicher, viel systematischer geschieht. Und wenn dann Zeitungen, die es mit der Wahrheit nicht so genau halten, Politiker angreifen, so stelle ich mich schützend vor die Politiker. Nicht zuletzt deshalb, weil es darum geht: was kann ich meinem Leser zumuten? Welcher Chefredakteur, welcher Intendant hat sich diese Frage noch nicht gestellt? Aber das ist doch gerade das, was sich die Verantwortlichen in der Politik jeden Tag fragen. Was kann ich meinen Wählern zumuten, ohne daß sie mich verlassen? Das ist genau derselbe Satz wie: »Was kann ich meinen Lesern, meinen Hörern oder Fernsehzuschauern zumuten?« Und hierfür habe ich Verständnis. Mein Beruf ist eben ein anderer. Ich versuche, jedem Publikum das Gegenteil von dem zu sagen, was es denkt und erwartet.

Ich möchte Ihnen ein persönliches Beispiel geben, vom 1. September 1989:

Es ging um die Jahre nach Kriegsbeginn, 50 Jahre nach Kriegsbeginn. Zwei Tage hintereinander habe ich gesprochen, einmal in einer großen katholischen Kirche auf Einladung des Erzbischofs in Köln und habe dabei mit allen Sünden der katholischen Kirche vor und während Hitler abgerechnet. Und am nächsten Tag sprach ich in der Westfalenhalle in Dortmund zu einer DGB-Versammlung zum selben Thema. Und ich rechnete ab mit dem Versagen der Gewerkschaften im Jahr 1933 und ihrer Kapitulation im April 1933 vor Hitler. Das kann ich mir leisten, weil ich keine Verantwortung trage, weil ich weder ein Kirchenfürst noch ein Gewerkschaftsführer bin. Die Frage ist: Bis wohin kann der Gewerkschaftsführer gehen, bis wohin kann der Bischof gehen? Dabei ist man gerade als Bischof oder Gewerkschaftsführer in besonderer Weise zur Wahrhaftigkeit verpflichtet. In bezug auf die katholische Kirche und ihr Verhältnis zu Auschwitz ist mir z. B. der Kardinal und Erzbischof von Lyon, Albert Decourtray, lieber als fast alle deutschen Kardinäle und Bischöfe, die immer noch beschwichtigend sagen: »Es hat Deutsche gegeben, welche«, und nicht hinzufügen »Es hat Kardinäle und Erzbischöfe gegeben, welche«, das heißt, die schweigsam geblieben sind, nicht protestiert haben, und heute noch nicht einsehen wollen, was damals alles versäumt worden ist. Unser Kardinalerzbischof von Lyon dagegen, der als großer Kämpfer gegen den antiarabischen Rassismus bekannt ist, hat im Fernsehen auf die Frage geantwortet, ob für ihn der Antisemitismus etwas Besonderes sei: »Als Christ natürlich! Erstens, weil ich als Christ geistig von Abraham abstamme. Zweitens, weil ich als Christ glaube, daß Gott sich zum Juden gemacht hat, um Mensch zu werden. Drittens, weil die Vernichtungslager auf christlicher Erde waren, und viertens, weil fast alle Henker christlich getauft worden waren. Und jedesmal, wenn in einem Katechismus noch zu lesen steht: ›Die Juden haben Jesus getötet und nicht Jesus war ein Jude, Maria war eine Jüdin‹, so gibt es eine dauernde Unwahrhaftigkeit, eine dauernde Lüge in der katholischen Kirche.«

Zurück zur Politik:

Da gibt es glücklicherweise auch Menschen, die versuchen, trotz aller Schwierigkeiten die Wahrheit zu sagen. Allerdings sind es im allgemeinen nicht die großen Führer der Parteien. Die glauben nämlich, sie trügen zuviel Verantwortung, um so sprechen zu können. Es sind in der Bundesrepublik vor allem die Bundespräsidenten, Richard von Weizsäcker, aber auch Theodor Heuss und Walter Scheel, die sehr tiefgründige Wahrheiten gesagt haben, obwohl sie manchmal auch lachten, was man ja in Deutschland eigentlich nicht darf, wenn man Präsident ist. Da fällt mir auch noch ein schöner Text von Carlo Schmidt ein, dem früheren SPD-Führer, der 1956 folgendes sagte: »Man müßte mit Polen über die Grenze verhandeln.« Er erzählte später folgendes: »Einer unserer deutschen Kollegen sagte mir: ›Sie haben mit dem, was Sie sagen, völlig recht, aber Sie sollten es nicht öffentlich sagen.‹« »Ich bin der Meinung«, sagte Carlo Schmidt, »daß man diese Dinge öffentlich sagen muß. Ich bin der Meinung, daß es zu den vornehmsten Pflichten politischer Menschen gehört, Tabus zu durchbrechen. Und hier ist ein Tabu ein böses Tabu. Es muß durchbrochen werden, sonst wird es eines Tages über uns herrschen und uns alle verhexen.« Soweit Carlo Schmidt im Jahr 1956 zur Oder-Neiße-Linie.

Noch ein anderes Beispiel. Eben kam ein SPD-Mann zu Wort, deswegen möchte ich nun eine CDU-Frau hervorheben. Es ist Hannah Renata Laurien aus Berlin, die ständig betont, daß die Bürger der Bundesrepublik Opfer bringen sollen, Opfer bringen müssen, zur Gesundung der ehemaligen DDR. Frau Laurien sagt immer wieder: »Die Einheit wird uns etwas kosten, sie wird jeden von uns etwas kosten. Opfer sind doch das mindeste, was man verlangen kann, wenn man an eine Solidarität mit Mitmenschen glaubt, vor allem wenn diese Mitmenschen Menschen derselben Nation sind.«

Ich glaube schließlich auch, daß man von den Politikern verlangen kann, etwas mutiger zu sein. In Anerkennung der wirklichen Lage sollte man sich nicht von der öffentlichen Meinung steuern lassen, sondern versuchen, die öffentliche Meinung zu bekehren. Die Demoskopie ist für mich im Hinblick auf die Aufrichtigkeit von Politikern das Verheerendste, was es gibt. Denn ein normaler Politiker sagt nicht mehr, was er denkt, sondern was er glaubt, das er sagen sollte, wenn stimmt, was in den demoskopischen Untersuchungen gesagt ist.

Da hat sich z.B. General de Gaulle anders verhalten. Bevor er beschloß, Frankreich soll aus der militärischen Struktur der NATO ausscheren, sagten alle demoskopischen Untersuchungen, Frankreich solle bleiben. Er beschloß dennoch den Austritt. Er war dazu legitimiert, er hatte die demokratische Macht. Und siehe da, bei der nächsten Befragung fanden alle diese Entscheidung richtig.

Ich selbst habe zweimal in meinem Leben erlebt, daß die, wie ein französischer Politiker einmal sagte, schönen Seelen, zu denen ich mich zählte, gegen die Politiker recht behalten haben. Zweimal hätte ich mich darüber freuen können, aber ein bißchen zu spät. Einmal bezogen auf den Indo-China-Krieg und den Algerien-Krieg. Ich gehörte zu jenen »schönen Seelen«, die diese Kriege widersinnig fanden, die der Überzeugung waren, die Entkolonialisierung müsse vorangehen. Wir wurden angeklagt, verulkt. Wir waren ja nur Intellektuelle.

Und dann in bezug auf Deutschland. Nach 1945 dachten die französischen Regierungen zuerst einmal, dieses Deutschland sei doch Preußen, Preußen sei besiegt, der Nationalsozialismus sei auch besiegt, Deutschland müsse zerstückelt, Deutschland muß kleingehalten werden. Und einige von uns sagten – alle waren wir Opfer des Naziregimes gewesen –, im Gegenteil: Deutschland muß darauf vorbereitet werden, Mitverantwortung für eine gemeinsame demokratische Zukunft zu übernehmen. Viele Politiker haben damals erklärt, selbst wenn wir das auch so sehen würden, könnten wir das doch nicht unserem Volk unterbreiten. Das hat dann Robert Schumann 1950 getan und siehe da, die Mehrheit der Franzosen war bereit, mit den Deutschen zusammenzuarbeiten, um ein geeintes Europa zu bauen. Die Ehrlichkeit hatte sich ausgezahlt.

Soll das heißen, daß wir jedesmal lamentieren sollen, wenn wir überlistet werden? Die Antwort lautet: nein. Wir sollten vielmehr zugleich nachsichtig und anspruchsvoll sein. Nachsichtig, weil die Politiker manchmal so handeln müssen, wie sie tun. Anspruchsvoll, weil wir von unserer eigenen Aufrichtigkeit, sofern sie vorhanden ist, ausgehen müssen, um ihnen zu zeigen, daß es Menschen gibt, die bereit sind, die Wahrheit zu hören und strikt nach der Wahrheit zu handeln.

Manfred Schneider
Recycling der Wahrheit

Das Dilemma ist so alt wie die Sprache: Man kann den Worten der Menschen nicht trauen. Aber so unausrottbar wie die Lüge ist auch das Verlangen nach Wahrheit. Trotz unzähliger Versuche, Kontrollmöglichkeiten für die Verläßlichkeit von Aussagen, Erklärungen oder Schwüren zu entwickeln, stehen das Publikum und die Richter immer noch dort, wo die Geschichte des Betrugs auch begann: vor dem Fiasko. Man müßte schon die Schöpfung verklagen. Dies wagte sogar einmal ein kleiner Gott aus dem dritten oder vierten Glied der Unsterblichen im Mythos der Antike: Momos soll nach dem Zeugnis Lukians einen der höchsten Götter, Hephaistos, den Designer des *homo sapiens,* dafür getadelt haben, daß er den Menschen kein Glasfenster in die Brust gesetzt hat: So hätte man ihnen ins Herz blicken können, um ihre Wünsche und Gedanken zu beobachten und die Wahrheit ihrer Worte zu überprüfen.[1] Der Tadel blieb in der Evolution ohne erkennbare Wirkung. Bis endlich ein kühner Schriftsteller auf den Gedanken einer Kompensation für die Unsichtbarkeit der Gedanken verfiel. Einige hundert Jahre, nachdem die Kritik des Momos zu Protokoll genommen worden war, setzte sich ein Autor vor sein Publikum und versprach, so aufrichtig über sein Leben und über seine Fehler zu schreiben, daß jeder Leser werde in seinem Herzen lesen können. Das war der Literatur- und Gesellschaftsreformer Jean-Jacques Rousseau, der die Sprache und die Menschen wieder an ihren Ursprung zurückführen wollte, um Heuchelei und Lüge aus der Welt zu vertreiben.[2] Doch der Gedanke an eine technische Lösung durch Götter oder Ingenieure wollte sich nicht so schnell verflüchtigen. Noch in Ludwig Tiecks Roman *William Lovell* (1795/96) klagte der Titelheld darüber, daß es keine Teleskope gäbe, um »in das tiefe Firmament unserer Seele zu schauen«.[3] Ein Jahrhundert später erfand der italienische Jurist und Schriftsteller Paolo Mantegazza in seinem futuristischen Roman *Das Jahr 3000* dieses Teleskop, das es erlaubte, in die Herzen der Menschen zu blicken.[4]

Die physikalische Teleskopie ist seitdem entschieden fortgeschritten. Wir werden demnächst Millionen Lichtjahre weit in den Weltraum und in die Vergangenheit sehen können; Elektronenmikroskope lassen das Auge tief in Mikrostrukturen des Belebten und Unbelebten gleiten. Fernsehen und Teleobjektive gestatten es dem Beobachter, die Schweißperlen auf der Stirn eines Politikers beim Interview zu zählen. Doch der Blick in die Tiefe des Herzens, oder modern gesprochen: Der Blick in die Hirnregion, wo der Unterschied von Wahrheit und Lüge vielleicht an kleinen Spannungsdifferenzen zu messen wäre, bleibt noch versperrt. Dabei haben Richter, Ingenieure, Chemiker und Physiologen nichts unversucht gelassen. Man hat Daumenschrauben angelegt, Lügendetektoren unter Strom gesetzt, Wahrheitsdrogen verabreicht und hypnotisiert, um in den Herzen zu lesen. Psychoanalytiker brachten sogar das Unbewußte zum Sprechen, und Hirnphysiologen tasten sich durch die Zonen unseres Gehirns, wo die sprachlichen Operationen gesteuert werden; solche Zellverbände können elektrisch beeinflußt oder auch zerstört werden. Doch die Nervenbahnen und Synapsenschaltungen, die das Wahre und das Unwahre regulieren, arbeiten weiter im verborgenen.

So begegnen wir dem Problem der Unerkennbarkeit des Betrugs am Körper und in den Worten des Sprechenden durch Einsatz einer uralten Maschine: durch das Vertrauen. Nicht nur unser Verhältnis zu Politikern, sondern unser gesamtes Sozialverhalten wird gesteuert durch eine Art treuherziger Vorleistung, die eben Vertrauen heißt. Ohne Vertrauen, so erklären es Psychologen und Gesellschaftswissenschaftler, könnte kein Sozialsystem funktionieren.[5] Man würde nicht einmal die Straße betreten. Denn was gibt mir die Sicherheit, daß das ankommende Auto an der roten Ampel auch stehenbleibt? Andererseits vergibt das Vertrauen seine Kredite nur so lange, wie es nicht enttäuscht wird. Ein Verkehrsunfall beispielsweise kann mein Vertrauen in die Berechenbarkeit und Verläßlichkeit fremden Verhaltens nachhaltig erschüttern. Das gleiche gilt für das Vertrauen, das Politiker benötigen. Bereits der Staatsphilosoph Thomas Hobbes empfahl allen Herrschern, in ihren (eigenen) Herzen zu lesen, um zu erkennen, wie sehr die in die Herzen geschriebenen Wahrheiten befleckt sind von Heuchelei und Lüge.[6] Ob diese Lektüren erfolgt sind, blieb auch jeweils Staatsgeheimnis. Die Geschichtsbücher des 20. Jahrhunderts nennen hingegen zahlreiche Namen von Staatsmännern, die Vertrauen in ungeheurem Maße verbraucht und vergeudet haben. Was aber ist Vertrauen? Vertrauen heißt die mehr oder minder bewußte Annahme, daß eine Person dem, was sie über sich selbst und über ihre Absichten gesagt hat, nicht zuwiderhandelt. Vertrauen heißt im Sinne des kleinen Gottes Momos die Erwartung, daß jemand spricht und handelt, als trüge er ein Fenster in der Brust. Sprechen und Handeln umfassen allein das gesamte Spektrum sozialer Beziehungen. Allerdings beschränkt sich menschliche Kommunikation keineswegs nur auf das Senden und Empfangen von sprachlichen Signalen; synchron mit jedem Wort nehmen wir zahlreiche weitere Informationen und Nebenzeichen auf: Stimme, Intonation, Gesichtsausdruck, Gesten. Sie bilden unter Umständen Kontrollmöglichkeiten, um den Wert der sprachlichen Mitteilungen physiognomisch abzugleichen. Unser alltägliches Verhalten bestimmt uns, um Vertrauen zu einer uns bislang unbekannten Person zu gewinnen, alle diese beiläufigen Signale aufzunehmen, die in einer alten Formel als der *Habitus* bezeichnet werden: äußere Merkmale wie Kleidung, Sprechweise, Verhaltensstil. Niemals könnten wir einem Politiker vertrauen, dessen »Habitus« Störungspunkte aufweist. Es genügen bereits kleine Abweichungen im Äußeren oder in der Rede eines Politikers, um unsere Bereitschaft, Vertrauen zu fassen, zu verringern. Ein

Politiker mit einer entstellenden Narbe im Gesicht oder mit einem schweren Sprachfehler würde dem gewaltigen Bedarf an rein äußerlichen Vertrauensgarantien bereits zum Opfer fallen. Der athenische Politiker Demosthenes, der Vertreter der demokratischen Polis gegen den mazedonischen König Philipp im 4. Jahrhundert vor Christus, war ursprünglich Stotterer. Wegen dieses Sprachfehlers wurde Demosthenes bei seinem ersten öffentlichen Auftritt als Redner verlacht. Doch durch zähe Übung lernte er, seinen Sprachfehler zu beherrschen, und er wurde einer der wirkungsvollsten Redner in der Geschichte Athens.

Wir vertrauen einem Politiker, der durch ganze Pakete von kodifizierten Fähigkeiten und Zeichen unsere Annahme stärkt, daß er uns nicht täuschen wird. Für solche Annahmen genügt es indessen häufig, daß er einer bestimmten Partei oder Konfession angehört. Parteien, Religionen, Ideologien und Philosophien dienen auch dazu, die komplexe Wirklichkeit erkennbar und beherrschbar zu machen. Diese Funktion können die Politiker aber nur dadurch erfüllen, daß wir sie mit einer magischen Kraft ausstatten, indem wir nämlich ihre Reden für wahr halten. Was aber ist Wahrheit? So fragte bereits Pilatus seinen Angeklagten Jesus. Eine uralte und offenbar unerschütterliche philosophische Tradition versteht unter Wahrheit ein Abbildungsverhältnis zwischen der Wirklichkeit und der Sprache. Der Meisterphilosoph Platon gab in seinem Dialog *Sophistes* die Definition: Wahrheit ist die kundige Nachahmung, bzw. die richtige Rede vom Seienden.[7] Mehr als zweitausend Jahre später bestimmte der Denker Ludwig Wittgenstein: »Der Satz ist ein Bild der Wirklichkeit«.[8] Diese beiden überaus ähnlichen Formulierungen nähren den Verdacht, daß die Wissenschaft von der Wahrheit im Gang durch so viele Jahrhunderte keine rechten Fortschritte gemacht hat. Evolutionär an ihr erscheint allenfalls jene Sprache, mit der sie diese Relation von Wirklichkeit und Abbild illustriert. Platon nannte die falschen Reden vom Seienden gerne »Schattenbilder« oder

»Trugbilder«. Wittgenstein hingegen verglich den richtigen Satz mit einer Schallplatte. Er soll das Reale getreu wie eine Schwingungsspur aufzeichnen.[9] Die Philosophen bestärken also den schlichten Glauben, dem unsere Vertrauensbereitschaft aufruht: daß kluge Leute die Welt richtig erkennen und adäquat darstellen. Schwierigkeiten ergeben sich lediglich bei der Entscheidung, wer etwa Trugbilder-Sätze im Sinne Platons und wer high-fidelty-Sätze im Sinne Wittgensteins äußert. Darüber nämlich und über nichts anderes streiten Philosophen und Politiker.

Blicken wir doch einmal – da uns der Blick in die Herzen der Politiker verwehrt ist – in die Geschichte der großen politischen Kontroversen. Die Abfolge der Streitigkeiten, was das Wahre sei und wer es mit seiner Zunge verwaltet, schenkt uns nämlich die erstaunliche Erkenntnis, daß sich die Wahrheit stets auf die gleiche Weise zu erkennen gibt. Die Wahrheit erhebt sich immer wieder strahlend aus den Trümmern der Unwahrheit. Es ist eine merkwürdige Beobachtung, daß die Wahrheit nicht einfach in Erscheinung tritt und sich bekennt; immer muß sie zuvor eine andere Konzeption, ein anderes Bild der Welt zertrümmern. Und dies mit dem immergleichen Vorwurf der Lüge, der Heuchelei, des Eigennutzes und des Machtmißbrauchs. Die neue Wahrheit hingegen ist stets aufrichtig, interesselos und verspricht, die Gesetzesmacht der alten Wahrheit durch natürliche Regulationen zu ersetzen.

Gleich ein Beispiel: Eine der ersten großen abendländischen Kontroversen um die wahre Rede oder um die Rede vom Wahren führte Platon im vierten Jahrhundert vor Christus mit den sogenannten Sophisten. Dieser Streit gilt der Nachwelt als eine philosophische Debatte, aber im Kern betraf der Konflikt die Verteilung und Organisation der Staatsmacht. Gäbe es das Fenster des Momos und erlaubte es den Blick ins Herz der philosophischen oder theologischen Reden, dann stießen wir immer auf einen Machtkampf. »Sophisten« hießen ursprünglich griechische Gelehrte, die den

Jugendlichen der besseren Familien gegen Honorar Unterricht erteilten, vor allem in Rhetorik, in der Kunst der öffentlichen Rede. Politische Reden und Gerichtsreden sicherten in der griechischen Polis den Aufbau von Überzeugungen und die Regelung von Entscheidungen. Gute Redner waren damals sehr einflußreich. Nun nahmen die Sophisten nicht nur öffentliche Funktionen wahr, sondern sie betätigten sich auch als professionelle Redenschreiber wie die Ghostwriter unserer Spitzenpolitiker. Indem die Sophisten als Autoren die Rede zum käuflichen Gegenstand machten, gerieten sie in die Schußlinie der platonischen Wahrheitslehre, die verlangt, daß jedes gesprochene Wort tief in der Wahrheit und in der subjektiven Überzeugung verwurzelt sein müsse. Alle Wirkungen, die von künstlich hergestellten Reden ausgingen, seien von Übel. Platons Sprachrohr Sokrates ließ daher keine Gelegenheit aus, den Sophisten vorzuwerfen, daß sie die Jugend verdürben und verführten, indem sie rhetorische Trugbilder der Welt und der Wahrheit verbreiteten. Im Dialog *Sophistes* wurden sie in dieser Weise charakterisiert:

> (Der Sophist ist einer), der durch Verfertigung gleichnamiger Nachbildungen des Seienden durch Malerkunst imstande ist, unnachdenkliche junge Knaben [...] zu täuschen; als ob er das, was er nur machen will, tatsächlich in Wirklichkeit hervorzubringen vermöchte.[10]

Im Auge der platonischen und sokratischen Kritik ist der Sophist ein Geschäftsmann, der bei seinen Zuhörern durch rhetorische Tricks den falschen Eindruck erweckt, daß seine Reden genau der Wahrheit entsprächen. So bildete sich das Zerrbild des Sophisten als eines profitgierigen Verführers aus, der mit leeren Worten und Trugbildern die Menschen täuscht und in Illusionen über das Wahre versetzt.

Bekanntlich hat Platon selbst eine Theorie des Staates entworfen. Sie verarbeitet die Erfahrung des Zusammenbruchs, den die athenische Demokratie nach der Niederlage im Krieg gegen Sparta erlebte, worauf eine ebenso unglückliche Periode oligarchischer Machtverteilung folgte. Platon wollte daher seinen Staat auf Wahrheit und Gerechtigkeit gründen. Und um das sicherzustellen, sollten allein Philosophen regieren. Selbstverständlich platonische Philosophen und keine sophistischen. Nur ein auf Wahrheit gestelltes Gemeinwesen verbürgt auch Gerechtigkeit, erklärte Platon; dagegen überließ nach seiner Auffassung die sophistische Staatsphilosophie die Gerechtigkeit dem Zufall der Gerichte und der advokatorischen Geschicklichkeit. Und weiter versprach Platon: Hat sich der Staat erst einmal nach Prinzipien der Gerechtigkeit aufgebaut, dann verschwindet auch das Problem der Macht. Ein solches Gemeinwesen wird nicht durch unzählige Gesetze regiert, sondern durch Vertrauen auf das Hergebrachte. Wahrheit ist das Lockmittel des Vertrauens. Ein Zeitgenosse Platons mit Namen Isokrates hat dieses Staatskonzept um 350 v. Chr. auf die Formel gebracht:

> Die Bürger, die richtig regiert werden, benötigen nicht haufenweise auf Säulen geschriebene Gesetze, sondern sie tragen die Gerechtigkeit geschrieben in ihren Herzen.[11]

Es sind also drei Elemente, die Platons antisophistische Kritik tragen: Er bekämpft den Betrug durch Mißbrauch der Sprache, die Profitgier, die das Wahrheitsstreben ruiniert, und den Machtmißbrauch durch ein Übermaß an Vorschriften. Genau diese Vorwürfe kehren nun in den großen Revisionen der Macht und bei den Recyclings des Wahren wieder. Zunächst im Kampf der christlichen Dogmatik gegen die jüdische Gesetzesdoktrin. Die vernichtende Kritik, die Jesus an den jüdischen Schriftgelehrten übte, zielte zugleich auf eine juristische wie sprachtheoretische Reform. Er warf ihnen vor, daß sie eine *buchstäbliche* Auslegung der alten Gesetzesbücher betrieben, statt ihren *Geist* zu erfassen. Nach dem Zeugnis des Matthäus und Lukas beschimpfte sie Jesus als Heuchler, als Blinde und Verrückte. Ihnen gelingt keine rechte Erkenntnis Gottes, und sie verfälschen das schriftliche Zeugnis der Wahrheit. Bekanntlich blieb den Pharisäern und Schriftgelehrten auch nicht der Vorwurf erspart, daß sie nur um des materiellen Vorteils willen ihre

Ämter ausübten (Matth. 23 u. Luk. 11). Verfälschung der Wahrheit und Heuchelei aus Geldinteresse waren die beiden ersten Anschuldigungen. Aber im Recycling der Wahrheit folgt auch die christliche Doktrin dem Vorbild der platonischen Polemik gegen die sophistische Legalität. So erklärte Paulus, der Justitiar unter den Aposteln, im Römerbrief, daß alle überlieferten Gesetze nichts taugten, denn entweder wären die Menschen gerecht oder nicht. Den Beweis erblickte Paulus darin, daß auch die Heiden das Gesetz Gottes aus natürlichem Antrieb befolgten. Ihnen sei das Gesetz ins Herz geschrieben (Röm. 2,15); also habe die aufwendige Gesetzesauslegung der Juden überhaupt keinen Wert.

Man darf nicht vergessen, daß es bei der christlichen Revision der alten jüdischen Gesetzeslehre vor allem um Politik und um Macht ging. Die christliche Eroberung Europas und der Welt hat diese Tendenz unbezweifelbar ins Licht gebracht. Wenn die Weltpolitik der christlichen Gesetzgebung im Namen Gottes geführt wurde, so geschah das aus machttechnischen Notwendigkeiten. Das Recycling der Wahrheit ist ein Bedürfnis der Macht.[12] Denn nur Wahrheit lockt das Vertrauen aus der Reserve. Der scharfblickende Staatstheoretiker Machiavelli hat dies in seinen *Discorsi* zu Beginn des 16. Jahrhunderts in unbekümmerter Deutlichkeit ausgesprochen:

> Es gab tatsächlich noch nie einen außergewöhnlichen Gesetzgeber in einem Volk, der sich nicht auf Gott berufen hätte, weil seine Gesetze sonst nicht angenommen worden wären; denn es gibt viel Kluges, das zwar von einem klugen Mann erkannt wird, aber doch keine so in die Augen springenden Gründe in sich hat, um andere von seiner Richtigkeit überzeugen zu können. Kluge Männer nehmen daher zur Gottheit ihre Zuflucht, um dieser Schwierigkeit Herr zu werden.[13]

Wie vertrauenerweckend die christliche Reform der Wahrheit war, die Ablösung der jüdischen Gesetzesmacht durch die Rede von der Befreiung, das erkannten nicht nur der römische Bürger und Rabbiner Paulus, sondern auch zahlreiche römische Machtspezialisten. Die Mehrzahl der christlichen Kirchenväter nämlich rekrutierte sich aus Absolventen römischer Rhetorikschulen. Der bedeutendste unter ihnen war ohne Zweifel Augustinus. In seinen autobiographischen *Bekenntnissen* beschrieb Augustinus diesen Schwenk von der Macht der Rhetorik zur Macht der christlichen Verheißung höchst lebendig. Seine Bekehrung erfolgte ausgerechnet durch Predigten des gleichfalls aus einer Rhetorikschule hervorgegangenen Bischofs Ambrosius.[14]

Unter der Wirkung der Ambrosianischen Reden erklärte Augustinus die alte Wahrheitstechnik Rhetorik für geschwätzig, verführerisch, korrumpiert durch ihren Warencharakter und unwahr wie die heidnische Philosophie. Und während er auf die – wie er Paulus nachsprach – in die Herzen geschriebenen Gesetze zu hören begann, bereitete er mit Ambrosius das Konzil von Konstantinopel 381 vor, die zweite der zahleichen christlichen Gesetzgebungskonferenzen, die das Ziel verfolgten, die Macht der Kirche im Abendland durch einheitliche Statuten zu sichern. Den gleichen Sprung von der heidnischen Machttechnik und Wahrheitstechnik Rhetorik zur christlichen Predigt und Dogmatik taten neben Ambrosius und Augustinus auch die Kirchenväter Hieronymus, Chrysostomus und Basilius. Gleich also, ob die jüdische buchstäbliche Gesetzesauslegung oder die Macht der Rhetorik diffamiert wurden, es geschah mit den gleichen Argumenten, die ein falsches Verständnis der Sprache und des Gesetzes sowie Geldmotive hervorhoben.

Und ganz nach diesem Modell operiert auch die dritte bedeutende Unternehmung des Abendlandes, die Wahrheit durch Recycling wieder machtfähig werden zu lassen: Martin Luthers Reformation. Luther griff in seiner Polemik gegen die römische Orthodoxie exakt die Formel auf, die bereits Jesus und Paulus gegen die jüdische Schriftverwaltung ins Feld geführt hatten. Die Lektüre der großen Reformationsschrift von 1520 *An den christlichen Adel deutscher*

Nation macht deutlich, daß es nicht nur um eine Kirchenreform, sondern um eine Gesellschaftsreform ging. Zunächst erklärte Luther über den Papst:

> Er ist ein Hirte – ja, wenn du Geld hast, und sonst nicht! [...] Es ist ihnen nur um das verfluchte Geld zu tun und um sonst nichts.
>
> So rate ich, falls dieses Narrenwerk nicht abgeschafft wird, daß jeder fromme Christ seine Augen aufmache und sich nicht von den römischen Bullen, Siegeln und von der Heuchelei beirren lasse. Er bleibe daheim in seiner Kirche und lasse sich seine Taufe, Evangelium, Glaube, Christus und Gott, der an allen Orten derselbe ist, das Beste sein – und den Papst einen blinden Führer der Blinden bleiben.[15]

Geld, Heuchelei, Narrentum, Übermaß an Gesetzesschriften – Luther sprach im gleichen Text sogar von »Papiermauern« –, dies waren die Schlüsselbegriffe der reformatorischen Polemik. Die Schlußwendung von dem »blinden Führer der Blinden« ist ein Zitat aus dem Matthäusevangelium. Dort wird es von Jesus auf die Pharisäer gemünzt. So nahm Luther ganz bewußt genau die Armaturen in Betrieb, mit denen Jesus und Paulus das christliche Recycling der überlieferten Wahrheit erarbeiteten. Die Lehre von der Herzensschrift, die alle Gesetze überflüssig macht, erneuerte er bereits in seinem großen Kommentar des Römerbriefes von 1516.

Kaum 250 Jahre später war aber auch diese Erneuerung wieder erneuerungsbedürftig. Keine Staatsmacht konnte sich im 18. Jahrhundert noch allein auf die Autorität Gottes zur Vernichtung und Wiedererrichtung der Wahrheit verlassen. Der Gesellschaftsreformer Jean-Jacques Rousseau empfahl 1762 seinerseits gegen den Egoismus, gegen die Heuchelei und gegen die Ungerechtigkeit eine neue Gesetzgebung. Es war die alte. Es waren die Statuten des Platon, des Apostels Paulus und des Reformers Luther: die ins Herz geschriebenen Gesetze. In seinem Entwurf eines *Staatsvertrages* erließ sie Rousseau am Ende des zweiten Buches. Sie krönten und ersetzten tendenziell die Verfassung, das bürgerliche Gesetz und das Strafgesetz:

> Zu diesen drei Arten von Gesetzen fügt sich eine vierte, die wichtigste von allen, die weder auf Marmor noch auf Erz, sondern in die Herzen der Bürger geschrieben wird; in ihr liegt die eigentliche Verfaßtheit des Staates. [...] Ich rede von den Sitten und Gebräuchen und vor allem von der Meinung [...][16]

Eben ein Vierteljahrhundert später erfolgte eine erneute Reform der Wahrheit: die französische Revolution. Ihre Ziele proklamierten die Helden des Umsturzes getreu in Rousseaus Worten. So erklärte Robespierre in seiner Rede vom 5. Februar 1794:

> Was ist der Zweck, nach welchem wir streben? Der ruhige Genuß der Freiheit und Gleichheit; die Herrschaft jener ewigen Gerechtigkeit, deren Gesetze nicht in Marmor oder anderem Stein, sondern in die Herzen der Menschen, sogar in das Herz des Sklaven, der sie vergißt, und des Tyrannen, der sie leugnet, geschrieben sind.[17]

Wie aber setzt sich diese Wahrheit des Herzens, die nicht mehr von Gott garantiert wird, sondern vom Volk, ja von allen Menschen gegen ihre Widerstände durch? Mit welchen Kräften kann sie rechnen, wenn es nicht mehr der Glaube ist, der das Vertrauen mobilisiert, sondern die geschlossene Immanenz des menschlichen Sprechens? Tatsächlich müssen die neuen und in der Neuzeit unablässig notwendigen Revisionen und Recyclings der Wahrheit mit lebendigen Autoritäten durchgesetzt werden. Jetzt erscheinen Schriftsteller, um die Übereinstimmung von Rede und Gesetzen mit den unsichtbaren Herzenswahrheiten zu garantieren. Solche Autorität erwirbt sich niemand mehr durch ein besonderes Amt – durch das des Priesters, des Königs oder Philosophen; man erwirbt sie sich allein durch einen besonderen Modus des Sprechens, und das ist der *natürliche Stil.* Der Staatstheoretiker und Sprachphilosoph Rousseau hat als einer der ersten den Stil als Erkennungsmerkmal der Wahrheit propagiert. So gab er seiner Autobiographie, die nicht zufällig den gleichen Titel trägt wie die des Augustinus, folgendes Programm:

> Wie mit allen Dingen werde ich es auch mit dem Stil halten: Nichts wird mich dazu bringen, auf Gleichmaß zu achten; ich werde stets den Stil haben, der sich eben einstellt, ich werde ihn je nach Stimmung ohne Bedenken ändern, alles werde ich sagen, wie ich es empfinde, wie ich es sehe, ohne Anstrengung, ohne Hemmung [...][18]

Diese Worte umsäumen die Geburtsstunde der *Spontaneität,* der wir so gerne unser Vertrauen schenken. Der gute Ruf, daß ein Politiker sagt, was er denkt, ist der stärkste Sirenenklang, dem sich das Vertrauen hingeben kann. Er umfaßt zugleich das Geheimnis unserer Selbsttäuschungen. Denn seitdem Rousseau den natürlichen Stil als Merkmal der Wahrheit eingeführt hat, werfen sich alle Revisionen und Recyclings in neugeformte Herzenssprachen. Doch Wahrheiten, die aus dem Sekundentakt des Herzens hervorkommen, sind nicht besonders haltbar. So müssen – auch dies entgeht uns – die Recyclings der Wahrheit und des Stils in immer kürzeren Abständen erfolgen. Einer, der dies als Schwierigkeit in den Behörden der Wahrheit erkannt hat, war der junge Hegel. Um 1805 notierte er sich, wie rasch die philosophischen Systeme neuerdings altern:

> Über Kantische Philosophie ist längst der Stab gebrochen, während Wolffische fünfzig und mehr Jahre sich gehalten. Rascher ist für Fichtes Philosophie das Bestimmen ihres Standpunktes herangeeilt. Was Schellingsche Philosophie in ihrem Wesen ist, wird kurze Zeit offenbaren. Das Gericht über sie steht gleichsam kurz vor der Tür, denn viele verstehen sie schon.[19]

Und wie wollte Hegel seiner Philosophie Geltung und Dauer verschaffen?

> Das erste Subjektive im Studium der Wissenschaften ist Ehrlichkeit gegen sich selbst. Zweifeln an allem ist leicht gedacht und gesagt, aber die Frage ist, ob es wahr ist? Das leere Wort [...] ist eine Lüge, und es ist entsetzlich, was die

> Menschen sich selbst und andere belügen und überreden wollen.[20]

Ehrlichkeit gegen Lüge, Wahrheit gegen Überredung. So sprachen Sokrates, Christus, Luther, Rousseau. Rousseau jedoch hat der Ehrlichkeit die Theatralik des Natürlichen, das Design des natürlichen Stils verliehen. Und Stile entwickeln ihre Wahrheitsmacht und Überzeugung nicht allein, indem sie Besonderheiten des Sprechens und Denken forcieren, sondern sie benötigen noch einen veränderten Habitus. Das Design der Wahrheit kennt daher auch Kleiderordnungen. Ganz allgemein könnte man sagen: Das Recycling der Kleidung, in die sich die Wahrheit hüllt, ersetzt stets das Glatte durch das Rauhe. So schlug Luther in seiner *Auslegung des 5. Psalmes* unter Berufung auf Johannes den Täufer die Brücke zwischen der Qualität des Wortes und der Kleidung:

> Die Worte des Kreuzes aber sind [...] nicht mit glatten schmeichelnden Stoffen bekleidet, sondern sie sind struppig und rauh.[21]

Und ganz entsprechend fielen Luthers Mahnungen in seiner Abhandlung *An den christlichen Adel deutscher Nation* aus:

> Hat doch Gott uns, wie anderen Ländern, genug gegeben: Wolle, Haar, Flachs und alles, was zu geziehmender, ehrlicher Kleidung jedem Stand redlich dient, so daß wir es nicht nötig hätten, einen so schrecklich großen Schatz für Seide, Samt, Goldstickerei [...] so verschwenderisch zu verschütten.[22]

Die ehrliche Kleidung ist wie das wahre Wort rauh, und diese Rauheit kehrt bei allen Revisionen der Garderobe, die die Wahrheit trägt, regelmäßig wieder. Denn die Rede der Lüge ist, wie jeder zu wissen glaubt, glatt und glänzend. Kein Wunder also, daß der Sophist Gorgias seine erheblichen Einkünfte ausschließlich in elegante Kleidung investiert haben soll; Sokrates jedoch hüllte seine Füße »in Filz und Pelz« und seine Worte »wie in das Fell« der Satyrn.[23] Mit Vorliebe legen die Philosophen zum Recycling der Wahrheit die rauhen Wörter und Kleider an. Diogenes nahm gleich ganz ohne Kleider den Kampf gegen die platonische Philosophie auf. Der ehemalige Rhetoriklehrer Chrysostomos erregte sich immer wieder über elegante Kleidung und über das »Glatte« der Rhetoren und Sophisten.[24] Und in der Folge hielten sich nicht nur die christlichen Eremiten und Mönche an diese rauhen Textilien, sondern später ebenso die neuen Couturiers der Wahrheit: die Jakobiner mit ihren Pantalons und Carmagnoles. Ähnliche Wahrheitsstile sorgten im 20. Jahrhundert immer wieder für Aufsehen. Man denke nur an Heidegger im bäuerlichen Wams vor seiner Hütte in Todtnauberg, man denke an die schwarze Kleidung der Existenzialisten, an die orangerote Kluft der Baghwang-Propheten – das Einfache und das Rauhe appellieren so über eine Rhetorik des Taktilen an das Vertrauen. Zwar erreichen nicht alle Recyclings unmittelbar auch die Politik, doch vor einigen Jahren haben selbstgestrickte Pullover, Indienkleider, Jeans und Jutetaschen im Deutschen Bundestag Einzug gehalten. Im Kampf gegen die etablierte Wahrheit und Heuchelei kehrt das Phantom von Luthers ehrlicher Kleidung wieder. Die Geschichte der Wahrheit zeigt, daß die Macht, die die Philosophen und Politiker bisweilen aus der Bahn werfen kann, nicht die einfache und banale Staatsmacht ist. Es ist vielmehr die Notwendigkeit, diese Macht in Zyklen und Recyclings des Wahren zu bemänteln. Es muß nicht stets die gesamte Großarchitektur der Wahrheit umgewälzt werden; es genügt, die Sprache und den Habitus durch die Maschinen der Erneuerung zu schicken. Dann kann die uralte Anklage über Heuchelei, über Profit, über die Unzahl der Gesetze wie neu vorgetragen werden. Es müssen nur die Stile ausgetauscht werden, um neue Vertrauenskredite aufnehmen zu können. Dieser Logik verdankt die erstaunte Welt den raschen Wechsel von Natursprachen, Volkssprachen, Revolutionssprachen, Spontisprachen, Frauensprachen und ihrer Verhaltensstile. Denn, so erklärt Nietzsche, »was als wahr wirken soll, darf nicht wahr sein«.[25] Aber das Spiel der simulierten

Wahrheiten, das Politiker spielen müssen, wird irgendwann tatsächlich wahr. Sokrates gab Menon zu verstehen, daß er nicht nur seine Zuhörer durch sein bohrendes Fragen in Verwirrung brächte, sondern sich selbst auch.[26] Kafka hat den gleichen Sachverhalt auf eine knappe Formel der Verwunderung gebracht:

> Merkwürdig, daß aus Komödie bei genügender Systematik Wirklichkeit werden kann. Mein geistiger Niedergang begann mit kindlichem, allerdings kindlich-bewußtem Spiel. Ich ließ zum Beispiel Gesichtsmuskeln künstlich zusammenzucken, ich ging mit hinter dem Kopf gekreuzten Armen über den Graben. [...] Wenn es möglich ist, auf diese Weise das Unglück herbeizuzwingen, sollte alles herbeizwingbar sein.[27]

Also auch das Glück. Also auch die Macht. Also auch die Wahrheit. Wer aber Ehrlichkeit von Politikern verlangt, sollte wissen, daß die Wahrheit aus unzählbaren Wiederholungen von Lügen besteht.

Anmerkungen

1 Lukian, Hermotimos 20, in: *Lukian in eight volumes,* hg. v. K. Kilburn, London 1968, Bd. VI, S. 296.
2 Jean-Jacques Rousseau, *Correspondance générale de J.-J. Rousseau,* 20 Bde., hg. v. Pierre-Paul Plan, Paris 1924-1934, Bd. XX, S. 46.
3 Ludwig Tieck, *Werke in vier Einzelbänden,* hg. v. Marianne Thalmann, München 1963-65, Bd. 1, S. 469.
4 Paolo Mantegazza, *Das Jahr 3000,* Jena 1897, S. 177.
5 Vgl. hierzu: Niklas Luhmann, *Vertrauen. Ein Mechanismus der Reduktion sozialer Komplexität,* Stuttgart 1973 (2. erw. Aufl.).
6 Thomas Hobbes, *Leviathan oder Stoff, Form und Gewalt eines kirchlichen und bürgerlichen Staates,* hg. v. Iring Fetscher, Frankfurt/Main 1991, S. 6.
7 Platon, *Sophistes* 263/267.
8 Ludwig Wittgenstein, *Tractatus logico-philosophicus* 4.01, in: *Werkausgabe in 8 Bänden,* Frankfurt/Main 1984, Bd. 1, S. 26.

9 Wittgenstein, a.a.O., S. 27.
10 Platon, *Sophistes* 234 b.
11 Isokrates, *Areopagitikos* 41. In: *Isokratis Orationes,* hg. v. Friedrich Blass, 2 Bde., Leipzig 1898-1904, Bd. 1, S. 161.
12 Vgl. zum Konzept des Recyclings auch Pierre Legendre, *Le Désir politique de Dieu. Etudes sur les montages de l'état et du droit,* Paris 1988 (Leçons VII), S. 20, 236.
13 Niccolò Machiavelli, *Discorsi: Gedanken über Politik und Staatsführung,* Stuttgart 1977, s. 44 f.
14 Aurelius Augustinus, *Bekenntnisse.* Übertr. von Wilhelm Thimme, München 1982, S. 131 ff.
15 Martin Luther, *Die reformatorischen Grundschriften,* 4 Bde., München 1983, Bd. 2, S. 121.
16 Jean-Jacques Rousseau, *Vom Gesellschaftsvertrag oder Grundsätze des Staatsrechts,* hg. v. Hans Brockard, Stuttgart 1980, S. 60.
17 Peter Fischer (Hg.), *Reden der Französischen Revolution,* München 1974, S. 342 f.
18 Jean-Jacques Rousseau, *Œuvres complètes I. Les confessions. Autres textes autobiographiques,* Paris 1959, S. 1153 f.
19 Georg Wilhelm Friedrich Hegel, *Wastebook,* in: *Theorie-Werkausgabe in 20 Bänden,* hg. v. Eva Moldenhauer und Karl Markus Michel. Frankfurt/Main 1969-1971, Bd. 3, S. 548.
20 Hegel, a.a.O., Bd. 3, S. 549.
21 Luther, a.a.O., Bd. 2, S. 34.
22 Luther, a.a.O., Bd. 2, S. 187.
23 Platon, *Symposion* 220 b, 221 d, in: *Sämtliche Werke,* hg. v. Ernesto Grassi, Hamburg 1957-59. Bd. 2, S. 247 f.
24 Johannes Chrysostomos, *Ausgewählte Schriften,* hg. v. O. Bardenhewer u. a., München 1915 ff., Bd. III, S. 97, Bd. VII, S. 159 f. u. 165 f.
25 Friedrich Nietzsche, *Sämtliche Werke,* Kritische Studienausgabe in 15 Bänden, hg. v. Giorgio Colli u. Mazzino Montinari, München 1980, Bd. 6, S. 31.
26 Platon, *Menon* 80 c, in: *Sämtliche Werke,* a.a.O., Bd. 2, S. 21.
27 Franz Kafka, *Tagebücher 1910-1932,* in: *Gesammelte Werke.* Taschenbuchausgabe in sieben Bänden, hg. von Max Brod, Frankfurt/Main 1983, S. 411 f.

Rudolf Burger
Lob des Opportunismus oder Moral kann man nicht sagen

Moral ist etwas für die kleinen Leute, und sie sorgt dafür, daß sie kleine bleiben. Sie ist das Glück der Regierungen und der Nächsten, nur leider selten von einem selbst. Sie wechselt mit den Zeiten Gestalt und Inhalt, aber eine eigene Geschichte hat sie nicht; vielmehr hängt sie ab von den Formen politischer Herrschaft, letztlich von Austausch und Produktion. Als Ideologie ist sie funktional darauf bezogen. Moral ist das System von innen, das subjektive Komplement struktureller Gewalt, das diese so lange in Latenz hält, als ihr die Steuerung der Individuen intrinsisch gelingt. Sie schafft »Sinn« und über das schlechte Gewissen ein gutes, ist daher nicht nur brauchbar für die Ökonomie, sondern auch noch selbst ökonomisch: sie spart Kosten der Repression, indem sie diese die Individuen an sich selbst verrichten läßt, gleichsam in unbezahlter Heimarbeit.

Noch in ihrer modernen Schrumpfform hat sie Züge der Religion an sich, als ihr säkularisierter Deszendent ist sie wie diese selber der »spiritualistische Point d'honneur« jeweils bestehender Verhältnisse, oder wie Marx sagt, »ihre feierliche Ergänzung, ihr allgemeiner Trost und Rechtfertigungsgrund«.

Nietzsche hat nur mit Ekel von ihr gesprochen, und es war nicht das schlechteste Motiv jeder Sozialutopie, sich von ihren verlogenen Geboten zu befreien.

Heute, da das utopische Denken fragwürdig geworden ist, herrscht wieder ein enormes Bedürfnis nach Moral, im Alltag und in der Politik, nach einer »Sauberkeit«, die nach »Säuberung« riecht. Im Triumphgeschrei über das »Ende des Sozialismus« tut sich, in den Worten von Karl Kraus, ein »Abgrund an Sittlichkeit« auf.

Die Posthistoire hat mit der Geschichte sich kurzgeschlossen und tradierte Werte wieder lebendig gemacht. Gewiß liegt noch so manches im argen, aber das kommt von gestern und ist nicht neu. Neu ist, daß es als Arges erkannt wird und man auf die Kassandren endlich hört – die haben Sitz und Stimme im gehobenen Feuilleton. Ein ökonomisch erstarkter Liberalismus räumt mit den ideologischen »Altlasten« auf, und mit den Restbeständen von Utopie.

Die Häufung von Skandalen ist kein Gegenargument, sondern bestätigt im Gegenteil die These: denn ein Skandal beginnt erst, wie Karl Kraus sagt, wenn die Polizei ihn beendet, und die ist heute schneller da als früher. Dr. Pangloß feierte in einer Zeit wie der unseren Triumphe, da nicht nur die Kunst, sondern auch die Moral von Banken gesponsert wird. Zwar leben wir auch nach dem Zusammenbruch der »realen Sozialismen« noch nicht in der besten aller möglichen Welten, aber wenigstens ist der Weg dortin klar: Er führt nicht über die Kritik der politischen, sondern über die Affirmation der »ethischen Ökonomie«, er führt nicht über die Veränderung, sondern über die Moralisierung der Gesellschaft, er führt über die Pädagogisierung, Normalisierung, Normierung und metaphysische Veredelung des Individuums. Man muß die Menschen verbessern, nicht die Strukturen – denn mag die Welt des Kapitals auch ihre Härten haben, so ist sie doch die beste, die es gibt; mehr als die Ökonomen von heute hat auch Leibniz nicht gelehrt, der nie gesagt hat, daß die Welt gut, nur daß sie die beste aller möglichen sei: so hat die Volkswirtschaft die Theodizee säkularisiert.

Die »invisible hand« von Adam Smith zeigt einmal mehr ihre Weisheit, nicht nur auf den Güter-, sondern auch auf den Arbeitskraftmärkten, denn endlich kommen auch marginale Berufsgruppen zum Zug: Keine Podiumsdiskussion ohne Moraltheologen, keine Managertagung ohne einen Fachmann für bleibende Werte, kein Bankenseminar ohne philosophische Fundierung, kein High-Tech-Programm ohne

Ethikkommission, kein Wäscheplakat ohne sittsamen Aufschrei, kein Bürgerprotest ohne besorgten Herrn Pfarrer. Vom Wort »Genet(h)ik« weiß man schon nicht mehr, wie es sich schreibt. Ist dann die Versammlung vorüber, so schwärmen sie aus und halten im Fernsehen Vorträge über den »Sinn«.

»Der Mensch, es ist kein Zweifel, wird immer besser« – hat Nietzsche schon vor mehr als hundert Jahren geschrieben; auch damals, im Viktorianismus, hatte die Moralisierung Konjunktur, sie hat den Imperialismus ideologisch begleitet.

Wen oder was begleitet sie heute? Warum hat die Moral wieder Konjunktur? Und ist es eine Konjunktur auf Angebots- oder auf Nachfragemärkten? Wer liefert? Wer kauft? Wer produziert? Und vor allem – wo nehmen sie die Rohstoffe her? Denn die Moral, so sagt man, ist doch eine »knappe Ressource«, warum also geht man nicht sparsamer mit ihr um? Wer hat ein Interesse an ihrer Distribution?

Dieses Interesse ist relativ neu. Und nicht nur das: Es widerspricht doch scheinbar in eklatanter Weise den Lehren der liberalen Ökonomik, nach deren Prinzipien sich die Wirtschaft heute neu organisiert.

Denn im Unterschied zu den klassischen Tugendlehren hat die moderne Moral ja sehr viel mit Selbstlosigkeit, Solidarität, Rücksicht und, trotz des Kantischen Rigorismus, auch mit Mitleid zu tun, sie begründet und ist zugleich, wie Habermas einmal geschrieben hat, angewiesen auf *entgegenkommende* Lebensformen. Das ist die direkte Negation dessen, was man das Ethos des bürgerlichen Kapitalsubjekts nennen könnte: Nämlich zwar regelgeleitete und insofern korrekte, also gesetzeskonforme, aber im Rahmen dieser Regeln rücksichtslose und aggressive egozentrische Nutzenmaximierung. Ein Kaufmann, ein Industrieller oder ein Manager, der von Mitleid mit seinen Konkurrenten, von Solidarität mit seinen Angestellten oder von Rücksicht auf die Natur sich leiten ließe, der aus Achtung vor dem Kantischen Imperativ sich einen Gewinn entgehen ließe, der wäre nicht anständig, sondern ein Narr. Spätestens bei der nächsten Aktionärsversammlung würde er über seinen Irrtum aufgeklärt und durch Scheitern seiner Existenz auf das wahre Sittengesetz der bürgerlichen Gesellschaft gestoßen, deren kategorischen Imperativ nicht Kant, sondern Marx auf die Formel gebracht hat: »Akkumuliert, akkumuliert, das ist Moses und die Propheten.«

Dieses Ethos des bürgerlichen Kapitalsubjekts soll aber zugleich, so verspricht es die liberale Ökonomik, über die Konkurrenz der Egoismen das allgemeine Wohl befördern, ja es gilt sogar umgekehrt, daß dieses nur durch jene sich herstellt, letztlich also Moral im landläufigen Sinn im Grunde sogar unmoralisch, weil für das Ganze schädlich ist. Und doch wird sie für unverzichtbar erklärt, damit das Ganze nicht in Barbarei versinkt. Moral im bürgerlichen Zeitalter ist also genuin und unausweichlich das, was sie am schärfsten verurteilt: nämlich Doppelmoral. In dem Widerspruch, der ihr innewohnt, drückt der Widerspruch der Gesellschaft selbst sich aus, ihre antagonistische Struktur; er ist daher moralphilosophisch nicht zu schlichten. Denn während für die Produktionsmitteleigner und ihre beteiligten Spitzenfunktionäre in dieser ihrer sozialen Rolle allein das Prinzip der egozentrischen Nutzenverfolgung für sie selbst und das System als Ganzes rational ist, würde die Ausdehnung dieser Rationalität auf jene, die von ihnen als Angestellte und Arbeiter abhängig sind, den arbeitsteiligen Betrieb zerstören; dessen Organisation zerfiele, wenn die in ihm abhängig Beschäftigten tatsächlich konsequent ihr je eigenes Interesse verfolgten, wie es das Marktprinzip verlangt. Sie müssen daher über eine verlogene Gemeinschaftsrhetorik zur Identifikation mit Interessen gebracht werden, die zumindest unmittelbar ihren eigenen entgegenstehen. Der soziale Kitt der Moral wirkt klassenspezifisch der Anomie entgegen, zu der der Besitzindividualismus von sich aus tendiert.

Über sie bilden sich auch jene sozialen Cluster heraus, und

diese halten sich durch sie am Leben, die für die bürgerliche Gesellschaft unverzichtbar sind und die zugleich ihrem innersten Prinzip widersprechen: Diese reichen von der Solidargemeinschaft der Familie über die »corporate identity« von Firmen bis hin zur Vaterländerei, deren bornierte Nationalismen heute, so hört man, in Europa fusioniert werden sollen. Manche reden sogar von der »Menschheit«, als ob es die im Ernst irgendwo gäbe oder es auf das Benehmen des einzelnen ankäme, daß sie sich bilde. In Zeiten nun, in denen das Kapital sich beschleunigt reorganisiert, neue Technologien und damit neue Organisationsformen der Arbeit eingeführt werden, alte Berufsgruppen verschwinden und neue entstehen, neue Kapitalien und Verwertungschancen sich bilden, andere vernichtet werden, große Teile der Bevölkerung aus dem Arbeitskräftemarkt hinausgeworfen und neue in ihn integriert werden, damit aber auch tradierte Verhaltensformen und Werthaltungen zur Disposition gestellt werden – in diesen Zeiten zerfasert die festgefügte Synthesis der Gesellschaft. Jeder Umbau des gesamtgesellschaftlichen Arbeitsvermögens forciert naturgemäß eine instrumentelle Einstellung des einzelnen zu seiner Arbeit und Reproduktion allein schon dadurch, daß er ein reflexives Verhältnis zu ihnen fördert, und rationalisiert im liberalistischen Sinn sein Verhalten im Sozialen. Dieser gleichsam naturwüchsigen Entmoralisierung der Gesellschaft in Phasen beschleunigter Modernisierung der Produktion, die von der offiziellen Propaganda unterstützt wird, muß daher andererseits, widersprüchlich genug, mit einer Moralisierungskampagne begegnet werden, soll anders die gesamtgesellschaftliche Integration nicht allzu krisenhaft verlaufen: Das Lob des Yuppy erfordert als dialektische Ergänzung das Lob der neuen Mütterlichkeit.

Es ist wohl eher dieser Umbau des gesamtgesellschaftlichen Arbeitsvermögens und die inhaltliche Neudefinition der Marktrationalität als deren schiere Ausdehnung auf bisher noch nicht von ihr erfaßte Sozialbereiche und Bevölkerungsgruppen, die den moralischen Kitt der Gesellschaft aufzehren und brüchig werden lassen; aber natürlich spielt auch diese rein quantitative Seite des Prozesses eine Rolle. Hier wäre insbesondere der rasch wachsende Frauenanteil in traditionell männlichen Berufskategorien zu nennen. Emanzipation heißt vor allem ja auch, was immer es sonst noch alles heißen mag, daß Frauen mit der Aufkündigung angestammter Rollenzuschreibungen auch jene Wesenszüge als angeblich natürliche von sich weisen, die für diese Sozialrollen bestimmend waren und die üblicherweise mit Moralität assoziiert werden, wie Altruismus, Einfühlungsvermögen, Selbstzurücknahme, Pflegebereitschaft etc. Mit Eintritt in gehobene Positionen bilden sie notwendig jene Verhaltensweisen an sich aus, die dort funktional sind und die traditionsgemäß als männliche Charakteristika gelten, also Statuskonkurrenz, Marktrationalität und einen utilitaristischen Individualismus.

Pflegehandeln geht tendenziell auf die Verwaltung über und wird arbeitsteilig organisiert, Sozialarbeit ist ein administrativ vermitteltes Berufsbild, das als solches die Klientel unausweichlich objektiviert und entsubjektiviert.

Der Soziologe Helmut Dubiel hat im Zusammenhang mit der kapitalistischen Durchrationalisierung der Gesellschaft vom Verschleiß gleichsam naturwüchsiger Moralressourcen gesprochen und mit dieser Metapher deutlich gemacht, daß der liberalkapitalistische Wirtschaftsprozeß auf traditionale Sinn- und Verpflichtungssysteme als auf soziale Ressourcen ebenso angewiesen ist wie auf natürliche Rohstoffreserven und daß er sie ebenso erschöpft; er verbraucht Bestände der zweiten Natur, wie er Bestände der ersten Natur verbraucht, ohne sie von sich aus regenerieren zu können.

Aber das heißt nicht – und insofern scheint mir die Metapher von der »Ökologie der gesellschaftlichen Moral« schief zu sein –, daß sie nicht von anderen Instanzen produziert und verteilt werden könnte. Die Rede von der Moral als einem »knappen Rohstoff« sieht von der Tatsache ab, daß sie als soziales Artefakt immer schon etwas Gemachtes ist und nie »natürlich«. Gerade der Anklang an Hegels Begriff der »substanziellen Sittlichkeit« sollte an ihren geschichtlichen Charakter erinnern. Wie das »natürliche Bewußtsein« überhaupt bei Hegel erscheint auch die »substanzielle Sittlichkeit« nur den unmittelbar in ihr Befangenen als »natürlich«, in Wahrheit ist sie geschichtlichen Wesens. Und wie andere Traditionsbestände in der Moderne auch, verwandelt Sittlichkeit sich in Folklore, die, ausgehöhlt und ihrer inneren Wahrheit beraubt, als äußerer Schein lebendig gehalten wird – und zwar aus dem gleichen ökonomischen Interesse heraus, das zu ihrer Aushöhlung geführt hat: »Sinn« wird synthetisch hergestellt und an Großabnehmer geliefert, die ihn dann weiterverteilen. Das ist die zynische Wahrheit jener Kompensationstheorie, wie sie von dem Philosophen Odo Marquard vertreten wird, wendet man sie auf die moralphilosophische Debatte an. Die eigentliche Pikanterie liegt aber darin, daß gerade jene, die über ihren Zynismus sich empören, in ihrer Gutherzigkeit die Lieferanten dieses zynischen Gewerbes sind.

Wir haben ja bisher nur die *Nachfrageseite* der neuen Moralität betrachtet; wenden wir uns nun der *Angebotsseite* zu, so fällt auf, daß diese ja durchaus nicht nur auf der politisch konservativen Seite zu finden ist, sondern auch an den theoretischen Orten ehemals kritischer Theorie. Nicht nur von den Kirchenkanzeln tönt es moralisch, auch die Lehrkanzeln sind heute verstärkt um eine neue Ethik bemüht.

Wie ist es dazu gekommen? Ich kann diese Frage gewiß nicht befriedigend beantworten; nur mit ein paar wenigen Strichen möchte ich meine Vermutung skizzieren, daß philosophische Ethik in genau dem Maße prominent wird, als die Philosophie der Geschichte an Glaubwürdigkeit verliert.

Vor mehr als 40 Jahren schrieb der französische Philosoph Merleau-Ponty in Auseinandersetzung mit dem stalinistischen Terror, den Arthur Koestlers Roman »Sonnenfinsternis« auf die Tagesordnung westlicher Intellektuellendebatten gesetzt hatte, in seinem großen Essay »Humanismus und Terror«: »(Die Diskussion) besteht nicht darin zu untersuchen, ob der Kommunismus die Spielregeln des liberalen Denkens einhält (zu offensichtlich ist, daß er das nicht tut), sondern ob die Gewalt, die er ausübt, revolutionär ist und fähig, zwischen den Menschen menschliche Beziehungen herzustellen. Die marxistische Kritik der liberalen Ideen ist so stark, daß man, falls der Kommunismus im Begriff wäre, durch die Weltrevolution eine klassenlose Gesellschaft zu errichten, in der gleichzeitig mit der Ausbeutung des Menschen durch den Menschen auch die Ursachen für Krieg und Dekadenz verschwunden wären, Kommunist sein müßte... Ist der Kommunismus seinen humanistischen Absichten gewachsen? Das ist die wirkliche Frage.«

Kein Mensch würde heute mehr so schreiben oder reden. Eine abschlägige Antwort auf Merleau-Pontys Frage scheint uns heute so gewiß, daß schon das Stellen der Frage lächerlich wirkt; damit aber auch das instrumentelle Verhältnis zur Gewalt und die Auflösung der Moral in Politik fast obszön. 1947 aber, zu Beginn des kalten Krieges, konnte Merleau-Ponty die Frage der Moral noch als eine offen politische stellen, das heißt, er diskutierte sie im Rahmen eines geschichtsphilosophischen Entwurfs. Doch *daß* er sie überhaupt diskutierte, sie nicht einfach mit Marx den ideologischen Formen zuschlug, zeigt allein schon ein Brüchigwerden teleologischer Gewißheit an, welche das Handeln Gletkins *und* Rubaschows in Koestlers Roman noch bestimmt hatte. Die Tragik des letzteren besteht ja darin, daß er sich selbst verurteilen muß nach seinen eigenen Prinzipien, weil er durch politischen Irrtum von der richtigen Linie abgewichen war. Moral kommt so nur ex negativo ins Spiel. Dem Funktionär und Militanten, der sich als Exekutor einer geschichtlichen Tendenz versteht, ist die Moral in die Transzendentale und in die historische Transzendenz zugleich gerutscht; als Regulativ empirischer Praxis wird sie tendenziell außer Kraft gesetzt: die bestimmt sich nach strategischen Kalkülen, so wie es immer schon die seines Gegners tat, der auch das moralische Gebot zum taktischen Einsatz brachte. Sie geht allerdings als *Impuls* seinem Handeln voraus, das seinerseits einen Zustand herstellen soll, der als in sich sittlicher des moralischen Regulativs nicht mehr bedarf – was allerdings den Bruch gegebener Strukturen impliziert und also die Anwendung von Gewalt nicht ausschließt.

»Wenn das Böse und das Gute wieder in die Zeit eingegliedert und mit den Ereignissen verschmolzen werden, dann ist nichts mehr gut oder böse, sondern nur verfrüht oder veraltet. Wer entscheidet über die Opportunität, wenn nicht der Opportunist?«, schrieb Albert Camus gegen Merleau-Pontys historische Relativierung der politischen Moral. Das Wort »Opportunist« ist sehr diskreditiert, und auch Camus verwendet es in einem pejorativen Sinn. Aber jeder Politiker ist ein Opportunist, wenn er nicht entweder dumm ist oder ein Phantast; aber dann ist er ja auch kein Politiker, sondern entweder ein ideologischer Missionar oder ein politischer Fanatiker. Für den rigorosen Moralisten ist pragmatische Politik immer unmoralisch, aber sie ist es auch für den, der unter Politik die Exekution eines historischen »Sinns« versteht. Jene, die, wie es so heißt, »Geschichte machen« wollten, negierten die konkrete Moral, doch im Namen einer desto strengeren abstrakten. Diese Dialektik hat Camus gemeint, als er im gleichen Text die Sätze schrieb: »Das geschichtliche Denken sollte den Menschen von der Unterwürfigkeit unter Gott befreien, doch verlangt diese Befreiung von ihm die vollständigste Unterwerfung unter das Werden. Dann rennt man zum Parteibüro, wie man sich vor dem Altar niederwarf. Aus diesem Grund bietet die Epoche, die sich als im schärfsten Aufstand zu bezeichnen wagt, nur die Wahl zwischen mehreren Konformismen.« Und deshalb lautet der Originaltitel von Koestlers Roman auch nicht »Sonnenfinsternis«, sondern im verschollenen deutschen Original »Circulus vitiosus« – denn aus der Logik des geschichtlichen Urteils gibt es kein Entkommen, weil es das moralische, das man gegen es ausspielt, selber ist, in äußerst radikalisierter Gestalt. Nur ein Schuß von Korruption kann den Zirkel sprengen, die daher, in homöopathischen Dosen, eine notwendige Voraussetzung ist von Humanität.

Spätestens seit 1789 beruft der Revolutionär sich darauf, daß er wahre Rechtsverhältnisse erst herstellen will und daß er die Gewalt nicht erfunden, sondern vorgefunden hat und gegen ihre eigentlichen Urheber kehrt. Beispielhaft steht dafür Saint-Just, der den Terror als Mittel zur Tugend empfahl (in der Rede zu den Ventôs-Dekreten z. B.), und natürlich vor allem Robespierre, der in seiner großen Rede »Über die Prinzipien der politischen Moral« den Schrecken geradezu zum Ausfluß der Tugend erklärte (»er fließt aus der Tugend«, wie er sagt). Da diese Männer selbst aus Tugend heraus handelten, war dieser Schritt nur konsequent, denn der Tugend ist, wie Hegel schreibt, »das Gesetz das Wesentliche und die Individualität das Aufzuhebende«. Ihre abstrakte Gewalt abstrakt zu verwerfen, wie es die konventionelle Moral verlangt und heute Mode ist, heißt mit ihrem Mittelcharakter das Ziel verurteilen, daß in der Abschaffung gewaltförmiger Verhältnisse liegt. Mit anderen Worten, die Amoralität des politischen Militanten ist nur die zu Ende gedachte Moralität selber. Jedes politische Handeln ist unausweichlich praxis und poiesis zugleich, Umgang mit Menschen als Subjekten und deren Erniedrigung zum Material. Wer es auf Praxis reduzieren und moralisch »binden« will, ist entweder ein Heuchler oder er weiß nicht, was er sagt. Den Anderen niemals *nur* als Mittel zu gebrauchen, wie es in einer seiner Fassungen der Kantische Imperativ verlangt, heißt zugeben, daß er immer *auch* Mittel ist, und je weiter der angestrebte Zustand vom gegenwärtigen entfernt ist, desto stärker tritt dieses Moment hervor. In dem Maße, in dem das Handeln sich selbst als historisches versteht, hebt es das moralische Urteil im politischen auf.

Gegen die abstrakte Tugend der bürgerlichen Revolution hat sich die nach-kantische Philosophie gewandt. Das revolutionäre Handeln sucht nun seine Rechtfertigung in der Geschichtsphilosophie, nicht in den zeitlosen Geboten der Moral, die es umgekehrt zum ideologischen System erklärt und seinerseits dem strategischen Kalkül unterwirft. Aus dem Himmel der Ideale herabgeholt, wurde Moral erkennbar als das, was sie seit je gewesen ist: als Schmiermittel der laufenden Ereignisse. Denn ihre reinen Prinzipien haben sich nicht nur immer schon mit der je bestehenden Macht arrangiert, sondern sie auch als ihren Existenzgrund vorausgesetzt. Und indem sie diese als Gewalt in Latenz hält, rechtfertigt sie sich selbst über ihre pazifizierende Funktion. So ist sie die Maske der Funktionäre und aller Personalchefs, die ihre Angestellten gern, wie es bei Kracauer heißt, »moralisch rosa« haben. Die Sorge um das Menschliche überhaupt ist solange eine konservative Ideologie, als sie sich nicht um die spezifischen Bedingungen sorgt, unter denen das Humane real wird. Seit Hegel hatte die Moral als unmittelbare daher eine schlechte Presse in der Geschichtsphilosophie.

Und gerade deshalb hat sie heute wieder Konjunktur. Denn in dem Maße, in dem die Hoffnungen der Geschichtsphilosophie enttäuscht worden sind, wurden die historischen Fühler eingezogen, entdeckte man wieder das Recht der nächsten Dinge vor den übernächsten, richtete sich im Bestehenden ein und erklärte Ethik – wie es bei dem Philosophen Robert Spaemann mit deutlicher Spitze gegen Adorno heißt – zur »Lehre vom richtigen Leben im Falschen«.

Als um die Mitte des Jahrhunderts Merleau-Ponty die Dialektik von Humanismus und Terror diskutierte, tat er dies noch in einem historischen Horizont. Doch gerade weil dieser Horizont schon verschwamm, wurde die politische Moral zum Problem. Gewiß kritisierte Merleau-Ponty die Moral noch politisch, aber nur, weil er die Politik schon in der Moral fundierte. Das gilt erst recht für die existentialistische Marx-Interpretation Jean-Paul Sartres, die den Intellektuellen zum »Engagement« verpflichten will – auf seiten des

Proletariats als Klasse, die zu dieser Zeit schon politisch, wenn auch noch nicht ökonomisch in Auflösung war. '68 fand zwar nicht gänzlich ohne das Proletariat statt, doch blieb es in seinem Elan weit hinter dem zurück, was die »enragés« in die Situation projizierten. Die Bewegung war eine Rebellion, die sich als Revolution kostümierte, ein moralischer Protest in politischen Kategorien. Der Frankfurter Studentenführer Hans-Jürgen Krahl hat als ihr reflektiertester Kopf dieses moralische Motiv auf den Punkt gebracht, als er seine Rede im Senghor-Prozeß 1969 in Frankfurt mit den Blochschen Worten schloß: »Warum sind diejenigen, die es nicht nötig haben, zur roten Fahne übergelaufen? Es ist die sich tätig begreifende Menschlichkeit.«

Da haben wir sie also wieder, die Menschlichkeit, diesmal auf der politisch anderen Seite. Dieses »Herzklopfen für das Wohl der Menschheit« aber hat, wie schon Hegel in der »Phänomenologie« notierte, die fatale Neigung umzuschlagen in die »Raserei des Eigendünkels«. Die Geschichte der 70er Jahre hat die Wahrheit dieser These gezeigt. Tatsächlich waren jene, die sich in der Nachfolge Marxens als Materialisten verstanden, meist nur moralistische Idealisten, die den Materialismus in eine abstrakte Idee transformierten und aus Moral zur Geschichte überliefen, die dann die Moral zerstörte.

Die Marxsche Theorie selbst hatte noch auf die gesetzt, die es aufgrund ihrer Lage »nötig haben«, zur roten Fahne überzulaufen. Marx spekulierte nicht auf Moral, sondern auf »Einsicht in die Notwendigkeit«, die ihm geschichtsphilosophisch gesichert schien und die heute desavouiert ist.

Diesen Zerfall des historischen Bewußtseins, die zunehmende Moralisierung der Theorie, hat die Kritische Theorie nachgezeichnet, indem sie ihn thematisierte, aber auch, indem sie in ihrem Verlauf selbst dessen Ausdruck war. Das Spätwerk Adornos ist die Kippe, Geschichtstheorie und Ethik zugleich, wobei jedes der beiden Momente das andere bedingt. Was nach ihm kam, war die Diskursethik, als Neuauflage des Transzendentalismus ahistorisch bis in die Knochen und Auflösung des realen Widerspruchs im verbalen, die Apologie des Geredes, des Geredes überhaupt, ohne Rücksicht darauf, *was* geredet wird, mit anderen Worten: die Apologie der Phrase »sans phrase«.

In diesem Versuch einer Sinnaufladung des Sinnlosen trifft sich heute die Kritik mit dem Konservativen bei ihrem Bemühen um eine philosophische Fundierung politischer Moral. Denn »sittliches Handeln«, schreibt R. Spaemann, »ist dasjenige, das jederzeit aus der Präsenz einer Totalität von Sinn lebt«.

Die Wirklichkeit aber beginnt in genau dem Augenblick, da der Sinn zerfällt, und umgekehrt ist nichts so mörderisch und destruktiv für die »Wirklichkeit«, wie die Verbindung von Idealismus und Moral in der Politik. »Wer Abstraktionen in der Wirklichkeit geltend macht, zerstört Wirklichkeit«, dieses Diktum Hegels trifft jeden Rigorismus, sei er moralistischer, sei er utopistischer Natur. Wer das Absolute sucht, mag zusehen, wo er es findet. Dazu sind die Kirchen da. Die Politik aber spielt sich im Relativen ab und führt immer dann zu Katastrophen, wenn sie Ideale verwirklicht und moralisch rein bleiben will. Wie jedes Handeln braucht auch das politische Prinzipien, doch nicht zu viele und nur als allgemeines Regulativ: eines Opportunismus in Aktion bei der Durchsetzung von Interessen. Moral ist etwas für die kleinen Leute...

Thomas H. Macho
Container der Aufmerksamkeit
Reflexionen über die Aufrichtigkeit in der Politik

»Obgleich der Satz: *Ehrlichkeit ist die beste Politik,* eine Theorie enthält, der die Praxis, leider! sehr häufig widerspricht: so ist doch der gleichfalls theoretische: *Ehrlichkeit ist besser denn alle Politik,* über allen Einwurf unendlich erhaben, ja die unumgängliche Bedingung der letzteren.«

Immanuel Kant[1]

»Niemand hat je bezweifelt, daß es um die Wahrheit in der Politik schlecht bestellt ist, niemand hat je die Wahrhaftigkeit zu den politischen Tugenden gerechnet. Lügen scheint zum Handwerk nicht nur des Demagogen, sondern auch des Politikers und sogar des Staatsmannes zu gehören.«

Hannah Arendt[2]

I

Wer ernsthaft vorgeben wollte, über die Ehrlichkeit oder Unehrlichkeit der Politik nachzudenken, riskierte zumindest den Ausbruch eines herzhaften Gelächters. Mit etwas Glück würde er als »weltfremd« angesehen und von der Verantwortung für seine Äußerungen entbunden; mit etwas Pech würde er verprügelt und hinausgeworfen. Ein ebenso moralistisches wie realitätsnahes Vorurteil behindert jede seriöse Auseinandersetzung mit dem Thema: wir setzen zwar voraus, daß Ehrlichkeit als politische Grundtugend qualifiziert werden muß; aber zugleich sind wir schon sicher, daß eben kein Politiker dieser Grundtugend huldigt – und vielleicht auch gar nicht huldigen kann. Dieses Vorurteil bildet ein aktuelles Wahrnehmungsschema des Politischen.

Politiker wollen gerne für ehrlich gehalten werden; und was heutzutage mit Vokabeln wie »Authentizität« oder »Glaubwürdigkeit« bezeichnet wird, gilt nach wie vor als unverzichtbare Bedingung für Charisma, Ausstrahlung und Autorität. Ein Politiker, dem nachgewiesen werden kann, daß er lügt, ist nicht nur in den USA – oder in anderen puritanisch geprägten Weltgegenden – verloren. Selbst in Österreich, einem vergleichsweise levantinischen Gemeinwesen, wurde ein ehemaliger Regierungschef in die Puszta der Bedeutungslosigkeit verbannt, weil er einer taktischen Unaufrichtigkeit – in bezug auf die ebenfalls taktischen Unaufrichtigkeiten eines Präsidentschaftsbewerbers – überführt werden konnte.

Wer nicht die Wahrheit sagt, ist unpopulär; und jede Partei darf auf Stimmengewinne hoffen, der es einigermaßen gelingt, sich als »ehrlich«, »aufrichtig«, »authentisch« und »glaubwürdig« zu präsentieren. Nichts ist so gefragt wie eine »weiße Weste«. Und nichts trägt mehr zur »Sauberkeit« bei als das Image der Wahrhaftigkeit: ein Lügner wird weder in offener noch in geheimer Abstimmung unterstützt. Andererseits sehnen wir uns aber keineswegs nach einer »ehrlichen Haut«. Es ist seltsam, wie die offenkundig unverzichtbare Grundtugend der Ehrlichkeit über- und zugleich unterschätzt wird. Wenn jemand allzuoft seiner »Ehrlichkeit« gerühmt werden muß, entsteht leicht der Eindruck, daß keine anderen Charaktereigenschaften irgendwelche Würdigungen verdienen. Die »ehrliche Haut« steht selten im Ruf besonderer Intelligenz, besonderer Geschicklichkeit oder anderer hervorragender Kompetenzen. Ehrlichkeit ist eine Qualität, über die man nicht spricht. Sie darf nicht auffallen. Wir rechnen mit ihr ohne irgendwelchen Reflexionsbedarf – so wie man vielleicht von Gästen am Mittagstisch erwartet, daß sie gelernt haben, mit Messer und Gabel zu essen. Ein Politiker, der dauernd seine Red- und Ehrlichkeit versichern wollte, käme uns vor wie ein Gast, der mehrfach betonte, wie souverän er das Besteck und die Serviette zu handhaben versteht; und natürlich würden wir den Tischsitten eines solchen Gastes ebenso mißtrauen wie der Wahrhaftigkeit des zitierten Politikers.

Über die Ehrlichkeit oder Unehrlichkeit der Politik läßt sich also schwer nachdenken; unverhofft ernten wir Lacherfolge, wo doch ein seriöses Thema diskutiert werden sollte. Ein Gespräch über Ehrlichkeit wirkt wie eine Diagnose der Unehrlichkeit. Sobald die Ehrlichkeit der Politiker – aber auch die Ehrlichkeit der Bankdirektoren, Werbemanager, Journalisten oder Versicherungsagenten – ausdrücklich reflektiert wird, steht das einigermaßen lächerliche Ergebnis von vornherein fest: natürlich lügen sie alle, spielen bloß eine schlecht einstudierte Rolle und verwenden ihre Zeit auf Tarnen, Täuschen und Betrug. Nach Maßgabe der skizzierten Prämissen gilt demnach unausweichlich: jeder Diskurs über die »Glaubwürdigkeit« der Politik muß von vornherein zur Kritik, zur Polemik und zum Angriff geraten.

Wir sind ebenso überzeugt von der fundamentalen *Notwendigkeit* wie von der fundamentalen *Unwirklichkeit,* ja sogar *Unmöglichkeit* einer aufrichtigen Politik. Dieses Paradox ist übrigens ziemlich modern: weder hätten vergangene Zeiten ihre Politiker einem derart geschärften Ehrlichkeitsideal unterworfen, noch hätten sie unsere Ansichten über die tatsächliche Amoralität und beinahe schon kriminelle Unaufrichtigkeit der Politik geteilt. Was unser widersprüchliches Wahrnehmungsmuster von Politik bestimmt (und unser demokratisches Bewußtsein gelegentlich lähmt), könnte daher als moralische Rationalisierung aufgefaßt werden: als moralische Rationalisierung zeitgenössischer Richtungs- und Orientierungsverluste. Womöglich ist die Forderung nach *aufrichtiger* Politik nur ein Pseudonym des depressiv-blamierten Ideals von einer *richtigen* Politik.

2

Vor einigen Jahren habe ich – unfreiwillig, aber nicht unaufmerksam – einer jener Diskussionen zwischen Parteienvertretern und -vertreterinnen zugehört, welche sich in Vorwahlzeiten häufen. Die Veranstaltung wurde in der österreichischen Provinz durchgeführt, und zwar in einem autonomen Jugendzentrum. Unter dem Titel »Wer ist wählbar?« stritten Kandidaten und Abgeordnete der österreichischen Parteien um die Gunst des Publikums. Auch für den Uneingeweihten war es nicht schwierig, die Podiumsgäste den einzelnen Parteien richtig zuzuordnen; inzwischen ähneln sie ja alle zunehmend ihren Karikaturen. Der sozialistische Abgeordnete, Präsident der Arbeiterkammer in der Landeshauptstadt, erinnerte an einen Finanzbeamten: solid und farblos, souverän und doch charakterschwach. Der christdemokratische Vertreter hingegen repräsentierte die obligate Mischung aus Lehrer, Bauer und TV-Kaplan – der »gute Mensch« vom Nachbardorf, ebenso freundlich wie blasiert und offenbar leicht kränkbar. Der Freiheitlich-Nationale: im blau-weißgestreiften Sweatshirt, ein engagiert blonder Turnlehrer, blauäugig in jeder Hinsicht; und schließlich die Kandidatin der »Grünen«, eine hochschwangere Lehrerin mit basisdemokratischer Programmatik. Untypisch wirkte lediglich der kommunistische Parteigänger: ein vollbärtiger, braungebrannter Mann in den sogenannt »besten Jahren«, der gewiß zu zahlreichen Organisationen und Professionen – vom »Jugendrotkreuz« bis zum »Verkehrsbüro« – passen würde, bloß nicht zu den Kommunisten.

So sah die Tribüne aus. Zwei Szenen des Abends will ich kurz darstellen. Im Jugendzentrum richteten sich naturgemäß zahlreiche Angriffe gegen den Vertreter des »rechten Flügels«, gegen jenen Turnlehrer also, der offenkundig von den Erfahrungen eines jüngst absolvierten Rhetorik-Seminars zehrte. Er focht ebenso schlecht wie hartnäckig für das Programm seiner Partei – deren Spitzenkandidaten als »Unbestechliche« aufzutreten pflegten –, als ihm plötzlich der »gute Mensch« von der christdemokratischen Volkspartei in den Rücken fiel. Er kenne ihn doch persönlich und seit vielen Jahren aus der Schule, als einen vernünftigen und engagierten Turnlehrer, und nun wolle er wissen, was »Du selbst, lieber Norbert, von den Sprüchen Deines Parteivorsitzenden hältst«; es sei ihm schlechterdings unvorstellbar, daß sein Nachbar auf der Tribüne – »Du selbst, lieber Norbert« – mit den jüngst publizierten Ansichten übereinstimme, die der freiheitliche Kanzlerkandidat... Das Gesicht des eben noch tapfer streitenden Turnlehrers verlor seine Farbe; urplötzlich mußte er mit der Behauptung einer Differenz fertigwerden, deren Gewicht er noch nicht genau einzuschätzen wußte. »Sei doch ganz ehrlich, lieber Norbert, Du selbst...« – Die richtige Antwortstrategie gegen einen solchen perfiden Angriff war wohl auf dem Rhetorik-Kurs der »Unbestechlichen« nicht ausreichend trainiert worden. (Nebenbemerkung: man soll die »guten Menschen« niemals unterschätzen!) – Die Szene fand übrigens ein heiteres Nachspiel, als sich Vertreter sämtlicher Parteirichtungen – erschöpft von der Diskussion – vor der Theke des hauseigenen Alternativ-Lokals versammelten, um dem glücklosen Turnlehrer einzureden, er sei doch »zu ehrlich für die Politik« und außerdem sowieso bei der »falschen Partei«...

Da kollidierten schlicht und einfach zwei »Ehrlichkeiten«. Die unfreiwillige Ehrlichkeit des Turnlehrers, entsprungen aus Unsicherheit, Naivität und rechtspopulistischen Parteislogans – und die strategisch-routinierte Ehrlichkeit des »guten Volksvertreters« gerieten in einen amüsant-grundsätzlichen Konflikt. – Währenddessen trafen die eindrucksvollsten Stellungnahmen regelmäßig vom äußeren linken Rand des Podiums ein. Dort saß, in entspannt-nachdenklicher Körperhaltung, jener unauffällig gekleidete Mann »wie du und ich«, der konsequent die Auffassung propagierte, daß ein linker Individualisierungsbedarf am besten durch eine Stimme für die KP befriedigt werden könnte. Er wirkte unglaublich ehrlich. Als er beispielsweise von den parteiinternen Diskussionen berichtete, die sich um die Frage drehten, ob es augenblicklich überhaupt sinnvoll sei, sich an einer Wahl zu beteiligen, warf sogar der sozialistische Arbeiterkammer-Präsident mitleidsvolle Blicke zur Seite. In der anschließenden Publikumsdiskussion wurde mehrfach betont, wie außerordentlich offen und ehrlich der KP-Funktionär aufgetreten sei; und natürlich blieben auch die zarten Seitenhiebe nicht aus, welchen zufolge die Offenheit und Ehrlichkeit als Privilegien der extremen Erfolg- und Aussichtslosigkeit betrachtet werden müssen.

Auf verschiedene Art und Weise bezeugten sowohl der Turnlehrer als auch der Kommunist die prototypische Wahrnehmung von Ehrlichkeit und Offenheit in der Politik: als Zeichen von Naivität und mangelnder Professionalität, und als Strategie zur Produktion von Tötungshemmungen durch hemmungslose Darstellung eigener Erfolglosigkeit und Schwäche. Die christlich imprägnierte »Ehrlichkeit« des »guten Menschen im Parlament« blieb dagegen stets als Argumentationsstrategie durchschaubar, als »moralisches« Mittel zum parteipolitisch »höheren« Zweck.

3

Die unwillkürliche Komik der geschilderten Szenen enstand aus dem Zusammenprall verschiedener Ehrlichkeitsbegriffe. Ohnehin ist Ehrlichkeit – in epistemologischer Hinsicht – ein Schwundbegriff. Daß es heute nicht leicht möglich sei, das richtige – die *Wahrheit* – zu sagen, wird implizit und von vornherein zugestanden: prophetische Kompetenzen werden nicht mehr verlangt oder erwartet, weder in der Kirche noch in der Politik. Ehrlichkeit ist kein Titel für besondere Treue zum achten Gebot, sondern allenfalls ein Ideal der *Verkörperung*. Ehrlich zu sein heißt gegenwärtig, sich selbst treu zu bleiben. Heißt: nicht mehr zu scheinen, als zu sein. Heißt: zu meinen, was man sagt, und auch zu sagen, was man denkt. Heißt: wenigstens von den eigenen Einsichten und Anstrengungen überzeugt zu sein. Aber just über diese Idee der Ehrlichkeit – als Abstandslosigkeit zwischen privater Existenz und öffentlich bekundeter Überzeugung – ist der zitierte

Turnlehrer gestolpert. Nach der Logik des Parteiensystems bleiben Person und Funktion einander fremd; und die faktische Erwählung zwingt bloß zur Treue gegenüber der eigenen Fraktion. Im Zweifelsfall siegt die Loyalität zum politischen Klub über jedes Verkörperungspostulat und Wahrhaftigkeitsgebot. Im Krisenfall herrscht parlamentarischer Abstimmungszwang. Keiner sagt mehr, was er denkt: und zwar just auch dann nicht, wenn er für eine Partei ins Feld zieht, die sich als Hort politischer Glaubwürdigkeit, ökonomischer Unbestechlichkeit und moralischer Integrität darzustellen versucht. Kurzum: Ehrlichkeit wird in den westlichen Oligarchien – in diesem System von Parteien, Lobbies, Aufsichtsräten und Standesvertretungen – häufig mit einer Art von bedingungsloser Gefolgschaft gleichgesetzt; die »Nibelungentreue« zum Falschen wird selbst in den Medien weniger scharf kritisiert als etwa der einmalige »Verrat« zugunsten eines (treffenden) gegnerischen Arguments. *Ehrlichkeit* assoziiert sich nicht mit Aufrichtigkeit und Wahrheit – sondern mit einem zweifelhaften, mythisch-ritterlichen Begriff von *Ehre und Treue.*

Dieser Entwicklung läßt sich freilich auch ein begrüßenswerter Aspekt abgewinnen; denn sie besiegelt ja endgültig die Trennung von Religion und Verfassung. In diesem Sinne hat Peter Sloterdijk das Glaubwürdigkeitspathos aktueller Politik karikiert: »Die glaubwürdigste Politik von heute ist ohne Zweifel die der persischen Ayatollahs, da nirgendwo sonst in der Welt der Abstand zwischen dem, was die Politiker sind, und dem, was sie tun, so gering ist wie bei ihnen; sie sind bei weitem die charaktervollsten, glaubwürdigsten Politiker unserer Zeit.«[3] Aus dem Parteienstaat läßt sich dagegen keine »politische Theologie« mehr ableiten; das Zeitalter der politischen Missionen ist vorbei. Selbst der »Tag der deutschen Einheit« wird rasch zum Alltag, zum willkommenen »Fenstertag« für Herbst- und Kartoffelferien umgewidmet werden; ohne »Mauer« und Stacheldraht, ohne Opferphantasien und »Versailler Diktate« kann und wird kein

»viertes Reich« entstehen. Vermutlich spricht zwar kein Politiker mit seiner eigenen Stimme – aber wenigstens spricht er auch nicht mit der Stimme irgendwelcher Götter oder Urahnen.

Die »Stimme« des zentraleuropäischen Politikers gehört nicht ihm selbst, auch keinem Gott und keinem »höheren Selbst«, sondern schlicht und einfach seinen »Wählern«, die für ihn »gestimmt« haben. Die einzige Organisationsform seiner Wähler ist aber die Partei (oder eben jene Interessenvertretung, in deren Namen und Programm der Kandidat zur Wahl angetreten ist). Ehrlichkeit wäre identisch mit »Delegation«, mit dem Auftrag zur Verkörperung möglichst vieler Einzelstimmen. Die Frage nach der Ehrlichkeit des Politikers ließe sich nun anders formulieren. Weder seine Wahrhaftigkeit müßte in erster Linie zur Debatte gestellt werden noch seine Fähigkeit, *eigene* Erfahrungen und Überzeugungen glaubhaft und ohne taktische Krämpfe zu verkörpern. Vielmehr müßten wir fragen, ob und wie viele »Wahlstimmen« sich in den Reden des Politikers artikulieren; und nebenbei drängt sich die beunruhigende Frage auf, *was* der Politiker alles repräsentiert, welchen »Volksstimmen« er eine psychoakustische Hörbarkeit verschafft und welchen kollektiven Gefühlslagen – welchen »Stimmungen der Nation« – die Macht der Delegation politischer Imperative und »Gewissensbisse« verliehen wurde. Wer spricht in wessen Namen mit der »inneren Stimme« unserer politischen Stars und »Führer«? Wessen Gefühle, Ängste oder Wünsche äußern sich in den Versprechungen eines Wahlkampfes? Und wer hat welchem »Volk« – und bei welchen Gelegenheiten – »aufs Maul geschaut«? Trifft womöglich zu, daß uns die Szenerie der Politik auch darum so undurchsichtig und unehrlich vorkommt, weil sie widerspiegelt, was wir an uns selbst nicht leiden können? »Wenn Politiker fast immer unpopulär sind, dann nicht, weil sie dem Volk entfremdet wären, sondern weil sie ihm aufs Haar gleichen. So verblendet ist das Volk selten, sich selbst populär zu finden. [...] Das

Publikum hat immer dann am meisten Grund, seine Politiker für unglaubwürdig zu halten, wenn diese so sind, wie man sie haben will.«[4]

4

Die Ehrlichkeit der Politiker gleicht also womöglich der Ehrlichkeit eines Spiegels: nach Maßgabe einer unbewußt-bewußtlosen Repräsentationslogik. In seinen Studien zur Persönlichkeitsstruktur der US-Präsidenten und zum »Reaganism« hat der Psychohistoriker Lloyd deMause eine Hypothese über Politiker als »emotionale Container« entwickelt. Nach dem erdrutschartigen Wahlsieg des kalifornischen Gouverneurs Ronald Reagan über seinen – besonders in der iranischen Geiselkrise – glücklosen Amtsvorgänger Jimmy Carter hatten nicht wenige Feuilletonisten ihre Witze über den B-Movie-Schauspieler gerissen, der in der Rolle des US-Präsidenten den Höhepunkt seiner Karriere erreichte. Lloyd deMause konnte überzeugend demonstrieren, daß diese Witze durchaus die heißen Zonen einer unbewußten Nationaldramaturgie berührten und daß die jeweiligen Präsidenten der USA als eine Art von *Schamanen* oder *Medien* – jedenfalls aber als *Schauspieler* – einer Weltbühne und »auserwählten Nation« operierten. Jeder Politiker sei ein Botschafter, behauptete deMause, ein Empfänger emotionaler Strömungen, die er in Reden und Pathosformeln umschmelze. Nur wenige Menschen eignen sich für diese Funktion eines »emotionalen Containers«; politische Medialität werde in der frühesten Kindheit geprägt. Politiker seien *Opfer ihrer Lebensgeschichte:* »Im allgemeinen kann man nur von einem sehr einsamen Menschen erwarten, daß er den Beruf des Politikers ergreift. Er ist von Kindesbeinen an daran gewöhnt, Anerkennung und Wärme nur dadurch zu erlangen, daß er Delegierter für die Ansprüche seiner Mutter ist und ihren Wünschen, auch den ausgefallensten, rundherum entspricht.«[5]

Macht und Einfluß sind offenbar ambivalent. Gerade die US-amerikanischen Präsidenten wurden immer wieder *Opfer ihrer Macht:* »Schließlich ist es die Hauptfunktion eines Führers, die Gefühle aufzunehmen, die wir in ihn injizieren, und etwas mit ihnen anzufangen. Wenn wir das Gefühl hatten, verrückt zu werden und uns aufzulösen, mußte *er* das gleiche fühlen. Wenn wir das Gefühl hatten, mit uns ginge es zu Ende, mußten wir *ihn* dazu bringen, *sich selbst* am Sterben zu fühlen.«[6] Solche Transaktionen konnten rasch in buchstäbliche Gewalttaten münden: etwa in ein Attentat auf den Präsidenten. Die psychohistorischen Belege für den Zyklus einer rituellen Opferung des eigenen »Führers« sind eindrucksvoll; sie bezeugen die archaische Dialektik der Herrschaft, vertraut seit den Berichten James George Frazers über die Tötung der afrikanischen »Regenkönige«.

Es ist verblüffend, wie sich mit psychohistorischer Theorie zahlreiche Elemente des Golfkriegs analysieren lassen. In gewisser Hinsicht war Saddam Hussein der ideale Feind und »emotionale Container« für die USA: er trat die legitime Nachfolge Hitlers, Stalins, Castros, Ortegas, Gaddafis oder Noriegas an. Die Disposition der USA – der Wunsch einer »auserwählten Nation«, endlich wieder einmal einen »gerechten Krieg« gegen jene »Macht des Bösen« führen zu dürfen, die sich neuerlich anschickte, das Licht der »freien Welt« auszulöschen – wurde durch Husseins Drohung, den israelischen Staat ausgerechnet mit Giftgas zu bombardieren, dramatisch affirmiert. Hatte man diesen »Hitler des Nahen Ostens« nicht dringend gebraucht? Wer sollte denn nach dem Umsturz in Osteuropa, nach dem Tod Ayatollah Khomeinis und nach den freien Wahlen in Nicaragua die vakante Funktion des »Widersachers« einnehmen? – Längst war absehbar geworden, daß der vielpropagierte Kreuzzug gegen die »Drogenmafia« mit der US-Invasion in Panama und der Gefangennahme Noriegas seinen Höhepunkt erreicht hatte – offenbar ohne die erwarteten heilsamen Wirkungen auf das nationale Selbstwertgefühl auszuüben.

Die Konfrontation am Golf war ein psychohistorisches Lehrstück über die zeitgenössischen Repräsentationsbedingungen von Politik. Wer bis 1991 – und also trotz der osteuropäischen Revolutionen – den *medialen* Charakter des Politischen übersehen konnte, wurde nunmehr aufs gründlichste belehrt; wer die Verbreitung des Films von der Hinrichtung des rumänischen Diktators für eine (mehr oder weniger makabre) Begleiterscheinung der revolutionären Unruhen gehalten haben mochte, erfuhr nun, daß die Zeiten nahen, in denen Kriege durch Rededuelle und dramatische Botschaften auf dem Fernsehschirm vorbereitet und durch Waffensysteme ausgetragen werden können, die einem Computer- oder Videospiel ähnlich sehen. »High Noon«: die katastrophalen Wirkungen der »Wargames« müssen ja nicht unbedingt aufgezeichnet werden. Im Golfkonflikt erreichte die Verschmelzung von »Krieg und Kino« (Paul Virilio) ihren bisherigen Höhepunkt.

5

Aber auch in Zentraleuropa werden politische Auseinandersetzungen in steigendem Maße medialisiert und televisionär entschieden: in allerletzter Minute disponieren *Maskenbildnerinnen* über Erfolg oder Mißerfolg einer politischen Idee, Wahlkampagne oder Drohung. In der Politik siegt neuerdings, wer am meisten *Aufmerksamkeit* auf sich vereinigen kann. Wichtiger als selbst der denkbar höchste Ehrlichkeitsbonus ist der Bekanntheitsgrad; und schlimmer als jeder Beliebtheitsverlust wäre der Umfragevermerk: *nicht bekannt.* Vor jedem »Urnengang« werden zahlreiche Statistiken veröffentlicht und mehrere TV-Diskussionen zwischen den Spitzenkandidaten durchgeführt; eine rabiat hohe Anzahl von Inseraten, Plakaten und Belangsendungen soll die Gesichter der Politiker in die Hirne der Bevölkerung zwängen. Politischer Erfolg wird an eine Akkumulation von Blicken gebunden, an die gelingende Kapitalisierung kollektiver Aufmerksamkeit. Im Chaos der verschiedenen Botschaften, Nachrichten und verbalen Gefechte setzt sich durch, wessen Stimme die meisten Ohren erreicht, wessen Augen die meisten Kontakte verbuchen können und wessen Hände die meisten Begrüßungen absolviert haben. Jeder Wahlkampf wird als eine Wette auf die eigene Prominenz bestritten; pedantisch werden die Menschenzahlen und Stunden errechnet, die von der eigenen Propaganda – von der Repräsentation des Spitzenpolitikers also – erreicht wurden.

In einem lesenswerten Essay über den Zusammenhang zwischen Zeit und Geld hat der Architekt Georg Franck behauptet, daß sich die Aufmerksamkeit als Leitwährung der Gegenwart etabliert habe: »Die Sorge, daß möglichst viele schauen, ist zum tragenden Lebensgefühl geworden. Man kann sogar sagen, daß sie unsere ›Kultur des Narzißmus‹ finanziell mitträgt. Erstens haben die Märkte der Eitelkeit ungeheuer an Bedeutung gewonnen und zweitens macht sich das Avancement der Aufmerksamkeit zur Leitwährung eben auch im direkten Austausch bemerkbar. Mode, Kosmetik und das Styling von Figur und Frisur sind zu Schlüsselindustrien gereift. Ihre Umsätze und Zuwachsraten stehen denjenigen der technisch innovativen Märkte nicht nach.«[7] *Marketing* hat sich zu einer wesentlichen Erscheinungsform des Kapitalismus entwickelt; selbst Industriezweige, die bisher auf Marketing verzichten konnten, werden häufig durch peinliche Umsatzrückgänge an die Notwendigkeit erinnert, schlechthin *jedes* Produkt auf einen potentiellen Mehrwert der Blicke hin auszurüsten.

Als besondere Organisationsformen dieser neuen *Ökonomie der Zuwendung* fungieren die *medialen* Märkte: Werbung, Marketing und die unvermeidliche Konkurrenz um die Käufer- und Kundenaufmerksamkeit benötigen Zeitungen und Illustrierte, Radio und Fernsehen, Plakate und Litfaßsäulen. Und umgekehrt: ohne Inserate kann keine Zeitung überleben, ohne Werbeaufkommen kein Sendestudio.

»Einschaltquoten messen außer der Werbepräsenz des Mediums das aufmerksame Einkommen der präsenten Personen. [...] Prominenz ist das hohe Gut, das die persönliche Präsenz in den Medien verheißt. Ihr Gewinn – nicht allein der materielle – ist es, der die Konkurrenz um die Einschaltquoten anheizt. Prominenz ist der moderne Adel, die demokratisierte Form des Abglanzes, den einst die Nähe zum Herrscher verlieh. [...] Prominente sind Einkommensmillionäre an empfangener Aufmerksamkeit. Die Präsenz in den Medien erlaubt, sehr viel mehr Aufmerksamkeit zu beziehen, als man persönlich erstatten könnte. Prominente werden zu Großverdienern, indem sie Aufmerksamkeit über bloße Repräsentationen ihrer selbst einnehmen. [...] Wie Kapital trägt Prominenz sogar für sich alleine Zinsen. Prominentsein genügt, um aufmerksames Einkommen zu beziehen.«[8]

Politische Aufrichtigkeit heißt demnach heute: gesehen zu werden, ohne selbst sehen zu müssen, gehört zu werden, ohne selbst hören zu müssen, geliebt zu werden, ohne selbst lieben zu müssen. Wie ein neues Wertgesetz prägt eine konstitutive Assymmetrie der Kommunikationen unsere alltägliche Lebensorganisation – eine Assymmetrie gleichwohl, die nicht ernsthaft schmerzt, weil sie mit der Phantasie verschwistert wurde. Vor einem halben Jahrhundert waren Millionen davon überzeugt, daß ihnen der »Führer« höchstpersönlich ins Auge geblickt hatte; heute träumen sie meinetwegen vom Gewinn einer Preisfrage, der das Mittagessen mit einem prominenten »Star« verspricht. Vielleicht lassen sich solche Organisationsformen im Jahrhundert der »Bevölkerungsexplosion« gar nicht vermeiden; der Frage nach politischer *Ehrlichkeit* eröffnen sie keinen wirklichen Raum. Denn die Politiker *sind* ehrlich, sie *können* gar nicht unehrlich sein, wenn sie gewählt werden wollen. Sie sind mindestens so ehrlich wie die meisten Krankheitssymptome; und ihre Moral gibt allenfalls Gelegenheit, weniger prominente Zeitgenossen zu Reflexionen über die Aufrichtigkeit in der Politik zu verführen.

Anmerkungen

1 Immanuel Kant, *Zum ewigen Frieden.* Ein philosophischer Entwurf, in: Werkausgabe Bd. XI, Frankfurt/Main 1968, S. 229.
2 Hannah Arendt, *Wahrheit und Lüge in der Politik.* Zwei Essays, München/Zürich 1987[2], S. 44.
3 Peter Sloterdijk, *Eurotaoismus.* Zur Kritik der politischen Kinetik, Frankfurt/Main 1989, S. 221.
4 Ebda., S. 227.
5 Lloyd deMause, *Grundlagen der Psychohistorie,* Frankfurt/Main 1989, S. 119.
6 Lloyd deMause, *Reagan's Amerika.* Eine psychohistorische Studie, Frankfurt/Main/Basel 1987[2], S. 38.
7 Georg Franck, *Die neue Währung: Aufmerksamkeit.* Zum Einfluß der Hochtechnik auf Zeit und Geld, in: Merkur. Deutsche Zeitschrift für europäisches Denken. Heft 486 (= Jahrgang 43/Heft 8), Stuttgart 1989, S. 698.
8 Ebda., S. 699.

Ota Filip
Störfaktor »Persönlichkeit«

Wenn ich über die Macht der Politiker und über die Politik spreche, dann verfalle ich sehr oft in meinen bösen böhmischen Zynismus und behaupte, daß die Mehrzahl der Politiker entweder *verkauft* oder *gekauft* ist, in jedem Fall sind sie entweder auf eine verfeinerte Art und Weise oder – grob, aber wahr gesagt – korrupt. Ich möchte aber den Begriff »korrupt – Korruption« nicht nur in seinem vereinfachtsten, sozusagen volkstümlichen Inhalt oder vom Standpunkt einer unerbittlichen Moral schon im vorhinein in eine ewige Verdammnis verurteilen. Die Korruption hat nämlich, außer vielen abscheulichen Gesichtern, auch mehrere menschliche Antlitze. In einem totalitären System kann die Korruption sogar zwischenmenschliche Kontakte fördern und das dem Menschen feindliche Regime ein wenig humanisieren und erträglicher machen. Politiker, die in einem totalitären System korrupt sind oder sich korrumpieren lassen, sind dem Bürger und der Öffentlichkeit weniger gefährlich als ehrliche Fanatiker. Die Ehrlichkeit, die ja so viele Gesichter hat, unter vielen auch das Antlitz eines mit allen Wassern gewaschenen Heuchlers, ist bei einem Politiker an der Macht nicht unbedingt das Zeichen eines großartigen Charakters.

Auch in einer funktionierenden Demokratie scheinen mir korrupte Politiker nicht so gefährlich wie ehrliche Streber oder Saubermänner, die nichts anderes im Sinn haben als die Macht. Ich will noch weiter gehen und behaupten: Es ist schon sonderbar: In der praktischen Politik – und es gibt außer der praktisch angewandten Politik keine andere – haben wir, die von der Politik und von den Politikern betroffenen Bürger, weder korrupte noch ehrliche, weder charakterlose noch charaktervolle Politiker, also im negativen oder im positiven Sinn überzeugende Persönlichkeiten nötig. Denn die Politik, die Ausübung der politischen Macht, ist heutzutage am besten in den Händen von durchschnittlichen, weder zu charaktervollen noch gemeinen, weder zu intelligenten noch zu dummen Menschen aufgehoben. Die Zeit von politischen Persönlichkeiten, von klugen und starrköpfigen Einzelgängern, ist endgültig vorbei. In einer Hinsicht hatte der längst überholte Marxismus und sein historischer Materialismus zwar nicht ganz, dennoch ein wenig recht: Die Rollen von großen Persönlichkeiten wurden in der vergangenen Geschichte nachträglich je nach Bedarf mächtig übertrieben, heroisiert oder sogar dämonisiert. Auch ganz große Persönlichkeiten der Geschichte waren Produkte und Gefangene ihrer Zeit und ihrer Gesellschaft.

Das hat sich bis heute eigentlich nicht geändert. Der heutige Politiker ist ein Gefangener seiner Partei, seiner Gesellschaft und in gewissem Sinne auch ein Gefangener seiner Wähler. Die hochentwickelte, westliche Wohlstandsgesellschaft hat den Raum für die Entwicklung von – im positiven wie auch negativen Sinn – großen Persönlichkeiten fast ganz gesperrt. Wahrscheinlich haben wir alle unbewußt aus der Geschichte dazugelernt, daß eigenwillige Persönlichkeiten, die in der Politik das Steuer ergreifen, ein zu großes, unberechenbares Risiko darstellen. Wir mögen also lieber den durchschnittlichen Politiker, denn wir wissen, was von ihm zu erwarten ist: Er kann uns weder zu sehr enttäuschen noch zu einer Begeisterung hinreißen, er wird zwar keine Probleme, die uns quälen, lösen, aber er wird sie wohl auch nicht noch schlimmer machen.

Große Persönlichkeiten sind in der Politik ein Störfaktor. Eine Persönlichkeit mit blendend strahlendem Charakter auf der politischen Bühne ist als Vorbild, als Lehrer, als Bürger- und Menschenfreund, etwas Großartiges. So ein Politiker lockt Massen an, er genießt meistens ein grenzenloses Vertrauen, aber man weiß auch nie, was eine Euphorie von Millionen Menschen mit dem Politiker, der schließlich nur ein Mensch ist, mit der Zeit auch dann anstellt, wenn er sich weigert, eine Symbolfigur zu werden, dennoch aber, vom Volk bejubelt, die Rolle einer Symbolfigur spielen muß.

Was für schlimme Sachen hat in der noch nicht so lange vergangenen und nicht vergessenen Vergangenheit das jubelnde Volk mit seinen geliebten Führern angestellt!

»Ein Reich, ein Volk, ein Führer!« das haben wir noch nicht vergessen.

Ist es nicht sonderbar, daß wir, das Volk, zum Schluß immer nur den Tyrannen allein, egal ob Hitler oder Stalin, für alles Unrecht verantwortlich machen? Aber was wäre aus Hitler geworden, wenn ihn Ende Januar 1933 in Berlin, im März 1938 in Wien, im Herbst desselben Jahres im Sudetenland das Volk nicht bejubelt hätte? Was wäre aus Stalin geworden, wenn ihm die proletarischen Massen und die von der Macht verblendeten oder von der Macht korrumpierten Intellektuellen den Rücken gekehrt hätten?

Wieso hat das Volk, auch wenn es sich dumm verhält, immer ein Recht darauf, vergeßlich zu sein und die Verantwortung für den Aufstieg der Tyrannen abzuschütteln? Ist es nicht ein Jammer, daß ein Volk, auch wenn es vor der Geschichte versagt hatte, in der Literatur immer als die Verkörperung der edelsten Gefühle geschildert wird? Wie kommt es, daß ein jeder Schriftsteller, egal ob er deutsch, russisch oder tschechisch schreibt, nicht den Mut findet, seinem Volk die Leviten zu lesen und offen zu sagen, daß es nicht immer edel und erhaben handelte, sondern sich öfters als unbedingt notwendig für billige Versprechen eines Demagogen kaufen oder korrumpieren ließ, daß es in keinem Fall besser ist als seine Politiker und seine Führer oder Verführer, die es zuerst hochgejubelt und erst nachträglich verdammt hatte?

Ein Volk kriegt immer nur solche Politiker, die es verdient.

Aber das größte Unglück eines Volkes sind wahrscheinlich nicht die nach Macht und Einfluß strebenden Politiker, sondern Politiker, von Diktatoren und Tyrannen abgesehen, die mit der Macht nicht umgehen können.

Für mich ist die politische oder ideologische Macht und die Machtausübung, die Ehrlichkeit oder Unehrlichkeit der Politiker, eher eine Frage der angewandten politischen Praxis als ein theoretisches Problem. Theoretisch kann mir die Macht oder die korrupte Politik nicht viel Böses antun. Sie kann mich im schlimmsten Fall aufregen oder zum Widerstand provozieren. Aber beides, die Empörung und der Widerstand gegen die Macht und gegen Politiker, die so gerne und so oft die Macht mißbrauchen und aus uns ihre Opfer oder Märtyrer, im äußersten Fall sogar Helden machen, finde ich produktiv und nützlich. Ein Opfer der Macht oder ein durch seine korrupten Politiker betrogener Bürger weist in jedem politischen System eine viel schärfere Sensibilität auf als ein skrupelloser, für billiges Geld käuflicher Spießbürger.

Aber leider: Auch wenn der Bürger im Kampf gegen Unrecht und gegen seine korrupten Politiker auf der richtigen Seite der Barrikade steht, ist ihm der Sieg nicht sicher. Und wenn er seinen Zweikampf mit der Macht oder mit den charakterlosen Politikern verloren hat, bleibt dem ehrlichen, unbestechlichen Bürger zum Schluß immer nur der schwache Trost des Geschlagenen, dennoch aber moralischen Siegers über die Verkörperung des Bösen im Gewand der Politik. Die Tatsachen sind aber unerbittlich und grausam: In der Politik und im Kampf um die Macht und gegen die Macht zählen moralische Siege gar nichts.

Die Unterdrückung, die Vergewaltigung des Bürgers durch die Macht geschieht nicht auf der theoretischen Ebene, sondern immer im praktischen Leben.

Mein Freund, der slowakische Schriftsteller, ehemaliger Kommunist, noch vor dem Prager Frühling 1968 und mindestens vier Jahre vor Alexander Dubček ein Reformer, Ladislav Mňačko, antwortete mir auf die Frage nach dem Geschmack der Macht: »Lieber Freund, sie schmeckt bitter.«

Die ohne Zweifel ehrliche Antwort beeindruckte mich damals aber nicht, denn mein Freund formulierte sie erst einige Jahre danach, als er, in den fünfziger und Anfang der sechziger Jahre auf dem Gebiet der sozialistischen Literatur ein einflußreicher Genosse, und seine Partei, an die er seit seiner

Jugend glaubte, die Macht verloren haben. Aber jetzt überzeugte mich Ladislav Mňačko: Er, der slowakische Emigrant, lehnte es nach dem Sieg der tschechischen und slowakischen sanften Revolution ab, in seine slowakische Heimat zurückzukommen, denn der Machtmißbrauch, diesmal unter den Fahnen eines slowakischen Chauvinismus gepredigt und täglich vollbracht, jagt ihm Angst ein.

Meine dreißigjährige, an Leib und Seele gesammelte Erfahrung mit der sozialistischen Macht und mit den mächtigen kommunistischen Apparatschiks ist in drei Sätzen zu formulieren: Die kommunistischen Ideologen waren nur in zwei Fällen erträglich. Erstens: wenn sie an die Macht strebten. Und zweitens: wenn sie gezwungen wurden, die Macht aufzugeben.

Diese Regel gilt aber nicht nur für die Kommunisten, sondern für jeden nach Macht Strebenden oder für jeden Veteranen seiner verlorenen Schlacht um Macht und Einfluß.

Im Prinzip habe ich nichts gegen die Macht, genauer gesagt: Ich kann gegen die Macht nichts haben, denn sie ist ein Bestandteil des Lebens wie die Liebe oder Haß. Ich will die Macht nicht verherrlichen, nicht loben, aber auch nicht verdammen, ich stelle nur fest: Die Macht ist für mich stets mit den bösen und niederträchtigen Seiten des Daseins verbunden, und zwar auch dann, wenn sie ihr falsches Gesicht mit edlem Schleier verhüllt. Mit der »guten« Macht ist es genauso wie mit den berühmten guten und edlen Absichten, die fast immer mitten in die Hölle führen. Die Macht ist ihrem Wesen nach auch dann ein Luder, wenn sie sich, um uns zu täuschen, scheinheilig gibt. Aber auch dann, wenn man der Macht ab und zu eine gewisse Existenzberechtigung zuspricht oder wenn man ihr sogar edle Absichten billigt, hat sie noch längst nicht ihre schlimmste Eigenschaft verloren: Die Macht, auch wenn sie nicht die volle Macht über den Menschen besitzt, verdirbt mit der Zeit auch den edelsten Charakter.

Die Macht, die Mächtigen und auch die mächtigen Politiker haben mit der Ehrlichkeit und Moral nichts gemein. Die Macht steht außerhalb der Grenzen, die unsere persönliche oder auch allgemeine Auffassung von Ehrlichkeit und Moral markiert. Die Macht, die Sehnsucht nach Macht und Einfluß, sind undefinierbare Phänomene, tief in unserem Innern verwurzelt. Ein Mensch, der keine Sehnsucht nach Macht verspürt, ist wahrscheinlich krank und arm, wie ein jeder, der nicht lieben oder nicht hassen kann.

Vor der verführerischen Kraft der Macht, obwohl wir bereits wissen, wie niederträchtig sie sein kann, ist keiner von uns sicher. Die Macht, die herrliche, berauschende Macht, das Gefühl, sich schon zur Lebzeit dem Allmächtigen angenähert zu haben! Wer möchte sie nicht einmal besitzen!

Ich bin mir sicher: Fürs Geld, für fürstliche Häuser, für schöne und kluge Frauen, fürs ewige Leben nach dem Tod, würde ich meine Seele nicht verkaufen. Aber wenn mir Mephisto fürs ganze Leben die uneingeschränkte Macht über meinen Nächsten verleihen sollte, dann adieu meine geplagte Seele! Wir alle sind Opfer der unwiderstehlichen, schlecht getarnten oder unterdrückten, unsere Seelen quälende Sehnsucht nach Macht und Einfluß.

Mein Freund, der slowakische Schriftsteller, ehemaliger Kommunist, Ladislav Mňačko, irrt: Die Macht schmeckt erst dann bitter, wenn sie verwelkt, sich erschöpft oder geschlagen am Ende ist, wenn man sie mit jemandem teilen muß, wenn man sie verliert oder aufgeben muß. In der Zeit, in der man glaubt, die Macht zu besitzen, muß sie köstlich schmecken! Es muß herrlich sein, sie zu genießen!

Wie schwer muß es aber sein, sich von der Macht trennen zu müssen, sie aufzugeben!

Ich mag Menschen, vorwiegend intellektuell veranlagte, nicht, die mir einreden wollen, daß die Macht, das Streben nach Macht und Einfluß, in unserem Dasein etwas Verwerfliches, ja Unanständiges ist. Ich habe nämlich seit Jahren den Verdacht, daß mit Menschen, die die Macht verdammen, vieles nicht stimmt. Höchstwahrscheinlich gehören sie entweder zu jener Sorte von göttlichen Geschöpfen, die begriffen haben, daß sie nicht die Kraft, nicht die Entschlossenheit und nicht den Mut haben, die Macht zu ergreifen und auszuüben, oder – was ich persönlich noch schlimmer finde – sie führen uns eine geheuchelte Askese vor, natürlich verbunden mit Rechthaberei und mit dem Anspruch auf Besitz einer einzigen, allgemein gültigen Wahrheit und Moral. Der Terror, den der Anspruch auf den exklusiven Besitz einer absoluten Wahrheit und Moral ausübt, ist ebenso unerträglich wie die Gewalttaten von rücksichtslosen Mächtigen.

Zu der gefährlichsten Sorte zählen nicht Politiker, die an der Macht sind und Macht besitzen, sondern jene, die uns auf ihrem, meistens durch unzählige Leichen gesäumten Weg an die Macht das Blaue vom Himmel versprechen, ein ewiges Glück und die Lösung aller Probleme, die uns seit eh und je quälen, obendrein. Aber noch viel schlimmer sind Menschen oder Politiker, die fest davon überzeugt sind, daß die Macht nur ihnen allein für ewige Zeiten gehört.

Ich habe einige von dieser Sorte persönlich gekannt.

Ihr Streben nach Macht um jeden Preis hätte ich noch begreifen können, verzeihen konnte ich ihnen aber nicht zwei für mich entscheidende Momente: In einem gewissen Augenblick ließen sie sich von ihrer Sehnsucht nach Macht so bereitwillig betäuben, daß sie ihre eigenen Lügen nicht mehr von der Realität, geschweige denn von der Wahrheit unterscheiden wollten. Am Gipfel der Macht angekommen, empfanden sie die süße Macht als etwas Selbstverständliches, als ihr Eigentum.

Auch echte, einst ehrliche Proletarier und Revolutionäre, die die Welt besser und gerechter machen wollten, konnten sich dem, wie ich es zu bezeichnen wage, »monarchistischem Anspruch« auf alle Macht nicht erwehren.

Mein Onkel war in Prag vor dem II. Weltkrieg Kommunist. Er gehörte damals, und ich glaube sogar mit Recht, zu der Creme der linken intellektuellen Gesellschaft, zu der in den dreißiger Jahren auch Milena Jesenská, Franz Kafkas

Freundin, zählte. Im Jahr 1937 heiratete er, ein Akademiker, wie ich heute vermuten kann, im Anfall einer proletarischen Ehrlichkeit, ein kluges Mädchen aus einer kommunistischen Arbeiterfamilie. Olga, meine angeheiratete Tante, schuftete und ernährte ihren Mann, den Revolutionär. Onkel Alois machte große Politik und hatte keine Zeit, sich um Kleinigkeiten, wie zum Beispiel um die Miete oder um die Frage: Wer bezahlt meine Schulden? zu kümmern. Als die Nazis Prag besetzten, gingen beide, Tante Olga und Onkel Alois, ins KZ. Sie überlebten und kamen im Mai 1945 nach Prag zurück; Onkel Alois zum Skelett abgemagert, Tante Olga, damals 28, als eine alte, grauhaarige Frau.

Onkel Alois wurde im Sommer 1945 stellvertretender Sekretär der Prager Parteiorganisation, nach der kommunistischen Machtübernahme 1948 sogar stellvertrender Ministerpräsident. Er zog in eine Regierungsvilla um. Seine Frau, die grauhaarige Olga, nahm er natürlich nicht mit, denn er hatte sich, standesgemäß, eine rothaarige Ballettänzerin aus dem Nationaltheater zugelegt. Von seinen zahlreichen Dienstreisen nach Moskau brachte er seiner funkelnagelneuen Frau sibirische Diamanten und herrliche Pelzmäntel mit. Es war peinlich zu sehen, wie Onkel Alois, vor dem II. Weltkrieg ein Sturmvogel der Revolution, am Gipfel der Macht angelangt, alle Unsitten und Gewohnheiten der geschlagenen Klasse, der Bourgeoisie, übernahm. Es kam noch schlimmer: Mit der Zeit begann er die Macht und die mit ihr verbundenen Bequemlichkeiten des Lebens als sein Eigentum zu betrachten. Ohne es zu bemerken, wurde er von der Macht korrumpiert, und er fing an, seine Umgebung zu korrumpieren, um sich an der Macht, die er zu genießen verstand, noch festklammern zu können. Ihn, den einstigen Revolutionär, hat die Macht zu einem intellektuellen Krüppel deformiert; vor jedem, der sich von ihm nicht korrumpieren ließ, bekam er schreckliche Angst, er erklärte ihn zum Klassenfeind und »liquidierte« ihn.

Mein Onkel, der ehemalige Revolutionär, der es mit der

Welt zu gut zu meinen glaubte, später ein erfahrener Politiker, hätte doch wissen sollen: Wer die Macht ergreift, wer sie besitzt oder zu besitzen glaubt, müßte doch erkennen, daß er es mit einem Luder zu tun hat. Die Macht hat keine edlen Züge, sie kennt keine Moral und Anstand. Wer mit ihr in Berührung kommt, den verändert sie, sie biegt seinen Charakter zurecht, sie bricht, wenn nötig, auch sein Rückgrat.

Zu den Opfern der Macht, mit denen man allerdings kein Mitleid empfinden muß, zählen jene, die sie mißbrauchen.

Gegen die Macht der Macht hat der von der Sehnsucht nach Macht besessene Mensch keine Chance. Früher oder später kommt er unter die Räder der Macht. Die heute Mächtigen sind die zukünftigen Opfer der Macht.

Interessant wird es dann, wenn die Geschichte, die ja ab und zu auch Sinn für Ironie hat, die Verbindung der Macht mit einem ehrlichen Politiker arrangiert, der die Macht scheut, ihr aus dem Wege geht und überhaupt nicht im Sinn hat, sich mit der Macht einzulassen.

Ich spreche auch diesmal aus meiner Erfahrung mit dem Prager Reformkommunisten aus dem Jahr 1968, Alexander Dubček, und mit dem ehemaligen – und ich will hoffen auch zukünftigen – Staatspräsidenten der Tschechischen und Mährischen Republik, Václav Havel.

Beiden, und das kann ich ohne Bedenken und ohne auch nur leise zu zweifeln sagen, wurde die Macht von der Geschichte, die auch ab und zu gerecht ist, zugeteilt. Der eine, Alexander Dubček, war allerdings zu schwach, um die Verantwortung vor der Geschichte zu ertragen und die Macht, die er in seinen Händen hatte, gegen das Böse einzusetzen. Der großartige Reformer Alexander Dubček ist mit seinem Traum von einem Sozialismus mit menschlichem Antlitz gescheitert, weil er, der gute, aufrichtige Mensch und Bürger, im entscheidenden Augenblick, als es um alles ging, überhaupt nicht das unheimliche Wesen namens Macht begriffen hatte. In der Nacht zum 21. August 1968, als fünf »verbrüderte« Armeen des Warschauer Paktes bereits die tschechoslowakische Grenze überschritten haben, saß Dubček ganz niedergeschlagen im Prager Gebäude des Zentralkomitees der KP und wiederholte immer wieder: »Das können mir doch die Sowjets nicht antun!«

Was für eine Tragödie, was für eine großartige Szene, was für ein Charakter auf der damaligen politischen Bühne! Wie peinlich wirkt aber diese Szene heute, fünfundzwanzig Jahre später, auf die neue, junge, kritische Generation!

Ein vom Volk umjubelter Politiker, eine Symbolfigur fürs Leben in Freiheit und Ausbeutung und in Gerechtigkeit, ein ehrlicher Mensch und Bürger, weigerte sich im Augenblick, in dem das Schicksal seines Landes ins Unglück umkippte, seine Macht gegen eine böse Macht einzusetzen. Das hat ihm das Volk nicht vergessen und die Geschichte wird Dubček dieses Versagen nicht verzeihen. Ob es gerecht oder ungerecht ist, spielt in diesem Fall nicht die Rolle; es ist eine historische Tatsache.

Die Ehre des Volkes – ja, in gewissen Situationen, in welchen es um Sein und Nichtsein geht, gibt es sie, die belächelte Ehre des Volkes –, also die Ehre des tschechischen und slowakischen Volkes rettete ein ehemaliger Anarchist, in seiner Jugend ein Berufsrevolutionär, ein Arzt und Parteifunktionär, ein Mann erfahren im Umgang mit der Macht.

Er hieß František Kriegel.

Er hat Ende August 68, als alle Prager Genossen mit Dubček an der Spitze in Moskau die Kapitulation der tschechoslowakischen Reformbewegung unterschrieben haben, die Macht und die Kraft seines unbeugsamen Charakters genutzt und den demütigenden Text des Okkupationsvertrages nicht unterzeichnet.

Dr. František Kriegel, der Jude aus einer alten jüdischen Familie, war wahrscheinlich der letzte in der ziemlich gelichteten Reihe von böhmischen Hussiten, die bereit waren, für ihre Wahrheit auch den Kopf hinzuhalten.

Aber auch Kriegel hat das böse Schicksal der einstigen Helden, der vergeblichen Märtyrer und verbitterten Opfer der Macht erwischt: Er bleibt vergessen. Genauer gesagt: Er, Kriegel, der wahre Held, der ehrliche und tapfere Politiker des Jahres 1968, muß vergessen werden, denn die Erinnerung an ihn stört die zahlreichen Versager, Politiker, die sich heute wieder als Helden feiern lassen.

Die moderne tschechische Geschichte kann sich mit mehreren moralischen Siegern schmücken, die in der Zeit von 1938 bis 1968 zuerst von der braunen und anschließend von der roten Macht qualvoll vernichtet und liquidiert wurden. Die ganze westliche Welt hat zwar immer wieder die böhmischen Opfer der Mächte und Märtyrer aufrichtig bemitleidet und als Helden gepriesen, aber stets im Stich gelassen. Seit der kommunistischen Machtübernahme im Prag 1948 beherrschten die Tschechoslowakei rücksichtslose Apparatschiks, professionelle Politiker im Dienste der kommunistischen Ideologie.

Nach der Prager sanften Revolution im Herbst 1989 waren bis zum Zerfall der Republik am 31. 12. 1992 um 00.00 Uhr in Prag sympathische Amateure an der Macht, die sich redlich bemühten, den Staat und die Gesellschaft nach einer mehr als vierzigjährigen Herrschaft und Mißwirtschaft einer verkommenen Ideologie wieder in Ordnung zu bringen. Sie sind an ihren eigenen Illusionen gescheitert. Im Umgang mit der Macht erfahrene, professionelle Politiker gibt es in Prag heute nicht. Man spürt schon, wie sehr sie fehlen.

Zwei politische Macher, der tschechische Ministerpräsident Václav Klaus und der slowakische Premier Vladimiír Mečiar, haben heute das Sagen. Sie sind heute auch die einzigen, die für ihre Länder und für die Lösung der schwerwiegenden Probleme ein Konzept haben. Das Schlimme ist, daß beide Konzepte nicht funktionieren können: Der sympathische Technokrat Václav Klaus setzt alles auf die Karte einer unbarmherzigen Reprivatisierung, der Slowake Vladimír Mečiar wieder alles auf den künstlich erwachten slowakischen Nationalismus.

Die Sieger der sanften Revolution im Herbst 1989, die

Studenten, die von den Kommunisten seit 1977 verfolgte und unterdrückte Bürgerrechtlerbewegung Charta 77, das Bürgerforum und Václav Havel, die großen moralischen Autoritäten und die Hoffnung für die Zukunft sind in der Wahl im Juni 1992 entmachtet worden und befinden sich in einer ernsten Krise.

Die Revolution, die den siegreichen Revolutionären im Spätherbst 1989 eine ungeheure Macht in den Schoß legte, hat in diesem Sonderfall zwar nicht zuerst ihre Kinder aufgefressen, sondern die sanften Revolutionäre in einen Zustand gedrängt, der die junge Demokratie in ein Chaos stürzte: Die Prager Revolutionäre wollten die Macht, die vor ihnen ausgebreitet lag, nicht konsequent nutzen – und das war auch Václav Havels Fall –, sie waren zu ehrlich, um sich mit der Machtausübung, ohne die das Regieren nach einer Revolution fast unmöglich ist, zu beflecken, also haben sie auch die Macht verloren.

Die sympathischen Prager Revolutionäre haben die Grundeigenschaft der Macht nicht begriffen: Wer die Macht nicht für sich und für seine Ziele gebraucht, gegen den dreht sie ihren Spieß um.

Eine von den eisernen Faustregeln der praktischen Politik lautet: Ehrlichkeit und Glaubwürdigkeit allein reichen zum Regieren nicht aus. Die Zeichen, die einen Machtverfall der Revolutionäre und der Dissidenten signalisierten, war schon Ende 1990 deutlich zu übersehen:

Die Staatsmacht, die es in Prag mit allen gut und mit jedem gerecht meinte, hat zwar damals noch längst nicht versagt, sie ist aber ziemlich verunsichert gewesen. Die damaligen Inhaber der Macht in Prag waren im Umgang mit der Macht unerfahren, manchmal wirkten sie hilflos. Das alles schien auf den ersten Blick als ein Vorteil und sympathisch. Im Ausland ernteten die Prager sanften Revolutionäre für ihren Unwillen, die Macht zu gebrauchen, Beifall, zu Hause wurden aber Stimmen laut, die ihnen zu Recht Schwäche, Unentschlossenheit und wenig Sinn für eine realistische Politik vorwarfen.

Václav Havels Autorität, seine Macht, die er eigentlich nicht haben wollte, bleibt zwar ungebrochen und in der ziemlich komplizierten Innenpolitik bis Sommer 92 ein Machtfaktor. Aber ein Widerspruch war nicht zu übersehen: Der Staatspräsident und Dichter, der die Macht scheute, übte sie, ob er wollte der nicht, aus. Genauer gesagt – er übte sie nur ungern und zögernd aus. Die Macht war für ihn eine zu schwere Last.

Ich schrieb damals im Spätherbst 1990: Er, der Dichter, wird die Macht, die er hat, nicht ignorieren können und er wird vor der praktischen Machtausübung nicht immer wieder in intellektuelle Meditation flüchten dürfen. Auch Václav Havel wird sich bald entscheiden müssen: Entweder setzt er die Macht, die er und seine Freunde von der Geschichte bekommen haben, gegen die gefährlichen Überbleibsel des totalitären Systems ein, oder er und seine zu sanften Revolutionäre werden die Macht verlieren und Opfer von politischen Machtstrukturen werden, die sie nur zögernd oder überhaupt nicht in Besitz nahmen.

Es tut mir leid, daß ich recht hatte...

»Die moralische Genesung des Volkes gefährden am meisten Illusionen über sich selbst und über die Rolle der Macht in der Politik«, schrieb Jan Trefulka, ein Schriftsteller aus Brünn, Václav Havels Freund und »sanfter« Kritiker im Herbst 1990. »Auch den 17. November, den Tag der sanften Revolution, und die Zeit danach«, fährt Trefulka fort, »lassen wir schon mit Illusionen und mit Mythen bewachsen. Haben unsere vier Parlamente, unsere drei Regierungen und alle Berater des Präsidenten überhaupt den Mut, gegen die neuen Mythen und gegen neue Illusionen die Wahrheit, ihre Macht gezielt einzusetzen?«

Die Antworten auf Trefulkas Fragen blieben aus. Jetzt sind sie schon überflüssig, der Tschechoslowakische Staat ist zerfallen.

Die bittere Wahrheit über die Macht und die seit Jahrhunderten gesammelte Erfahrung mit der Macht sind in zwei einfachen Sätzen zusammenzufassen: Wer die Macht nicht haben will, der bekommt sie auch nicht. Und wer an der Macht die Macht nicht für seine Zwecke und Ziele zu nutzen versteht, wer im Umgang mit der Macht zögert, verunsichert und durch Skrupel gequält wird, der wird die Macht auch verlieren.

Die Frage nach der Ehrlichkeit des Politikers ist nicht zu beantworten. Politik und Moral, Politiker und Ehrlichkeit, sind Themen für theoretische Seminararbeiten. In der praktischen Politik – ich will noch einmal betonen: außer der praktischen Politik gibt es keine andere – sind sie nicht zu gebrauchen, weil sie nicht funktionieren. Der Beruf des Politikers schließt Ehrlichkeit, Aufrichtigkeit, Sinn für Wahrheit und nichts anderes als nur die Wahrheit, so wie diese Begriffe von Priestern und Moralpredigern gepredigt werden, aus. Wer die Macht hat, ist mit einem heimtückischen Luder verheiratet. Und wer nicht weiß, mit wem er sich eingelassen hat, dem ist auch nicht zu helfen.

Ich stelle an den Politiker, den ich wähle, nicht die Forderung nach einer absoluten Ehrlichkeit. Ich bin schon zufrieden, wenn er mich nicht zu oft belügt, wenn er mit der Macht umzugehen versteht und uns allen ab und zu wenigstens nützlich ist.

Oskar Negt
Unmoralisch heißt: Unpolitisch

Zwei die Zukunft der Menschheit berührende Gegenwartserfahrungen mit Signalen, die das Ende der Nachkriegszeit markieren und gleichzeitig auf neuartige Herausforderungen komplexer Gesellschaftsordnungen des Industrialisierungsweges verweisen, haben die gewohnte Begriffswelt der Beziehungen zwischen *Macht, Moral* und *Politik* in Verwirrung gebracht.

Es ist zum *einen* die Erfahrung eines tödlichen Unfalls, der in seinen Ursachen auf ein begrenztes, durch Machtapparate abgeriegeltes Teilstück der Erde zurückzuführen sein mag, in seinen Wirkungen aber jede politische Souveränität eines Landes aufsprengt und potentiell alle Menschen erfaßt. Ich spreche von Tschernobyl, einem im Zuge treibhausmäßig nachgeholter Industrialisierung technisch vielleicht nicht ganz geglückten Atomprojekt, das jedoch von den technologischen Spitzenleistungen des Westens (wie der Atomkraft-Unfall in Harrisburg zeigt) so weit wieder nicht entfernt ist. Das *öffentliche Unglück,* das hier seinen Produktionsherd hat, drückt selbst *die* in den Stand von Angst und Ohnmacht zurück, die Macht genug besaßen, über die Herstellung solcher Apparaturen und Maschinensysteme zu entscheiden; in der Büchse der Pandora, in der bekanntlich die Kräfte der Hoffnung ganz unten liegen, sind *Unglückspotentiale* der modernen Technologien in unvorhersehbaren Ausmaßen weiterhin verborgen.

Die *zweite* Gegenwartserfahrung besteht darin, daß hochgerüstete und mit flächendeckenden Sicherheitskontrollen ausgestattete Herrschaftssysteme durch die *moralische Macht* der kollektiv zur Geltung gebrachten Freiheits- und Gleichheitsbedürfnisse der Menschen, ohne Waffengewalt, wenn auch mit unkalkulierbaren Gewaltfolgen, zu Fall gebracht werden können. Daß es einer Bevölkerung gelingt, durch so einfache Mittel wie brennende Kerzen, kilometerlange Menschenketten und demonstrative, unentwegt wiederholte Inbesitznahmen von öffentlichen Plätzen und von öffentlicher Zeit, eine nutzlos und parasitär gewordene Gesellschaftsschicht abzuwracken und so die internationale Abrüstung *innergesellschaftlich* zu vollenden – daß eine solche Um-Drehung der Verhältnisse, ganz im Ursprungssinne des Wortes »Revolution«, gelingen konnte, gehört zweifellos zu den nicht häufigen *öffentlichen Glückserfahrungen* der Neuzeit. Sie drücken, weil Moral die Panzerungen »machtgeschützter Innerlichkeit« verläßt und selber zu einem Machtfaktor wird, das erwachte Selbstbewußtsein vieler Menschen aus, sich von Schicksalen und Machtapparaten nicht einfach mitschleifen zu lassen. Wo Moral eine Machtkomponente annimmt, wird auch das Wahrnehmungs- und Urteilsvermögen gegenüber *unmoralischen* Machttechniken geschärft.

Man sage nicht, die von mir gewählten Beispiele seien ausschließlich für Gesellschaftszustände charakteristisch, deren Verfassungsgefüge keinerlei Institutionen für die freie und geregelte Machtausübung der Bevölkerung vorsieht. Es ist gerade bemerkenswert für die gegenwärtige geschichtlich aufgebrochene Situation, daß die Massenaktionen, die *eigensinnigen* Widerstandshaltungen einzelner, das *demonstrative Einklagen von Menschenrechten* in den Formen ihres Selbstausdrucks vielfach an Vorbildern westlicher Protestbewegungen sich orientieren, an den Rebellionstechniken der Jugendlichen und der Studenten aus der Zeit um 1968, an der Friedens- und Ökologiebewegung.

Die im Ostblock sichtbar gewordenen Veränderungen bringen auf den Begriff, was in den vergangenen 20 Jahren in *tastenden Sozialexperimenten*, z. B. der Wohngemeinschaften, der Alternativschulen, der breiten Front des zivilen Ungehorsams, in den vielfältigen Symbolhandlungen des Widerstandes, in der Suche nach öffentlichem, selbstbestimmtem Ausdruck von Interessen und Bedürfnissen und im allmählichen

Wandel der Aufmerksamkeit für den Perspektivwechsel von *Macht, Moral* und *Politik* vorbereitet wurde.

Alle drei Begriffe haben sich ihrer inneren Zusammensetzung nach verändert; dadurch aber auch in ihrer jeweiligen Beziehung zueinander. Um das zu verdeutlichen, nehme ich naheliegende, heute aber fast schon vergessene Beispiele aus der Skandalchronik der Bundesrepublik.

Als sich die Barschel-Affäre dem Ende zuneigte, weil praktisch alles, was zunächst im dunkel zu liegen schien, ans Licht der Öffentlichkeit gebracht war, zeigten sich die meisten der bekannten charakteristischen Merkmale des Machtmißbrauchs: Vernichtungsabsichten gegenüber dem politischen Gegner, Falschinformation und Irreführung der Öffentlichkeit, Spurenverwischung und Erpressung; was hier zum Vorschein kam, unterschied sich nur wenig von politischen Korruptionsskandalen, wie den betrügerischen und raffgierigen Geschäftspraktiken in Managementpositionen aufgestiegener Gewerkschaftsfunktionäre, von der Lüge eines Verteidigungsministers während der »Spiegelaffäre« und der chronischen Neigung von noch in Amt und Würden stehender Politiker zur Steuerhinterziehung im Interesse ihrer Parteien.

Im Volks-Vorurteil, das sich auf geprägte Erfahrungen stützen kann, haben solche Eigentümlichkeiten der politischen Welt einen festen Bestand: *Politik verdirbt den Charakter*, heißt es. Und von einem erfahrenen englischen Parlamentarier aus der zweiten Hälfte des 19. Jahrhunderts, von Lord Acton, stammt das Wort: power always corrupts (Macht korrumpiert immer).

Sich mit dieser *Banalität* von Macht und Herrschaft, den kleinen Gaunereien und Lügen, abzufinden scheint schwerzufallen; etwas Geheimnisvolles, ja tragische Verwicklungen möchten die Zeitgenossen doch den mit Macht ausgestatteten Persönlichkeiten zuschreiben, um noch in den normalen Vergehen eine Spur von dem zu entdecken, was ihnen schicksalhaft angetan worden ist.

So brachte es Theo Sommer, als in der Barschel-Affäre nur noch wenig verborgen war, in einer renommierten Zeitschrift über sich, der kriminellen Energie von Politikern, deren Weltbild auf Techniken des Machterwerbs und der Machterhaltung geschrumpft ist, die mystifizierte Gestalt der griechischen Schicksalsgöttin zu verleihen. Theo Sommer schreibt in aller Unschuld:

»Hier vollendete sich eine persönliche Tragödie, wie sie die Bundesrepublik in den fast vier Jahrzehnten ihres Bestehens noch nicht erlebt hat. Ein Günstling der Götter, der jung in höchste Würden hineinwächst, gerät mit einem Male unter einen düsteren Schatten. Er überlebt als einziger ein schweres Flugzeugunglück, stürzt sich, kaum genesen, in einen brutalen Wahlkampf, bei dem es um sein Überleben im Amt geht – da verschlingt ihn binnen zweier Wochen der Strudel des Pfeiffer-Skandals. Er verliert erst Amt, dann Würde. Wenig später ereilt ihn in Genf der Tod. Ob es die *moira* der Griechen war, die da waltete, unausweichliche Verstrickung also, oder der Fluch der eigenen bösen Tat, die sich gegen ihn kehrte – wir werden es womöglich nie erfahren. Uwe Barschel nimmt seine subjektive Wahrheit mit ins Grab, ...«.

Ist die Machtsphäre zu einer geschlossenen, nach eigenen Regeln funktionierenden Wirklichkeit verselbständigt, dann verlieren sich die ethischen Maßstäbe von Gewissen und Verantwortung, die unabdingbar an das Denken, Entscheiden und Handeln von einzelnen Menschen gebunden sind, in einer Grauzone entlastender Gründe. Daß Politiker denselben moralischen und rechtlichen Anforderungen unterliegen wie jeder andere Mensch einer zivilisierten Gesellschaft, ist unstrittig; von ihnen zu verlangen, daß sie nicht lügen, daß sie ehrlich und aufrichtig sind, erfüllt den Tatbestand eines kulturellen Minimums.

Damit hat sich die Problematik in den Beziehungen von Macht, Politik und Moral aber längst noch nicht erschöpft. Denn daß ausschließlich solche Menschen Politik betreiben dürfen, die eine durch und durch nach moralischen Prinzipien organisierte Lebensführung vorzuweisen haben, würde dem Gesinnungsterror Tor und Tür öffnen. Die Alternative zum skrupellosen Machttechniker in den Geschäftsbereichen des Politischen kann nicht der moralische Fundamentalist sein; sie ergänzen sich vielmehr, und unter bestimmten gesellschaftlichen Zuständen bilden sie die Eckpfeiler einer unheiligen Allianz, welche den *kritischen Geist* einer vernunftorientierten und politisch wachen Öffentlichkeit erdrückt.

Moral ist kein Politik-Ersatz; und der kompetente Umgang mit Machttechniken ist keine *Politik*. Die Abkehr von moralisierten Idealbildern des politisch Handelnden bedeutet nicht Freisetzen oder Rechtfertigen der Korruptionsneigungen von Politikern, sondern dient der Entflechtung von Macht, Politik und Moral in einer Weise, daß Grundtrennungen der bürgerlichen Emanzipationsgeschichte nicht geopfert werden, gleichzeitig aber ein neues Bezugssystem der Begriffe anerkannt wird.

Seit Kant *Moralität* und *Legalität* strikt trennte, also die Welt der Maximen des Handelns *aus* Pflicht, aus reiner Achtung des Sittengesetzes, von der Welt pflichtmäßiger, empirisch erkennbarer Handlungen unterschied, hat es immer wieder Versuche gegeben, Brücken über diesen ontologischen Graben zu schlagen. Die Hoffnung auf den Fortschritt in der Vermenschlichung der Verhältnisse, bis hin zur Friedensordnung einer weltbürgerlichen Gesellschaft, setzt der skeptische Bürger Kant ganz auf die Seite der *äußeren* Handlungen, der gesellschaftlichen Einrichtungen und der politischen Kultur, nicht auf die Reinheit der *moralischen Gesinnungen*. Er sagt:

»Nicht ein immer wachsendes Quantum der Moralität in der Gesinnung, sondern Vermehrung der Produkte ihrer Legalität in pflichtmäßigen Handlungen, durch welche Triebfeder sie auch veranlaßt sein mögen; die in den guten *Taten* der Menschen, die immer zahlreicher und besser ausfallen werden, also in den Phänomenen der sittlichen Beschaffenheit des Menschengeschlechts wird der Ertrag (das Resultat) der Bearbeitung desselben zum Besseren allein gesetzt werden können.«

Es ist der gesellschaftliche Gesamtzustand, vor allem der Abbau von Gewalt in den Beziehungen zwischen den Menschen und die Erweiterung ihrer Autonomiefähigkeit, wodurch sich die menschliche Gattung aus der Naturverfallenheit herausarbeitet und im Blick auf die *Idee des ewigen Friedens* die Mißhelligkeiten zwischen Moral und Politik aufgehoben werden. »Allmählich wird«, so hofft Kant, »der Gewalttätigkeit von seiten der Mächtigen weniger, der Folgsamkeit in Ansehung der Gesetze mehr werden. Es wird etwa mehr Wohltätigkeit, weniger Zank in Prozessen, mehr Zuverlässigkeit im Worthalten usw., teils aus Ehrliebe, teils aus wohlverstandenem eigenem Vorteil im gemeinen Wesen entspringen, und sich endlich dies auch auf die Völker im äußeren Verhältnis gegeneinander bis zur weltbürgerlichen Gesellschaft erstrecken, ohne daß dabei die moralische Grundlage im Menschengeschlecht im mindesten vergrößert werden darf.« (Wozu auch ein neuer Schöpfungsakt nötig wäre.)

Der Glaubwürdigkeitsverlust der Politiker, der heute allenthalben beklagt wird, und der damit verknüpfte Vertrauensschwund in den *Legitimationsanspruch* der Institutionen entspringt der an Regeln der Privatmoral gebildeten Korruption vermutlich weniger als der Antiquiertheit des Selbstverständnisses von Politik in einem Zusammenhang, der von völlig neuartigen geschichtlichen Aufgaben bestimmt ist. Die meisten Menschen neigen wohl, selbst wenn sie sich spontan empört über die politischen Steuerdiebe und die Lügner im Amt zeigen, der Auffassung Kants zu, »daß aus so krummem Holze, als woraus der Mensch gemacht ist, nichts ganz Gerades gezimmert werden könne«.

Sehr schnell sind Skandale dieser Art wieder vergessen; in der Tat hat die *Moralisierung des Politischen,* seine Überwucherung und Zersetzung durch öffentlich ausgebreitete Intimität und Privatverhältnisse mit dazu beigetragen, daß der Glaubwürdigkeitsverlust der professionellen Politiker wächst. Nicht ihre mangelnden Tugenden sind dabei das Problem, sondern ihr unzulängliches Wissen, ihr geringes Maß an Eigensinn und Phantasie, sich angesichts der neu aufgetretenen geschichtlichen Aufgaben einer ganz anderen Dimension von individuellem Gewissen und gesellschaftlicher Verantwortung bewußt zu werden.

Die kompromißlos Tugendhaften verbreiten selbst dann, wenn sie, wie Robespierre im Unterschied zu seinem der Korruption gelegentlich zugänglichen Rivalen Danton, *Wasser predigen und auch Wasser trinken,* also den öffentlich verkündeten Prinzipien gemäß selber leben – sie verbreiten selbst dann den Geruch des Gesinnungszwangs und der fortwährenden Überforderung der privaten Lebensverhältnisse. Der Staat als eine quasi-religiöse Gesinnungsgemeinschaft, die mit den privaten Reservaten und individuellen Rückzugsnischen aufräumt, löst im gestohlenen Mantel der Moral *alles auf,* wofür die Sittengesetze, seit dem denkwürdigen Protest Antigones gegen die staatlich sanktionierte Verweigerung einer Totenehrung, einmal eingestanden haben: der menschlichen Würde, die keinen Preis hat.

Aber so wenig Nähe-Verhältnisse, aus deren Erfahrungshorizont in Jahrtausenden unser Moralverständnis sich entwickelt hat, die öffentliche Sphäre des Handelns überfremden und am Ende gar an deren Stelle treten darf, so antiquiert, den Gegenwartserfordernissen unangemessen, ist die Vorstellung, das Hauptmerkmal des Sozialcharakters eines erfolgreichen Politikers bestehe in der *Distanz,* in der Vermeidung von Gefühlen der Näheverwicklungen; so hatte Max Weber, der *Selbstberufung* des Propheten und dem *Ruf* des Wissenschaftlers den nüchtern und verantwortungsbewußt Handelnden als *Idealtypus* des modernen Menschen konfrontierend, den *Beruf* des Realpolitikers charakterisiert.

Drei Qualitäten fand er für ihn entscheidend: *Leiden-*

schaft – Verantwortungsgefühl – Augenmaß. Was Max Weber nicht berücksichtigte, war, daß die drei Charakterprägungen ihre eigenen geschichtlichen Bedingungen haben; für die Zeit der ersten Hälfte seines Jahrhunderts, in der sich Gegenaufklärung als bedrohliche Tendenz einer barbarischen Rückbildung bürgerlichen Bewußtseins aktuell aufdrängte, waren diese Eigenschaften durchaus Merkmale eines Politikers, der sich dem beginnenden Massenwahn entgegenstemmte. Max Weber präzisiert: »Leidenschaft im Sinne von *Sachlichkeit:* leidenschaftliche Hingabe an eine Sache, an den Gott oder Dämon, der ihr Gebieter ist. ... mit der bloßen, als noch so echt empfundenen Leidenschaft ist es freilich nicht getan. Sie macht nicht zum Politiker, wenn sie nicht, als Dienst an einer Sache, auch die Verantwortlichkeit gegenüber eben dieser Sache zum entscheidenden Leitstern des Handelns macht. Und dazu bedarf es – das ist die entscheidende psychologische Qualität des Politikers – des Augenmaßes, der Fähigkeit, die Realitäten mit innerer Sammlung und Ruhe auf sich wirken zu lassen, also: der *Distanz* zu den Dingen und Menschen.«

Langsames Bohren von harten Brettern mit Leidenschaft und Augenmaß zugleich: das ist Politik als die Kunst des Möglichen, Real-Politik, die weniger auf Gesinnungen als auf Verantwortung setzt. Aber die *Maßstäbe,* an denen Moral und Verantwortung zu messen wären, haben sich offensichtlich in den letzten Jahrzehnten grundlegend verändert. Nicht nur sind die *moralischen* Ansprüche an die Gestaltung der gesellschaftlichen Lebensverhältnisse gestiegen; auch die *Erwartungen* an den politisch Tätigen, der über Macht und Einfluß verfügt, selbst für die unbeabsichtigten Fernwirkungen seines Handelns zu *haften,* haben sich unter Bedingungen, da jede politische Entscheidung unmittelbar die individuellen Lebensverhältnisse zu erfassen droht, aufs äußerste verschärft. Mit der Erweiterung des Horizonts individueller und kollektiver Haftung für das, was in einer Gesellschaft *objektiv möglich* ist, was realisiert wird oder durch Gleichgültigkeit und Unaufmerksamkeit brach liegen bleibt, gewinnt Politik eine neue moralische Dimension.

Zur Erläuterung dieses Gedankens greife ich auf das eingangs erwähnte Beispiel Tschernobyl zurück. Einer Meldung der Regierungszeitung »Iswestija« zufolge beliefen sich bis Frühjahr 1988 die Kosten für dieses Atomunglück auf mehr als 8 Milliarden Rubel, das sind etwa 22 Milliarden DM; es sei der vermutlich teuerste Unfall der Weltgeschichte. Die menschlichen Kosten gehen viel weiter; über 100 000 mußten umgesiedelt werden, gewaltig angestiegene Krebsraten, Mißbildungen bei Menschen und Tieren, strahlenverseuchte Erde und Pflanzenwelt für unabsehbare Zeit.

Was sind angesichts dieser und ähnlicher Katastrophen die verpflichtenden Normen, die eine Verantwortungsethik begründen? Wer einen einzelnen Menschen tötet, wird des Mordes angeklagt. Wer eine Maschinerie plant, produziert oder in Gang hält, die todbringende oder gesundheitsschädigende Wirkungen für Hunderte von Menschen hat, fällt durch die Maschen des traditionellen Rechts und der Nähe-Moral, die sich auf Gesinnung und Schuld stützt. Seit den Nürnberger Prozessen, die der leidenschaftlich einer Sache Dienenden, und wäre es auch die eines riesigen Mordunternehmens, nur schwer habhaft werden konnten, schwelt dieses Problem einer moralisch-kollektiven und politischen Haftung individuellen Handelns. Im umsichgreifenden Glaubwürdigkeitsverlust der sogenannten Realpolitiker sehe ich Momente eines wachsenden Selbstbewußtseins der Menschen, in denen die alten Definitionen von Wirklichkeit und Utopie, von Macht, Politik und Moral praktisch in Frage gestellt werden.

»Die Phantasie an die Macht« lautete eine der zentralen Parolen der Studenten im Pariser Mai 68. In Prag hatte man im gleichen Jahr diese aufbrechende Phantasie der Befreiung mit Panzern und Gefängnissen niedergemacht; mit gewaltigen Opfern, aber ohne Erfolg. Sich einen eigensinnigen Schriftsteller vorzustellen, der gerade das Gefängnis verläßt, um das höchste Staatsamt zu übernehmen, war '68 nichts weiter als eine Wunschvorstellung, belächelt und ins Utopische verbannt – in Wirklichkeit doch aber, wie sich zeigt, viel realitätshaltiger als alle Hochrüstungssysteme des »real existierenden Sozialismus« und der westlichen Realpolitiker zusammengenommen.

Noch ein anderes Beispiel der jüngsten Geschichte zeigt an, daß sich im *Verhältnis von Utopie und Realität* Entscheidendes geändert hat. Der moralische Widerstand gegen den Krieg in Vietnam ist von den Realpolitikern der westlichen Welt als irrational und unrealistisch betrachtet worden. Gemessen an der gewaltigen Macht, die hinter diesem Krieg stand, hatte das auch den Anschein des *Realitätsgerechten* für sich. Tatsächlich hat sich aber gezeigt, daß der moralische Widerstand gegen den Krieg in Vietnam politisch und geschichtlich gerechtfertigt war, während sich die Realpolitik als irrational und unmoralisch erwies. Die Realpolitiker sind gezwungen worden, diesen ungeschichtlichen und unmoralischen Krieg zu beenden. Ähnliches läßt sich auch in bezug auf Verhältnisse sagen, deren Macht gegenüber moralischen Protesten heute als etwas Irrationales erschiene.

Es ist, das ist der grundsätzliche Punkt, ein *Begriff von Politik* zu entwickeln, der von Emanzipation und Moral nicht zu trennen ist. Das Unmoralische erweist sich am Ende als das Unpolitische, als Gewaltverhältnis im Dunstkreis eines Politikbegriffs, der Unbedingtes und Kompromißloses nur in der Ausgrenzung der besseren Möglichkeiten kennt. Nichts in der Ökologie- und Friedensbewegung, im Kampf um die Gleichstellung der Geschlechter und gegen rassistische Diskriminierung wäre ohne einen Schuß an *moralischem Fundamentalismus der Einzelprobleme* erreicht worden.

Geht man vom Stand des gegenwärtigen Bewußtseins und der gesellschaftlichen Dynamik aus, so muß die *Leitnorm,* von der aus entschieden werden kann, was moralisch und unmoralisch ist, aus der Gesellschaft selber heraus formuliert werden. Für diese Leitnorm scheint mir die *Kategorie der objektiven Möglichkeit* entscheidend zu sein. Im Unterschied zu bloß subjektiven Wunschvorstellungen bezeichnet die »objektive Möglichkeit« gleichzeitig den Umkreis von Mitteln, die produziert werden und verfügbar sind, um emanzipatorische Ziele zu realisieren. Das bedeutet mit anderen Worten, es ist der objektive Reichtum der Gesellschaft, an dem zu messen ist, was gerecht und ungerecht, was geschichtlich wirksam und Geschichtsverbrechen, was moralisch und unmoralisch ist. In allen diesen Verhältnissen geht es ausschließlich um *Verantwortungsethik*, um die Folgen des eigenen Verhaltens und Unterlassens – dem Postulat jeder Verantwortungsethik entsprechend: *handle so, als ob von deinem Handeln oder deiner Untätigkeit die Wendung des Schicksals der Welt abhinge.*

In einer Gesellschaft, in der der Reichtum an Gütern, an wissenschaftlicher Erkenntnis, an Möglichkeiten des subjektiven Durchschaubarmachens von Abhängigkeiten ein solches Maß angenommen hat, daß dieser objektiv verfügbare Reichtum selber zu einem Problem geworden ist, sind Herrschaft und Unterdrückung Geschichtsverbrechen und *unmoralisch.* In einer Gesellschaft, in der eine Krankheit wie Krebs heilbar wäre, wenn die Mächtigen dieser Gesellschaft auf die Heilung vergleichbare Mittel konzentrieren würden wie auf jeden beliebigen anderen Bereich, zumal dem der Rüstung, ist die Tatsache, daß Menschen an Krebs sterben müssen, ein *Verstoß gegen die moralischen Prinzipien* dieser Gesellschaft. Jede Form der Behinderung von Autonomie und Selbstbestimmung, in der die objektiven Mittel für diese Selbstbestimmung vorhanden sind, verstößt gegen moralisch immanente Normen dieser Gesellschaft. Der Reichtum ist nichts Jenseitiges mehr, sondern ist erfahrbar geworden, anschaulich. So sind Zerstörungen von Körper, Seele und Lebenswelt Elemente, die wir auch unter dem Gesichtspunkt der Ethik sehen müssen, um sie nicht einfach als Geschehnisse hinzunehmen, gegen die man nichts tun könne.

Aber diese moralische Leitnorm, die als *Zweck die Herstellung der gesellschaftlichen Autonomie der Menschen hat,* läßt sich nicht nur auf einzelne Länder beziehen, sondern hat das zur Grundlage, was sich als Weltgeschichte selber hergestellt hat. Zweifellos ist das nicht nur eine Frage der gerechten Verteilung, sondern vor allem auch eine Frage der spezifischen Produktion gesellschaftlicher Lebensprozesse.

Wo lassen sich die Ansatzpunkte einer Rückkehr des Politischen in die Gesellschaft, in den konkreten Erfahrungszusammenhang des Menschen auffinden? Sie liegen dort, wo die Menschen arbeiten und leben; hier beginnt gesellschaftliche Verantwortung als eine erfahrbare Rückbindung eigenen Verhaltens, im Betrieb ebenso wie in der Nachbarschaft; in der Familie ebenso wie in der Schule. *Politik,* die ihre Substanz und das ihr eigentümliche Bewegungsgesetz zurückgewinnt, ist keine Angelegenheit einer von Beruf und Arbeitsplatz abgetrennten, gesonderten Sphäre, in der Berufspolitiker ihr Wesen und Unwesen treiben. Ich verstehe Politik vielmehr als *Produktionsprozeß,* als eine Produktion eigener Art, ein Stück Sinnverwirklichung des Menschen als einem gesellschaftlichen Wesen, das, zumal in einer so durchgehend vergesellschafteten Gesellschaft wie der unseren, unweigerlich krank wird, wenn es seiner alltäglichen *politischen* Ausdrucksmöglichkeiten langfristig beraubt wird. *Politische Moral ist daher kein Luxus mehr, auf den man notfalls auch verzichten könnte, sondern wesentlicher Bestandteil unserer Lebens- und Überlebenspraxis.*

Matthias Horx
Lobbies und Seilschaften regieren

Die Umgehungsstraße: Denkt an unsere Kinder! 20 000 Fahrzeuge täglich! Hipp Hepp Hopp – Autoverkehr Stopp! – so steht es schon seit Jahr und Tag an den Häuserwänden Dettelhausens, 5879 Einwohner, drei Jagd-, vier Turn-, sechs Kegelvereine, ein Männer-, ein Kirchenchor, fünf Kneipen, zehn Geschäfte, ein Cafe, alles da, nur keine Umgehungsstraße, alles quält sich durch den schön restaurierten Ortskern. Wer den Antrag zu ihrer Erbauung eingebracht hat, weiß keiner mehr genau, es könnte der alte Schmidt von der F.D.P. gewesen sein, vor zwanzig Jahren, der ist über die Sache gestorben. Als zweites Müller von der SPD, 1975, die Kreisregierung hatte schon zugestimmt, aber dann – Planungsstopp. Im Dezember 1982 – erste Meßarbeiten, große Koalition, alles bewilligt, vom Land 8 Millionen, vom Kreis 2, aus der Gemeindekasse Zweihunderttausend für die Böschungsbegrünung. Erster Spatenstich 1981. Und dann ging das Theater los.

Erst wackelten die Grünen, die zunächst zugestimmt hatten – von wegen Lärm- und Abgasbelästigung. Aber dann entdeckten sie ein Feuchtbiotop in der Flußgemarkung, dort sollte die Straße mitten hindurch, und verbündeten sich mit Moser von der freien Wählervereinigung. Der hatte plötzlich die Befürchtung, daß mit der Umgehungsstraße kein Mensch mehr bei seinem Gasthof im Ortskern anhalten wird. Außerdem wollten drei Bauern plötzlich mehr Geld für ihre Grundstücke, die sie für die Straße verkauft haben, einer will sogar eine Brücke für seine Kühe. Die F.D.P. schließt sich an, weil sie um die Existenz des Ladens, der Apotheke, der Bäkkerei fürchtet. Und Germann macht Stimmung im Ort gegen das Bauvorhaben. Germann, der schlaue Fuchs, Schulrat nicht ohne Einfluß, besitzt ein Fachwerkhaus im Ortskern, zweimal schon ist ein Lastwagen daran hängengeblieben, wenn man keine Umgehungsstraße baut, muß ihm die Gemeinde ein Haus am Ortsrand hinstellen, das will er jetzt haben – jeder weiß, daß in seinem Fachwerkhaus der Schwamm steckt. Im Sommer 1983 kippt die SPD um. Der Kreis geht vor Gericht. Draußen sitzen drei Grüne vor dem Bagger und schützen das Feuchtbiotop. Im März 1983 wird weitergebaut, aber nur drei Monate, dann hat einer der drei Bauern einen Anwalt aufgetrieben, der einen Formfehler im Kaufvertrag nachweist. Das Altersheim fürchtet jetzt plötzlich Lärm durch die neue Straße, trotz Schallschutzwänden. Inzwischen ist die Bürgerinitiative »Verkehr raus aus Dettelhausen« auf einen kleinen Kern von Unermüdlichen geschrumpft. Da bricht, mitten im heißen Sommer, ein Panzerspähwagen durch den Garten der Familie M, rast an der Mauer entlang, walzt die Obstbäume nieder, bleibt im Wohnzimmer stecken. Am nächsten Tag sieht Dettelhausen seine erste Demo: »Schluß mit dem Verkehrswahn«. Das Feuchtbiotop wird nach Paragraph 825 a Landschaftsschutzgesetz zum Naturschutzgebiet erklärt. Der Kreis versucht, eine Ausnahmegenehmigung durchzusetzen, die SPD küngelt mit den Grünen ...

Politik ist, das weiß man längst, ein schwieriges Geschäft. Wenn wir die Zeichen richtig deuten, wächst ihr Schwierigkeitsgrad exponentiell. Schon verzeichnen wir erste Fälle von Politik-Verweigerung: Allein vier Abgänge von hochkarätigen Politikern in die Industrie mußte die CDU/F.D.P.-Koalition nach ihrem Wahlsieg bei der letzten Bundestagswahl verzeichnen. Vor gar nicht langer Zeit weigerte sich der Kanzlerkandidat der SPD, trotz heftigem Anraten seiner Parteifreunde, den Vorsitz seiner Partei zu übernehmen – auch dies ein Novum in der Parteigeschichte. Werden die Politiker amtsmüde? Haben sie womöglich Angst vor dem Handwerk Politik, in dem das Belügen der Klientel zu den Amtspflichten gehört, in dem man unaufhörlich Ärger bekommt, sich herumschlagen muß, selbst wenn man nur eine kleine, unbedeutende Umgehungsstraße bauen will?

Die Frage hat zu kurze Beine. Wo Lüge ist, müßte es irgendeine Art von feststehender Wahrheit geben. Es spricht aber vieles dafür, daß gerade diese »Wahrheit« eine im Verschwinden begriffene Kategorie ist. Und somit wäre auch das Wahlversprechen, diese mildtätige Variante der Lüge, heute nicht mehr das, was es einmal war.

Erinnern wir uns an ein Versprechen, das Helmut Kohl vor knapp zehn Jahren dem westdeutschen Volke gab: Eine geistig-moralische Wende, so das Kanzlerwort, würde dieses Land zutiefst verändern und erneuern. Von dieser Wende, von diesem Kanzlerwort ist, so wissen wir heute, nicht allzuviel übriggeblieben. Man befrage etwa die katholische Kirche, die Vertriebenenverbände, die Hausfrauenverbände, jene mächtigen Organisationen, aus denen sich die Stammwählerschaft der CDU rekrutiert: Von Wende keine Spur. Aufwertung der Rolle der Hausfrau? Zurückdrängung der Abtreibung? Ein neuer, konservativer Geist? All dies, so erklären uns die Meinungsforscher, ist mit dem Gros der deutschen Wähler trotz regelmäßiger Debatten nicht mehr zu machen. Man könnte formulieren: Die Gesellschaft hat einen Machtzuwachs zu verzeichnen zuungunsten der Politik. Noch etwas zugespitzter: Die Demokratie hat in diesem Lande so gut funktioniert, daß sie die Politik langsam, aber sicher überflüssig zu machen droht. »Basisdemokratie« – diese gutmütige Utopie der siebziger und frühen achtziger Jahre –, sie ist Wirklichkeit geworden. Und bisweilen eine bittere.

Gehen wir zunächst der Frage nach, wer in einer modernen Gesellschaft über »die Macht«, sollte es so etwas noch geben, verfügt. Inspirieren lassen wir uns dabei von einem Büchlein, das jedes Jahr neu herausgegeben wird. Es heißt »Handbuch des öffentlichen Lebens«. Auf 1200 Seiten – jedes Jahr werden es ein paar mehr – sind hier in augenfreundlicher Fünfpunktschrift Adressen und Telefonnummern sämtlicher Institutionen der Bundesrepublik verzeichnet. Eine Art Almanach des Lobbyismus, voller poetischer Brillanz:

Der Verband deutscher Zoodirektoren. Die Deutsche Kakteen-Vereinigung. Der Interessensverband Hydraulik und Hydroakustik. Die Schutzvereinigung für Wertpapierbesitz im Ausland. Der Arbeitsring Lärmbekämpfung. Der Verband deutscher Kerzenhersteller. Die Fachgemeinschaft Geldschränke und Tresoranlagen. Der Verband deutscher Freidenker. Die Vereinigung deutscher Katzenfreunde. Die Vereinigung Jagdflieger e.V. Der Bundesverband der Sargindustrie ...

Wer dreimal lügt, dem glaubt man nicht, sagt das Sprichwort. Aber mal ehrlich: Würden Sie unseren Spitzenpolitikern eine Lüge zutrauen? Ich meine: Eine echte, eine *absichtliche* Lüge? Nähern wir uns den Charakteren auf der Bonner Bühne:

Der gute Riese: Man sieht ihm an, daß er das gute Leben liebt. Er läßt nichts anbrennen und nichts verderben, sein Körper verlangt keine Fisematenten, sondern deftige Kost. Die Folgen trägt er mit Fassung und Humor – einmal im Jahr wird tapfer abgespeckt. Er ist gebildet, aber alles andere als intellektuell. Über andere mag er sich nicht stellen, auch auf die Gefahr der Peinlichkeit. Er wandert gerne. Den Blick über die Höhen, das Herz am rechten Fleck – so kennen und lieben wir ihn. Man spöttelt über ihn, aber es macht ihm nichts aus. Jedenfalls nicht allzusehr: Er ist ein empfindlicher Elefant. Er ist ein Optimist. Er weiß, daß Politik Glauben heißt; und, vor allem, an das Unmögliche.

Der Weißweintrinker: Man sieht seinem Lächeln schon an, daß er irgendwie *anders* sein muß. Er ist ein Geschmacksmensch. Die Mäntel, die er trägt, gibt es nicht bei Peek und Cloppenburg. Er ist ein Nonkonformist. Er denkt viel. Er trägt Widersprüche in sich. Er grübelt. Er weiß, wie begrenzt seine Möglichkeiten sind. Sein Denken ist im Fluß, das läßt er uns spüren. Er braucht Grenzen um sich herum, zum Beispiel den Geschmack: Ein guter Tropfen muß etwas Besonderes sein. Die Portionen auf seinem Tisch sind nur für ihn gekocht, sie sind klein, aber fein. Kultur ist ihm etwas

Heiliges. Das Profane ist nicht seine Sache. Und genau das ist sein Problem.

Der Dauerhafte: Man hatte ihn lange Zeit für farblos gehalten, eine vielreisende Null, ein Nichts ohne Konturen, einen Hanswurst. Dabei hat er geduldig gewartet. Er ist gereist und wieder gereist, hunderttausende von Kilometern rund um den Erdball, er hat die Fäden gezogen für die neue Zeit, dabei war er alles andere als ein Held. Er hat seinen Job gemacht, seine Pflicht absolviert, die Kärrnerarbeit geleistet, bis sich erwies, daß er recht hatte, immer schon. Ausdauer, Dickpelzigkeit, Abwarten, Einstecken – wie könnte Politik etwas anderes sein?

Der Winkeladvokat: Wer seine Lippen betrachtet, möchte meinen, er habe es mit einem Zyniker zu tun. Etwas Brutales liegt darin, etwas Schlaues auch; das hat er aus alten Zeiten behalten, in denen er das Mögliche tat, es sich aber mit den Herrschenden nicht verderben wollte. Und wer wollte das schon? Ist es nicht besser, das zu tun, was man tun kann, das Maximum herausholen auch unter widrigen Umständen? Der Mann hat Ahnung, wie das geht. Er kann ungeheuer redlich in die Kamera schauen, so daß einem schwindelig wird. Je schwieriger die Umstände, je aussichtsloser die Prozeßlage, um so raffinierter seine Tricks.

Politik, so möchte man meinen, ist heute längst nicht mehr eine Angelegenheit der »Inhalte«. Politik, so spüren wir, wenn wir den politischen Zirkus aus den hinteren Zuschauerreihen betrachten, wird immer mehr zu einer Veranstaltung, die einer Modenschau gleicht, einem Variete mit Zauber- und Luftnummern die Menge. Politiker vertreten heute immer weniger eherne Prinzipien und Ideologien, sie vermitteln, repräsentieren, symbolisieren *Lebensstile,* psychologische Grundmuster. Ihre Wirkung wird zunehmend weniger von dem geprägt, *was* sie sagen, vielmehr ist ihr Erfolg oder Mißerfolg davon abhängig, *wie* sie etwas vortragen. Ein Tonfall, eine Geste, eine Mundpartie kann über das Schicksal ganzer Parteien entscheiden. Ob der Wähler, der Bürger sich »wiederfindet«, hängt offenbar mit archetypischen Chiffren zusammen: Es sind *Muster,* die die Wähler wiedererkennen, in denen sie sich selbst erkennen im Politiker.

Der Politiker wird also zum Popstar. Was aber keineswegs heißen muß, daß er zum Idol wird. Im Gegenteil. Der triumphale Erfolg Helmut Kohls ist mit Sicherheit nicht darauf zurückzuführen, daß er aufrichtig von seinen Wählern geliebt, bewundert und verherrlicht wird, daß man ihm zutraut, alles, alles zu richten. Im Gegenteil: Er dürfte aus dem kollektiven Gefühl stammen, daß »er« einer von »uns« ist, daß er im Grunde durchschnittlich, normal, bieder ist, ratlos, humorvoll und ein bißchen dick.

Man kann also behaupten, daß Politiker nie so volksnah waren wie heute. In den Close-Ups, die uns die Kameras allabendlich von ihnen servieren, in denen wir jeden Schweißtropfen, jede Hautfalte, jede Erschöpfung sehen können, sind sie uns vertraut wie die Nachbarn aus der Lindenstraße. Es ist, als ob erst *wir,* unser dauerndes Reden über sie, als handele es sich um alte Bekannte, sie zu dem macht, was sie sind: *der Kohl,* und *der Björn* und *der Waigel* – solche Vertraulichkeiten gegenüber Mächtigen wären in früheren Zeiten völlig undenkbar gewesen. Wir kennen sie, unsere Schlawiner, selbst wenn sie mal schwindeln, sagen sie noch die Wahrheit, man merkt es ihnen an, sie können nicht anders, wie wir im Betrieb, in der Ehe. Und wenn es sich tatsächlich einmal um eiskalte Karrieristen handelt, um ehrgeizige Einzelgänger, die mit aller Macht an die Macht wollen, geht das mit hoher Wahrscheinlichkeit schief. Das Ende ist grausam. Wie man im Fall eines gewissen Uwe Barschel studieren konnte.

Politiker, so die Zwischenbilanz, sind so mächtig, weil sie so machtlos sind. Machtbewußtsein ist im politischen Geschäft eher hinderlich geworden. Wer aber hat die Macht im Lande?

Der Arbeitskreis Spendenwesen der gewerblichen Wirtschaft. Die Deutsche Karneval-Vereinigung zur Pflege fast-

nachtlicher Bräuche. Der Bundesverband der Rübenbauerverbände. Der Fachverband Pressen, Ziehen und Stanzen. Die Gemeinschaft zum Schutz der Deutschen Sparer. Die Vereinigung deutscher Harfenisten. Die Aktion humane Schule. Die Aktion humanes Sterben. Die Kommission Konformitätszeichen. Die …

Die Siedlung: Wir haben uns doch lange genug verarschen lassen, sagt Sieglinde S. Das ist doch eine Farce hier! Eine Verarschung! Wer hat uns Anwohner denn gefragt bei der Planung! Auf unserem Rücken tragen sie es doch aus, die Politiker! Ich habe jahrelang die großen Parteien gewählt, jetzt muß ich mir das schwer überlegen! Wohin soll ich denn jetzt mit Waldi gehen, ja, lachen sie nur dahinten, ich stehe dazu, ich bin Hundebesitzerin, ich zahle Hundesteuer, und ich habe ein Recht, mit Waldi spazierenzugehen. Und wie soll das gehen, wenn erst einmal die Siedlung gebaut ist, und wenn man am Fasanenweg nicht mehr auf die Felder hinausgehen kann. Dieser letzte Rest von Grün. Ein Klimapuffer! Der Mensch braucht doch Sauerstoff, das sagen doch die Herren und Damen von den Grünen immer und halten sich selbst nicht daran!

Nun geht der Bürgermeister ans Mikrophon. Er ist sichtlich genervt, aber er läßt sich nichts anmerken. Er ignoriert die Pfiffe, die Apfelkrotzen, sogar die leere Bierdose, die aus der Tiefe des Saales geworfen werden. Er macht beschwichtigende Gesten. Und dann erzählt er von den 4000 Obdachlosen in Frankfurt, den vielen Familien ohne erschwinglichen Wohnraum, von den deutschstämmigen Zuzüglern aus dem Osten, die ja schließlich auch ein Recht auf ein Dach über dem Kopf haben, es handelt sich keineswegs um Asylanten. Er redet von Solidarität, von Verantwortung, von moderner Metropole. Die Siedlung, so beteuert er, wird eine »grüne Siedlung« sein, mit viel Bäumen und Spazierwegen zwischendrin, einer neuen, ökologischen Bauweise. Seine Rede geht bald im Tumult unter, in Buhrufen, ein Mann erkämpft sich das Mikrophon, ich bin Herbert S., sagt er,

Rentner, ich habe immer meine Steuern bezahlt, ich bin Deutscher, verstehen Sie das, Herr Bürgermeister, DEUTSCHER, und ich finde es einfach eine UNVERSCHÄMTHEIT, daß hier eine Wohnsiedlung der Grünen gebaut werden soll, in denen AUSLÄNDER wohnen, warum eigentlich immer nur die AUSLÄNDER? Mein Sohn ist Lehrling, ein guter, fleißiger Lehrling, und er findet keine Wohnung. Darum sollen sich die Politiker einmal kümmern! Warum also hier bei uns, die Ausländer? Die kann man doch raus in den Taunus setzen, da ist noch genug Platz!

Jahrelang haben wir die Emanzipation der Bürger gefordert, jetzt haben wir den Salat. Eine Unzahl von Interessenverbänden, Bürgerinitiativen, »Betroffener« meldet sich bei jeder Entscheidung zu Wort – lautstark, engagiert und vollkommen von den eigenen Anliegen überzeugt. Die Lobbys haben sich im Lauf der Zeit, nicht nur durch die Computertechnik, immer besser und professioneller organisiert, sie leisten sich Rechtsanwälte, Berater, Profis in Sachen Öffentlichkeit, subtile Imagekampagnen. Auch in ihren ruppigen Varianten, wie derzeit im Osten, wird fleißig auf der vielgerühmten »Betroffenheit«, dieser Glaubensformel der 70er Jahre, herumgetrommelt. Ihr aus dem Westen, heißt es da, könnt fein reden – lebt erstmal mit den Zigeunern. Auch und gerade wenn es sich nicht um Atomkraftwerke handelt – deren Verhinderung wäre ja allemal ein legitimes Anliegen –, ist die Politik heute mit einer ungeheuren Menge von Partialinteressen konfrontiert. Auch und gerade weil die Politik heute um neue Glaubwürdigkeit ringt, ist die Sache doppelt schwierig: Die Bürger, zunehmend darin geübt, die eigenen Interessen mit allen Mitteln zu artikulieren, blockieren Entscheidungen, die keinen Aufschub dulden, wie in unserem Beispiel etwa die neuen Siedlungsvorhaben in Frankfurt, einer Stadt, in der die Wohnungsnot zu katastrophalen sozialen Verwerfungen zu führen droht.

Sankt Florian, geh Du voran: So verschwimmt uns die Frage, ob Politiker lügen dürfen, am Ende vor den Augen.

Da es keine Grundrichtung mehr gibt – gottlob –, in die man die Gesellschaft – welch gräßliches Wort – *führen* könnte, ist die Konsequenz, daß Politiker uns dauernd belügen *müssen,* weil, wenn sie in *einer* Richtung entscheiden, etwas *anderes* Nachteile erleidet. Daß sie uns belügen, ist heute außerdem keine Frage mehr. Es gehört zum öffentlichen Konsens. Kaum ein Stammtisch, eine politische Diskussion, wo dies alles nicht längst vorausgesetzt wäre: Erst einmal belügen sie uns natürlich, indem sie uns vieles, fast alles, verschweigen: Sie reden nicht dauernd über das Desaster im Osten, umwelterzeugte Krebserkrankungen, Lärmschädigungen, obwohl das *eigentlich* ihre Pflicht wäre. Aber auch ihr Alltagsgeschäft basiert auf permanentem Schwindel: Baut man ein Wasserkraftwerk, leidet die Natur, baut man keines, freut sich die Atomwirtschaft. Errichtet man Behindertenheime, fördert man die Abschiebung der Behinderten aus dem Familienverband, baut man keine, lastet man der Familie nur noch mehr Bürden auf. Errichtet man öffentlich kontrollierte Freudenhäuser, hat man zwar Hygiene und Kriminalität besser unter Kontrolle, läuft aber in die Gefahr, daß auch das letzte bigotte Vergnügen, die Prostitution, jeden verbotenen Reiz verliert – auch das ist der Volksgesundheit unzuträglich.

In einer modernen, hochentwickelten, gewissermaßen *ausindustrialisierten* Gesellschaft wird Politik zu so etwas wie einem kybernetischen Spiel der Kräfte. Hier kommt offensichtlich derjenige Politiker am besten ins Spiel, der innerlich gleichsam *leer* ist und bei dem folgerichtig Lüge und Wahrheit verschwimmen. Keine Ideologie, keine mühseligen Grundsätze, die im Alltagsspiel der Kräfte nur Reibungsverluste erzeugen, keine Versprechen, die man einhalten müßte. Statt dessen die Ideologie des *Zuhörens,* wie sie bei modernen Dienstleister-Politikern en vogue ist: Sie hören unaufhörlich zu, beraten sich, beraten sich mit ihren Beratern und deren Beratern, schalten Gremien, Gutachter, Sozialwissenschaftler, Demoskopen ein. Wenn sie *tatsächlich* zuhören –

was wir unterstellen können –, werden sie logischerweise am Ende die Entscheidung treffen, die am wenigsten Widerstand hervorruft. Denn allein *das* wäre demokratisch. Im Wortsinn: Macht des Volkes.

Der vielgerühmten Basisdemokratie, die einst die Grünen auf ihre Fahnen schrieben, entspricht der »symbolische Politiker«, wie wir ihn heute kennen. Er ist tatsächlich glaubwürdig, weil er kein Technokrat mehr ist, sondern die kybernetisch maximale Anpassungsleistung vollbringt. Er sitzt an den Hebeln der Macht, die längst keine Hebel mehr sind. Niemand mehr muß sich betrogen, verraten, belogen fühlen. Ratlos bleiben wir in unseren Fernsehsesseln sitzen und fragen uns ein letztes Mal: Wer regiert diese Republik? Wer hat das Sagen? Wer entscheidet, wenn's um die Wurst geht?

Der »Verband Fleischverwertung«? Der »Verband der Postbenutzer«? Die »Schutzgemeinschaft deutscher Wald«? Der »Industrieverband Kunststoffe«? Die »Berliner Herzliga«? Die »Gilde katholischer Ingenieure«? Der »Deutsche Dampfkesselausschuß Essen«? Die »Rasen-Rhododendron-Freunde«? Der »Art-Directors-Club«. Der »Bundesverband der verbeamteten Tierärzte«? Die »Barkeeper Union«? Die »Gesellschaft für fleischfressende Pflanzen«? Der »Pinscher- und Schnauzerclub e. V.«? Die »Bunsengesellschaft«? Der Allgemeine Deutsche Automobilclub?

Bleibt am Ende die Frage, ob das neue deutsche Klagen über die Unehrlichkeit der Politiker ehrlich ist. Versteckt sich dahinter womöglich nichts anderes als die lang unterdrückte Sehnsucht nach dem autoritären Staat? In der wohlfeilen Attacke gegen die »Inkompetenz« der Politiker, ihre »Betrugsmanöver« und »Korruption« findet sich die alte, deutsche Regression, nur heute mit umgekehrten Vorzeichen. Das Kriecherische, das antipolitische Ressentiment, hüllt sich in Empörung. Vor lauter Geschrei nach der »Wahrheit« wird die schlichte Wahrheit vergessen, daß die moderne demokratische Gesellschaft ein Kaleidoskop aus Wünschen und Begehren, Beharrungsvermögen und Kräftebalancen ist, die durch all das, was so lautstark gefordert wird – Entschlossenheit, Aufräumen, In-den-Griff-Kriegen –, zerstört werden müßte. Hoffen wir, daß der Ruf nach »Führung« ungehört verhallt.

Hans-Eckehard Bahr
Der Preis des öffentlichen Lebens

»Die Zeit des Schweigens, der Geheimnisse, des Flüsterns ist vorbei. Wir können sprechen.« Günther Weisenborn rief's 1945, als das Hitlerreich zusammenfiel. Das Wort und die Wahrheit, das war ein Zusammenhang, der hoffen ließ. Die »... freie, von Besatzungen unberührte deutsche Sprache« – Thomas Mann –, war das nicht der Ort, wo die Wahrheit über die Verhältnisse öffentlich bekundet werden konnte, jetzt endlich? Der Glaube an das Wort bewahrte damals, auch in der Zeit Hitlers, viele Menschen vor der Verzweiflung. Der Glaube an die Kraft der religiösen Worte (Reinhold Schneider), der Glaube an das poetische Wort. »Dies Wort war unsere Heimat, als wir keine andere hatten«, hält Hilde Domin fest. Welche Hoffnung damals im Frühjahr 1945. Nun endlich würde doch eine kritische Sprache die schreckliche Unwahrheit entlarven.

Es war einer der großen Impulse der Aufklärung, alles kraft der kritischen Vernunft ins Licht der Wahrheit zu rükken, jeder angemaßten Herrschaft den Schein des Rechts zu nehmen. Sprechen lassen, was die Ideologien verbergen: Mit diesem Pathos traten Adorno und Horkheimer, die letzten Vertreter der Aufklärung nach 1945 ihre »Erziehung nach Ausschwitz« an.

Es war die Hoffnung, kraft einer unbestechlich auf Wahrheit gerichteten Sprache »dieselben menschlichen Kräfte gegen das herrschende Unwesen zu erwecken, die heute noch fehlgeleitet und ans Unwesen gebunden sind«, wie Adorno formulierte. Aber diese Erwartung der Aufklärung schlug fehl. Die Kritik des Schlechten würde die Kraft dawiderzuhandeln erst eigentlich erwecken?

Sind nicht alle kritischen Wortemacher sich längst schon hoffnungslos einig, wie durchschlagend wirkungslos ihr Protest-Reden ist? Haben nicht fast alle schon die Rumpelstilzchen-Hoffnung fallengelassen, das vorherrschende Kriegsunwesen werde sich schon zersetzen lassen, sobald man seine objektive Dynamik nur unerschrocken und scharfsinnig beim Namen nennt? Zu groß sind die Erfahrungen eigener Ohnmacht, wenn man als Einzelner, als Schlimmeres Wissender, dagegen angehen soll. Das Unheil in Worten verhindern? Ich stelle die Frage an mich selber, an meine eigene deutsche Bildungs-Tradition. Der Glaube an die Berge versetzende Kraft des machtkritischen Wortes – alter Prophetenglaube, altes protestantisches Credo, zentrale Hoffnung der Aufklärung –, setzt dergleichen nicht einen von Geld unabhängigen, intelligiblen und machthabenden Menschen voraus? Einen Menschen, dessen innere Spielräume durch Wohlleben und Konkurrenzzwänge nicht eingeschränkt werden?

Das Überraschende aber: Aufklärung, Kritik unwahrer Politik, das findet heute trotzdem hundertfach statt! Nur eben ganz anders, als die kritische Theorie es nach 45 empfahl. Etwas Neues, die Machtverhältnisse tatsächlich Reformierendes, kam nicht schon durch die Bücher der Rüstungs- und Technik-Kritiker. Es kam mit der Phantasiefülle der Bürgerinitiativen, die über die Dürre bloßer Negation hinausführen, Lüge bestreiten, aber auch – in kleinen Schritten – das Bessere hier und da vorwegrealisieren. Kritik der politischen Unwahrheiten ist das Erste. Der Undeutlichkeit eigene Lebensformen entgegenbauen, die dimensional weiterführen – das ist das Zweite, das Positive, das jetzt, seit den achtziger Jahren, in der Bundesrepublik inszeniert wird.

Wie war es denn bei der Umweltfrage? Nicht die kritischen Ökologie-Theorien Gruhls, Harichs oder des Club of Rome haben die politische Exekutive erreicht. Erst der praktizierte Protest von Winzern, Bauern und umweltbesorgten Städtern hat in unserem Lande seit Wyhl 1973 die bundesweit geführte öffentliche Diskussion über Schöpfungszerstörung entfacht.

Und wie erging es der Sicherheitspolitik in unserem Lande? Carl Friedrich von Weizsäckers Fundamentalkritik der Abschreckungsdoktrin, die vielen anderen Konfliktlösungsmodelle der wissenschaftlichen Friedensforschung seit 1971, sie alle wurden von den politischen Entscheidungsträgern nicht wahrgenommen oder totgeschwiegen. Alarmiert wurden Regierung und Öffentlichkeit erst durch die Aktivitäten der Friedensbewegung, die eben praktisch inszenierte, was der Theorie nach längst da war.

Sollen wir also aufhören zu reden? In die Praxis desertieren? Das wäre hysterisch und zutiefst falsch. Die neuen sozialen Bewegungen machen uns aber auf einen Sachverhalt aufmerksam, der den angelsächsischen Demokratien seit Jahrhunderten bekannt ist: Jede Aufklärung muß heute öffentlich inszeniert werden. Große Zielvisionen wie soziale Gerechtigkeit, Frieden, die ungeschminkte Wahrheit, das alles hat erst dann Aussicht auf Realisierung, wenn sanktionsfähige Kräfte und Gruppen in der Öffentlichkeit da sind, die jene universalen Normen auch durchsetzen. Die das alles in ihrem allernächsten Feld glaubwürdig, nach bestem Wissen und Gewissen, wie die altmodische Formulierung heißt, versuchen.

Klassisches Beispiel dafür, daß hohe Werte auf dem Papier bleiben, wenn nicht starke Kräfte in der Bevölkerung sie als ihre Werte erkennen und von unten durchsetzen, ist noch immer die Bürgerrechtsbewegung der Schwarzen in den USA. 1863 schon war bekanntlich die Gleichberechtigung der Farbigen vor dem Gesetz erreicht. Aber Gesetzespapiere blieben hundert Jahre lang Papier, in schöner, unverbindlicher Maßstäblichkeit. Erst die von Martin Luther King angeführte soziale Massenbewegung entrechteter Schwarzer mußte kommen, um jenen Gesetzesverordnungen zur Realität zu verhelfen.

Sprechen lassen, was die herrschenden Ideologien verschweigen, alles ins Licht der Wahrheit rücken – das wurde 1983 für viele zur dringendsten Forderung angesichts der

Raketenaufrüstung. »Wir müssen jetzt aufrüsten, damit wir später abrüsten können«, hatte General Rogers, Oberster NATO-Befehlshaber, angemerkt (vgl. DIE ZEIT, 19. 2. 1982). Aber 67% der Westdeutschen sprachen sich damals gegen diese Militär-Logik aus (EMNID-Umfrage, Spiegel 23. 11. 1981). Vor allem jüngere Bürger mißtrauten der Glaubwürdigkeit von Rüstungspolitikern, die auch unter den Bedingungen atomarer Vernichtugskapazitäten noch vom Verteidigungsauftrag sprechen, als wären wir noch im II. Weltkrieg.

Sind wir nicht aber der Katastrophe schon so nahe, daß nur noch dramatisch-symbolische Aktionen nach Art der Gebrüder Berrigan jene Sprache sprechen, die öffentlich verstanden wird? »Mit einem Aufschrei« nur kann man noch reagieren, meinten die amerikanischen Priester und drangen vor zehn Jahren in Raketenfabriken und Musterungsbüros in den USA ein und beschädigten, was sie »Werkzeuge des Todes« nennen. Ihre Devise: Die Wahrheit über die Kriegsvorbereitungen muß spektakulär inszeniert werden, unter Gefährdung des eigenen Lebens. Vor Gericht gestellt, erklärten die Priester:

»... Was man früher noch als Phantasiegebilde von Irrsinnigen oder von Science-fiction-Amateuren ansehen konnte, ist nunmehr eiskalte Tatsache, wird als Wahrscheinlichkeit diskutiert ...«

»Wir haben es mit Behinderten zu tun, mit charakterlich Behinderten«, erläuterte Daniel Berrigan im Blick auf die Militärs seines Landes. »Wir verhandeln beim Pentagon mit einer irrationalen Macht. Darum verwenden wir nicht nur rationale Kommunikationsmittel – Flugblätter, Gespräche, sondern a-rationale, nämlich Symbole.« Der Pater spielt an auf das demonstrative Vergießen des eigenen Blutes in den weißen Gängen des Pentagon, auf seine symbolische Beschädigung von Raketenteilen.

Die katholische Priestergruppe der Berrigans trägt keine Theorien über die christliche Wahrheit vor. Sie will in ihren

Handlungen den Gegensatz zur Unwahrheit vielmehr verkörpern. Die Wahrheit über die Rüstungsziele soll mit dem eigenen Leib bezeugt, nicht nur verbal beschworen werden. Es ist eine neue, leidenschaftliche Inszenierung der pazifistischen Option – aus rigoroser Wahrheitsliebe, als politische Form der alten »Körperkirche« der Märtyrer.

Hätten es nicht doch auch Worte getan, Denkschriften oder Appelle? Offenbar nicht, meinen die Priester. Alle sollen ja zu sehen bekommen, was zu hören ihnen schwerfällt.

Eine Verständigung jenseits von Worten, tänzerisch fast, in einer todernsten Pantomime, symbolisch jedenfalls – so haben Propheten und Narren zu allen Zeiten Protest- und Zukunftsvisionen zum Ausdruck gebracht. Zu denken wäre an Jesaja, der eine Zeitlang nackt auftrat (Jes. 20), um expressiv zu demonstrieren, wie bald die Ägypter nackt in die assyrische Knechtschaft geführt werden. Oder an Jeremia, der sich ein Joch auferlegte, um die Niederlage darzustellen (Jer. 28). Zu denken wäre an Ezechiel, der seine Sprüche mit Händeklatschen und Fußaufstampfen unterstreicht (Kap. 21). Gehören nicht auch die neutestamentlichen Geschichten von Gesetzesübertretungen, von Konventionsbrüchen durch Jesus in diese Tradition? Provokant bricht der Nazarener ja die öffentlichen Bestimmungen des Sabbats. Er pflückt Ähren ab, weil die Menschen hungern, die mit ihm sind. Er heilt trotz streng verordneter Arbeitsruhe Kranke am Sabbat, um öffentlich zu zeigen, welchen Sinn die Heiligung des Sonntags menschlich hat, daß eben »der Sabbat für den Menschen da ist und nicht der Mensch für den Sabbat«.

Auch Jesus also wirkt provozierend, verletzt spielerisch Regeln und macht so auf bestimmte Unrechtszustände aufmerksam, die durch öffentliche Ordnungsregeln gedeckt sind. Natürlich erschöpft sich das Auftreten dieser Männer im alten Israel nicht in deren szenischen Demonstrationen. Aber ohne jenes Element der Gegenöffentlichkeit, des »Straßentheaters«, der symbolischen Inszenierung ihrer Wahrheit, könnten wir die Widerstandsform der Prophetie und die jesuanischen Symbolhandlungen eben auch nicht erfassen. Wie umgekehrt nichts von den symbolischen Aktionen der Berrigans adäquat verstanden wird, wenn es nicht in der religiösen Tradition prophetischer Kommunikation erscheint. Diese Aktionen sind ja, wie viele prophetische Symbolhandlungen, zunächst eine »dargestellte Erkenntnis der verkehrten Welt. Die scheinbar richtige verfremdend, machen sie diese als eine entfremdete sichtbar.«[1] Sie sind aber auch die älteste religiöse Form, Wahrheit mitzuteilen. Freilich in der prophetischen Linie des jüdisch-christlichen Erbes, nicht in der kultpriesterlich-klerikalen. Der Papst, stünde er in der prophetisch-jesuanischen Tradition, würde längst selber zum Golf geflogen sein, hätte sich vor die US-Panzer gelegt, in unbefristetem Hungerstreik. Der Papst der Realität aber spricht schöne Worte vom Balkon herab, jenseits der Fronten, überparteilich. Sein Körper bezeugt nichts. Im Gegenteil, er wird hinter kugelsicherem Glas in der Speziallimousine konserviert. Er riskiert nichts. Und daher bewegt er auch nichts. Der Zusammenhang von Glaubwürdigkeit, Ernst und Eigenstes riskieren ist damit aufgelöst.

Anders diejenigen, die uns aufhorchen lassen durch ihren Risiko-Mut, durch ihre Zivilcourage. Die ihre Wahrheit bezeugen, unter Preisgabe ihrer Gesundheit, ihres Wohllebens.

Aber gefährden sie nicht damit das Leben anderer? Die Berrigans dringen in Wehrersatzämter ein, in die Produktionszentren von Raketen, in die Pentagon-Räume, ohne daß je ein Mensch dabei verletzt würde. In schärfstem Gegensatz zu militärischen Einsatzkommandos geht es diesen Priestern um die symbolische Entzauberung der Waffen. Ein materieller Schaden an den Raketen ist nicht gemeint. Die Legitimierungen sollen getroffen werden, hinter denen die Rüstung sich verbirgt. Und eben das ist es, was die auf gegnerische Vernichtung zielenden Politiker am meisten fürchten: Daß ihr Enthauptungs-Interesse decouvriert wird. Daß die Täuschung auffliegt, die Rüstung sei eben nur die überlebensnotwendige Vorbereitung der Vermeidung der Katastrophe.

Entsprechend hoch ist das Strafmaß, das die bewußt illegal Handelnden erwartet: Gefängnisstrafen zwischen 3 und 10 Jahren für die US-Priester. Sie stehen in keinem Verhältnis zum materiellen Schaden, wohl aber zum ideellen.

Der Preis solch öffentlichen Engagements ist hoch. Ebenso hoch wie der Preis, den manche Raketenblockierer in unserem Land zahlen müssen. Für sie aber ist es eine Sache der persönlichen Wahrheit, sich mit dem eigenen Körper ein paar Stunden lang gegen Hochrüstung zu stellen. Denn »es gibt«, da würden sie Erich Fromm zustimmen, »wenige Dinge in der Welt, über die so viel geredet, so viel geschwindelt ... wird, wie über den Frieden«.[2]

Es kommt auf das »Tun der Wahrheit« an, hören sie Gandhi definieren. »Tun der Wahrheit«, die Übersetzung des Mahatmas für gewaltfreies Tun: gemeint ist das Tun jener interaktiven Wahrheit, mit der wir mit dem anderen in Kontakt kommen, keine metaphysische Idee.

1966 in Chicago hatte ich Gelegenheit, an Martin Luther King zu sehen, was diese elementare Hermeneutik besagt. Unbekannte Weiße hatten auf die Veranda von Kings Wohnung eine Bombe geworfen, um den Pastor mit seiner Familie zu beseitigen. Schwarze Passanten drängten aufgebracht zur Veranda. Da kam King heraus und beschwor die Blindwütigen, nicht der Gewalt der anderen mit gleich großer Gegengewalt zu antworten. »Wir müssen zeigen, daß wir unsere Rechtsforderung ohne Zurückschlagen erlangen können. Nicht siegen wollen über die Weißen, sondern siegen für die Versöhnung.« Es gelang King, die Empörten zu überzeugen.

Ich habe mich damals gefragt: Woher nimmt dieser Mann den Mut? Seine Ich-Stärke scheint von innen zu kommen, denn äußere politische Macht besaßen die Schwarzen zu diesem Zeitpunkt ja gar nicht. King wußte, der Gewalt eines Konfliktpartners, die ich als stärker erlebe, läßt sich mit der Aussicht auf dessen Lernfähigkeit, also auch auf meine eigene, überhaupt nur dann begegnen, wenn ich – in einer

Kooperation in der Konfrontation – mit ihm wieder in Kontakt komme. Entscheidend für Kings Wahl, in dieser Form Konflikte zu lösen, war, daß er erstens die Niederlage des Konfliktpartners, dessen Kränkung, in jedem Fall vermeiden wollte. Und daß King, zweitens, dem Entrechteten, dem schwächeren Partner ein neues Gefühl der eigenen Würde zu geben trachtete.

Wie kommt es dazu, daß der schwächere Partner in einem Konflikt ein Selbstvertrauen bekommt? Antwort Kings: Indem er die anfängliche Wut, die unmittelbare, blinde Empörung, die »natürliche«, erste Reaktion, schließlich, in einer zweiten Phase, bewußt überwindet, Rachegefühle hinter sich läßt.

Bewußtes, ich-starkes Durchleiden des Gedemütigtwerdens, eine Art therapeutisches Mittel, um den anderen zu der ihm innewohnenden Menschlichkeit zu befreien? Ja, eine Konflikttherapie wird hier praktiziert, die geleitet ist von der Hoffnung, daß in jedem Menschen eine Wahrheit ist, die auf diese Weise befreit werden kann.

»Tun der Wahrheit« der anderen, meiner eigenen Wahrheit treu bleiben, das wäre, in der Sprache Gandhis und Kings, nichts anderes als der Versuch, ihn und mich vor der Gewaltsamkeit zu bewahren.

Bewußt verletzen, genau wissen, wie man dem Anderen wehtut, ohne Narkose operieren, das ist ja das gezielt Zerstörerische, das Vernichtende in der Angriffslust, die frei wird in Menschen, die sich gedemütigt fühlen. Doppelt und dreifach will man es dem anderen heimzahlen. Und was für eine Energie steckt in dieser Gewalt. Ein Projektil aus Schwermetall, rasend, mit Wucht. So etwa wirkt die Energieballung, die man abfährt, wenn einem Beeinträchtigung nur droht. Oder, wenn man den anderen strafen will, rachebesessen.

Von dem, der ohne solche Rache-Wut leben möchte, wird nun das Unmögliche, das ganz andere, aber das einzig Humane verlangt, nämlich sich völlig zu exponieren, auf den anderen zuzugehen, um den größtmöglichen Spielraum freizugeben, für eine angstfreie, vernünftige Entscheidung seinerseits.

»Was dieses Vorgehen so psycho-logisch macht«, kommentiert Erik H. Erikson, der Harvard-Nestor der Sozialphilosophie, das ist »gerade die Tatsache, daß der Herausforderer bei sich selbst wie beim Gegner die gleichen Ängste unterstellt – die Furcht, durch die Niederlage ... die Identität zu verlieren. ... vielleicht gelingt es ihm dadurch, seinen Gegner zu ›heilen‹.« Therapeutisch ist dieses Vorgehen deshalb, weil dem »hippokratischen Prinzip« nahe, »daß man die Wahrheit (oder die einer Situation innewohnende Heilkraft) nur durch ein Handeln erproben kann, das Schädigung vermeidet.«[3]

Von den gleichen Ängsten ausgehen? Nicht auch von den gleichen Lebensinteressen? Nicht auch von den großherzigen Fähigkeiten, des nach vorne Ziehenden, ins Bessere? Eine menschlich offene Kooperation in der äußeren Konfrontation, das Modell auch der Sicherungspartnerschaft – bei King sehe ich: it makes all the difference, ob ich skeptisch, kleingläubig, nur von den gleichen Ängsten hüben und drüben ausgehe, oder ob ich – dimensional darüber hinaus – auch die schöpferischen, die kommunikativen Möglichkeiten beanspruche, bei mir und dem Anderen. Selbstbewahrung durch Feindesvertrauen, das wäre sein Programm. Und umgekehrt: Wir bringen doch nur dann eine Versöhnung zustande, wenn uns der andere so »träumt«, wie wir noch nicht sind.

Der Abschreckungsstrategie liegt ein negativer Wahrheitsbegriff zugrunde, weil Parität der Waffen das höchste Prinzip ist, nicht Offenheit, die aufrichtig auf den anderen zugeht. Sich wechselseitig in Schach halten, auf jeder Stufe des Machtgleichgewichts gleich bewaffnet sein – und dem Gegner die Einsicht in die eigene Hochrüstung geben –, das dient eben nur der Abschreckung des Anderen, nicht der Ermutigung, den Kreislauf doch zu durchbrechen.

Kings Politik-Praxis ist schöpferisch-konstruktiv, nicht nur angstvoll defensiv. Im gewaltfreien Wegfegen der Macht im Osten hat sich erwiesen, daß diese Praxis weniger Tote zurückläßt als die gewaltbereiten Strafaktionen, die auf Vernichtung des Gegners aus sind.

Das »Tun der Wahrheit«, das Setzen auf die Lebenswünsche und die Friedensinteressen der Menschen, nicht auf ihre kleinlichsten Rache-Instinkte – diese Option bleibt ein äußerstes Risiko. Es gibt keine Erfolgs-Garantie. Es kann für den so Vorgehenden katastrophisch enden, von Jesus bis King. Aber wer das Risiko eingeht, riskiert sich selbst und nicht das Blut des anderen. Er hält fest an der eigenen Wahrheit, noch im Tode.

Das ist die innere Spannung, in die jeder Mensch kommt, wenn er den Konflikt mit dem anderen nicht mit gleich großer Gewalt beantwortet, im Großen und in den privaten Zimmerschlachten. Die Furcht, verletzt zu werden, führt aber entweder dazu, daß ich mich mit »Sicherheit« abschirme, politisch und privat. Daß ich hochbewaffnet, notfalls auch mit zuschlagender, vorwegwarnender Gewalt (Präventivschlag), die Glaubwürdigkeit meiner Verteidigungsbereitschaft demonstriere – oder ich werde meine Angst, verletzt, entblößt zu werden, meine Sterbensangst, auf eine umgekehrte Weise los. Eben dadurch, daß ich mich einlasse auf sie, und mich dann in der Folge nicht mehr auf meine äußere »Bewaffnung« verlasse, sondern, daß ich die offene Kooperation in der Konfrontation mit meinem Konfliktpartner versuche.

»Ich weiß aus eigener Erfahrung, daß ich in Montgomery ängstlicher war, als ich ein Gewehr im Hause hatte«, erläutert King diesen Zusammenhang von Todesfurcht und Gewaltneigung. »Als ich zu der Ansicht kam«, so King, »als Vertreter eines gewaltfreien Umgangs mit Menschen könnte ich keine Bewaffnung, kein Gewehr mehr besitzen, mußte ich mich direkt mit dem Problem meines Sterbens auseinandersetzen. Ich tat es, und von da an brauchte ich kein Gewehr mehr, ich hatte nur noch selten Angst. Letztlich«, so King, »muß das Gefühl der eigenen Stärke von innen kommen.«[4]

King ist tot. Seine Epoche 1955 bis 1968 liegt schon eine ganze Generation hinter uns. Die Probleme aber, mit denen King von Anfang an konfrontiert war, haben sich seither überall zugespitzt. Das Problem der arm gehaltenen Menschen, die militärische Vernichtungsbereitschaft, die Zerstörung der Erde.

Könnte Kings Modell öffentlicher Therapie von Unfrieden in der Gesellschaft uns helfen, humaner zu überleben? Wie ist der schwarze Pfarrer umgegangen mit der Angst vor der Übermacht des Systems? Mit der Furcht vor dem Sterben, vor dem Ersetzbarwerden? Lebenshungrig wie wir sind, wissen wir ja nicht, wie wir es anstellen sollen einzuwilligen in die Niederlagen unserer politischen Initiativen, einzuwilligen auch in die Sterblichkeit unseres Lebens und uns zu akzeptieren, wie wir sind.

Aber was war der Preis des öffentlichen Lebens bei King? David Garrows neue King-Biographie zerpflückt die Gloriole.[5]

Ein anderer, entmythisierter Mann tritt aus dem Rahmen. Wir erfahren: King ist mehr als drei Wochen im Monat auf Reisen, getrennt von Coretta und den heranwachsenden vier Kindern. Sein Lebensstil gerät von Jahr zu Jahr mehr zwischen die Extreme von Hotel-Einsamkeit und Allmachtswahn draußen, auf den Massen-Meetings. Sein Terminkalender einer typischen Woche verzeichnet: 2 Reden in Chicago am Sonntag; 2 Vorträge in der Universität von Minnesota am Montag; zurück zum SCLC-Büro in Atlanta; abends Gemeindeversammlung; Mittwoch bis Freitag ganztägig im SCLC-Stab; am Sonnabend Besuche bei kranken Gemeindemitgliedern. Sonntagmorgen Predigt; mittags auf die Maschine nach New York, Connecticut und Tennessee.

Corettas Wunsch, selbständig am Bürgerrechtskampf teilzunehmen, weist King zurück in die Schranken von Küche – Kinder – Kirche. »Martin wollte sie nicht zu aktiv«, erinnert sich Andrew Young. Der Unterdrückte als Unterdrücker. Paternalistisch auch Kings Wunsch, Coretta möge um der großen Sache willen schweigen, seine zahlreichen Frauen-Kontakte hinnehmen. »So etwas Triviales ... hat in unserer anspruchsvollen Beziehung keinen Platz«, hört man Mrs. King tapfer behaupten. Schuldgefühle marterten King zusehends. Und Depressionen. Auch der öffentliche Druck begann ihn zu zerreißen. Mehr und mehr werden seine Texte von Freunden überarbeitet, von »ghost writers« verfaßt. Im März 1968 ist King dem Zusammenbruch nahe. Das Gefühl, von allen getragen zu sein, verläßt ihn. Aus »All-One« wird »alone«. Aus Revolte Einsamkeit. Gethsemane beginnt in Memphis.

Martin Luther King – Prophet, Kämpfer, ein Mann mit einem Traum. Und Martin Luther King, ein Mann, paternal, verletzlich; mächtig und schutzlos. Ein Opfer, nicht erst am Schluß. Ein Opfer der engagierten, politischen Lebensform? Das »Tun der Wahrheit« – entstellt es diejenigen letztlich, die ausschließlich damit befaßt sind?

Meine Befürchtung – jedes Leben im wirklich menschenrechtlichen Engagement, jede politische Existenz in demokratischer Leidenschaft, je öffentlicher sie wird, gerät immer häufiger in solche private Entfremdung. Und es erreicht Männer wie Frauen. Liegt es an der Macht in diesem System?

Flucht in öffentliche Auftritte, die Nächsten zurücklassend mit Schuldgefühl, das neue Tourneen gebiert, man muß nicht Friedensnobelpreisträger werden, um dergleichen zu kennen.

Kings Stimme ist tot. Sein Traum bleibt, jedenfalls für mich. Ich brauche solche Stimmen, die ihre Sehnsucht nach Befreiung nicht ängstlich verstecken. Die unter Befreiung etwas meinen, was innen ist, was außen ist. Die das Private und das Politische zusammenzuhalten versuchen. Die glaubwürdig sind. Ich brauche solche Stimmen.

Anmerkungen

1 Klaus Heinrich, *Versuch über die Schwierigkeit, nein zu sagen,* Frankfurt/Main 1984, S. 91.
2 In: Oskar Schatz (Hg.), *Der Friede im nuklearen Zeitalter,* München 1970, S. 19.
3 Erik H. Erikson, *Lebensgeschichte und historischer Augenblick,* Frankfurt/Main 1977, S. 189. Vgl. auch Hans-Eckehard Bahr, *Seht, da kommt der Träumer. Unterwegs mit Martin Luther King,* Stuttgart 1990.
4 Martin Luther King, *Testament der Hoffnung. Letzte Reden, Aufsätze und Predigten,* eingel. u. übers. v. Heinrich W. Grosse, Gütersloh 1974, S. 32 f.
5 David J. Garrow, *Bearing the Cross.* Martin Luther King, Jr., and the Southern Christian Leadership Conference, New York 1986.

Klaus Michael Meyer-Abich
Mehrheit statt Wahrheit
Von Wissen und Wissenwollen in der Politik

Daß in der Politik ausdrücklich gelogen wird, kommt zwar oft vor, ist aber keineswegs die Regel. Wenn es passiert, stecken meistens persönliche Gründe oder Interessen dahinter, und diese sind nicht immer so spektakulär wie vor einigen Jahren beim Tod eines deutschen Ministerpräsidenten. Wo nicht ausdrücklich gelogen wird, braucht man es aber noch lange nicht mit der Wahrheit zu tun zu haben, sondern es gibt viele Übergangsformen, die Wahrheit nicht zu sagen, ohne regelrecht zu lügen. Diese sind heute mein Thema, soweit es die Politik betrifft. Ich meine, daß die Unwahrhaftigkeiten, die nicht direkt Lügen sind, keine geringere Aufmerksamkeit verdienen als die Skandale zur persönlichen Bereicherung oder zum persönlichen Machterhalt.

Beschwichtigungen über Risiken

Ich gebe ein einfaches Beispiel. Nachdem sich im Frühjahr 1986 die Reaktorkatastrophe von Tschernobyl ereignet hatte, erklärte der deutsche Forschungsminister, so etwas könne bei uns nicht passieren. Wenn man diese Aussage sehr gutwillig interpretiert, ist sie nicht direkt falsch, insofern es nämlich den betreffenden Reaktortyp, mit dem das Unglück geschah, bei uns nicht gibt. *Genau* so etwas wie in Tschernobyl also kann bei uns tatsächlich nicht passieren, weil unsere Reaktoren anders als die russischen bzw. ukrainischen sind. Aber war die Botschaft so gemeint, wie sie wahr gewesen wäre? Einer besorgten und verunsicherten Bevölkerung sollte doch wohl wenige Tage nach dem Unglück gesagt werden: Werte Bürgerinnen und Bürger, unsere Reaktoren sind sicher; bei uns kann nicht nur dieser bestimmte Unfallablauf nicht vorkommen, denn unsere Reaktoren sind von einer anderen Firma gebaut worden, sondern mit dem Betrieb unserer Reaktoren verbinden sich überhaupt keine Gefahren von dem Ausmaß, wie sie in Tschernobyl Wirklichkeit geworden sind.

Erinnern wir uns: Es waren die Tage, in denen Eltern sich morgens fragten: Wird es wohl regnen, oder können wir es riskieren, unsere Kinder zur Schule zu schicken? Im Fall des Regens wären die Kinder durch Radioaktivität stärker belastet worden als auf einem trockenen Schulweg. Diesen Eltern wollte der Forschungsminister sicher nicht nur etwas über verschiedene Lieferfirmen sagen, sondern das, was sie eigentlich interessierte, nämlich: Drohen Gefahren dieses Ausmaßes auch von den hiesigen Reaktoren? Daraufhin den Eltern zu versichern: Nein, so etwas kann bei uns nicht passieren, war aber, wenn nicht gelogen, so doch nach dem Stand der Wissenschaft falsch.

Nach einem früheren Unfall, dem im amerikanischen Atomkraftwerk Three Mile Island bei Harrisburg, hatte der damalige Forschungsminister eine Deutsche Risikostudie Kernkraftwerke in Auftrag gegeben, um der Öffentlichkeit Rechenschaft über die Gefährlichkeit der hiesigen Kraftwerke geben zu können. Deren Ergebnis aber war unter anderem: Ein Unfall in dem deutschen Atomkraftwerk Biblis B würde schlimmstenfalls dazu führen, daß etwa 15 000 Menschen sofort oder etwa 100 000 Menschen im Lauf der Zeit durch Radioaktivität zu Tode kommen. Die Wahrscheinlichkeit dafür ist allerdings sehr klein, denn so schlimm kann es nur kommen, wenn alle Sicherheitseinrichtungen versagen.

Dies also hätte der Forschungsminister korrekterweise sagen müssen. Wozu schließlich hatte das Ministerium viele Millionen Mark für die Ermittlung der *hierzulande* bestehenden Risiken ausgegeben? Nun kann ich verstehen, daß ein Minister auf die Frage, ob es hierzulande auch so schlimm kommen könnte, in einer Situation öffentlicher Beunruhigung nur ungern antwortet: Bei uns (und in Rußland oder in der Ukraine) kann es sogar noch schlimmer kommen! Daß die Wahrscheinlichkeit dafür entschieden kleiner ist als in der Ukraine, hätte die Hörer bzw. Fernsehzuschauer in dieser Lage wohl auch nicht sonderlich beruhigt. Der Minister also wollte den Bürgern ihre Sorge nehmen, indem er ihnen nicht die Wahrheit sagte. Die Sorge aber war – und ist – berechtigt.

Ich kann es, wie gesagt, verstehen, daß der Minister meinte, die Gefahr wider besseres Wissen herunterspielen zu sollen. Aber war das richtig? Und hat man ihm geglaubt? Waren die Zeitungen damals nicht voller Klagen darüber, daß von Regierungsseite in Bund und Ländern viel zu wenig offen oder nur widersprüchlich gesagt wurde, wie man sich am besten schützen könne? Beruhigungsstrategien, die Gefahr herunterzuspielen, fruchten nichts, wenn die Öffentlichkeit weiß, daß eine Gefahr besteht. Im Gegenteil, diese Unwahrhaftigkeit war sogar schädlich. Stellen wir uns vor, daß in den folgenden Jahren auch bei uns ein großer atomtechnischer Unfall passiert wäre und die Bundesregierung nun wirklich die richtigen Verhaltensempfehlungen gegeben hätte. Wer hätte ihr dann geglaubt? Hätten die Leute, nach dem vorausgegangenen Vertrauensverlust, nicht mit Recht mißtrauisch reagiert und z. B. auf die Empfehlung, zu Hause zu bleiben, angefangen zu überlegen: Warum sagen die uns das? Warum wollen die, daß wir zuhause bleiben? Da muß es doch einen Grund geben! Wahrscheinlich ist unsere einzige Chance, so schnell wie möglich zu fliehen, einige haben das sicher schon gemerkt und nun sieht die Regierung: Wenn das so weitergeht, bricht alles zusammen. Deshalb sollen wir nun zu Hause bleiben. Aber wenn wir's jetzt sofort versuchen, sind wir vielleicht noch unter denen, die durchkommen!

Das Beispiel zeigt: In Zeiten des Notstands ist es besonders entscheidend, Vertrauen in eine Regierung haben zu können. Dies Vertrauen besteht aber nur dann, wenn die Regierung die in der Risikogesellschaft, in die wir geraten sind, möglichen und wissenschaftlich zum großen Teil sogar quantifizierbaren Notstände ernst nimmt und sie nicht herunterspielt.

Soweit, so gut. Regierungen müssen in Gefahren vertrauenswürdig sein, und das sind sie nur dann, wenn sie nicht nur nicht lügen, sondern wirklich die Wahrheit sagen. Die Fluglinien haben es hier schon weiter gebracht als die Politiker, denn die Stewardessen erinnern einen vor jedem Abflug daran, daß man aus dem Flugzeug mit einiger Wahrscheinlichkeit nicht so heil wieder herauskommt, wie man es betreten hat. Damit aber ergibt sich eine weitere Frage: Warum sind Stewardessen hier so viel klüger als Minister? Eigentlich sollte es eher umgekehrt sein, denn die Gefahren, in denen wir als Risikogesellschaft leben, sind erheblich vielgestaltiger als die von Flugzeugunfällen, verdienen also auch eine umfassendere Aufmerksamkeit und Wahrhaftigkeit.

Nun macht man sich leicht unbeliebt, wenn man in Zeiten, in denen gerade keine akute Sorge wegen chemischer oder atomtechnischer Unfälle besteht, daran erinnert, daß dennoch jederzeit Gründe für solche Sorgen bestehen. Auch ich werde hier jetzt ja nur noch von denen gelesen, welche sich dieser Erinnerung nicht verweigern – man kann doch auch etwas anderes lesen –, und Minister mögen es nicht, wenn andere sie nicht hören mögen. Haben aber Minister ein höheres Recht auf Beliebtheit als Professoren?

In beiderlei Ämtern hat man eine Verantwortung. Als Professor bin ich in erster Linie dafür verantwortlich, daß ich nach Wahrheit suche und meine Erkenntnisse in den Gang der Wissenschaft einbringe, jeweils in den Grenzen der eigenen Kompetenz und so, daß meine Einsichten etwas zur Erhaltung der Welt beitragen können, nicht zu ihrer Zerstörung. Dies ist eine spezifisch wahrheitsbezogene Verantwortung, wobei ich weiß, daß alle Wissenschaft eine Gemeinschaftsleistung in der Geschichte ist und die damit verbundene Vielstimmigkeit zur menschlichen Erfahrung der Wahrheit gehört. Die Verantwortung des Politikers ist nicht gleichermaßen auf die Wahrheit oder die Suche nach Wahrheit fokussiert, sondern ist eine Verantwortung für andere und anderes: für das Land, dessen Wohl zu mehren er geschworen hat, sowie für ein bestimmtes Ressort, z.B. die Umweltpolitik oder die Justiz. Wer in einer Regierung für das Rechtswesen, das Leben der Flüsse, die Hochschulen oder die Entwicklungszusammenarbeit mit der Dritten Welt verantwortlich ist, soll in dieser je spezifischen Verantwortung das Richtige *tun* und sich nicht in erster Linie um Erkenntnis bemühen.

Das Richtige zu tun ist uns in der Regel aber nicht bar jeder Erkenntnis gegeben. Deshalb gehört der richtige Umgang mit dem Wissen zur Verantwortung des Politikers. Ein Beispiel dafür habe ich beschrieben: daß der für die Beurteilung technischer Risiken zuständige Minister die bestehenden Gefahren nicht beschönigen darf, sondern die Glaubwürdigkeit der Regierung durch Ehrlichkeit bezeugen soll. Wenn ein Minister meint, sich dadurch unbeliebt zu machen, ist dies noch lange kein Grund, sich der Verantwortung zu entziehen. Selbst dann, wenn er es nicht nur meinte, sondern sich durch Ehrlichkeit tatsächlich unbeliebt machen würde, was ja nicht unbedingt gesagt ist, wäre es kein Grund. Wer ein politisches Amt übernommen hat, steht in der Pflicht, *nach bestem Wissen und Gewissen und uneingedenk persönlicher Vor- und Nachteile dem Wohl der Allgemeinheit zu dienen.*

Das klingt sehr edel, mag mancher denken. Ich finde dieses Wort zu hoch gegriffen. Wenn wir anfangen, das eigentlich Selbstverständliche edel zu finden, verschieben sich unsere Ansprüche so, daß wir mit dem Außerordentlichen schon gar nicht mehr rechnen. Aber ist es nicht eigentlich unsere einzige Hoffnung, daß in dieser selbstzerstörerischen Welt doch noch einmal etwas Außerordentliches den ordentlichen Gang in den Abgrund aufhält? Nennen wir die selbstverständliche und uneigennützige Pflichterfüllung in einem politischen Amt also, bitte, nicht edel.

Rücksicht auf den Wähler?

Ich frage aber noch einen Schritt weiter: Warum kommt es uns so unwahrscheinlich vor, daß Politiker ohne Rücksicht auf Beliebtheit und Unbeliebtheit einfach nur ihrer Verantwortung gerecht werden? Es kommt uns so unwahrscheinlich vor, weil Politiker in der Regel wiedergewählt werden wollen. Sie wollen nicht nur ihre Pflicht tun, und manche wollen dies vielleicht nicht einmal in erster Linie, sondern sie haben in ihrem Amt außerdem meistens noch ein persönliches Interesse, sich oder ihrer Partei das betreffende Amt zu erhalten. Damit ist der Interessenkonflikt verbunden, einerseits dem Wohl aller dienen zu *sollen,* dies aber in einer Weise tun zu *wollen,* welche einer Mehrheit besonders gefällt, genauer gesagt: in vielen Fällen sogar nur einer Minderheit gefällt, wenn nämlich bestimmte Personengruppen als Wähler bei einer bestimmten Stange gehalten werden sollen – z. B. die Bauern oder die Bergleute.

Betrachten wir die Letzteren, weil sie eine homogenere Interessengruppe sind, während man sich bei den Bauern immer zusätzlich fragen muß, warum die meisten von ihnen eine Politik unterstützen, welche nur den wenigsten unter ihnen Vorteile bringt, nämlich den industrialisierten Großbetrieben. Für beide Gruppen gemeinsam gilt, daß sie prächtig leben könnten, wenn man die staatlichen Subventionen den Betroffenen direkt auszahlte, damit sie ihre bisherige Arbeit *nicht* mehr tun. Bei den gut 100 000 Bergleuten, die es noch gibt, sieht diese Rechnung – ich rechne mit abgerundeten Zahlen – so aus, daß knapp 100 Millionen Tonnen Kohle Jahr für Jahr mit gut 100 Mark pro Tonne, insgesamt also mit etwa 10 Milliarden Mark bezuschußt werden. Würde man diese 10 Milliarden auf die 100 000 Bergleute direkt verteilen, bekäme jeder 100 000 Mark im Jahr, ein stattliches Gehalt. Die Bergleute könnten dafür etwas Sinnvolleres tun, als Kohle aus der Erde zu holen. Ist es nicht beschämend, wieviel gerade im öffentlichen Bereich nicht getan wird, dann aber getan werden könnte? Und der Staat erhielte sogar noch ein paar Milliarden in Gestalt von Steuern zurück.

Statt dessen werden die Kohlesubventionen dazu genutzt, den Bergbau aufrechtzuerhalten. Politisch gibt es dafür ein schönes Wort, die »Kohlevorrangpolitik«. Dazu bekennen sich die Parteien, besonders die beiden großen, um von 100 000 Bergleuten unter insgesamt fast 30 Millionen Beschäftigten in Westdeutschland nicht ein paar tausend Stimmen zu verlieren – falls sie tatsächlich verlorengingen, wenn eine Partei den Bergleuten einmal offen sagte, daß ihr Berufszweig keine Zukunft mehr hat. Ich kann mir eigentlich nicht vorstellen, daß die Betroffenen dies nicht schon lange wissen und es nicht zu schätzen wüßten, wenn ihnen einmal ehrlich gesagt würde:

»Ihr Bergleute wart einmal eine der wichtigsten Berufsgruppen im ganzen Land. Industrielle Ballungsräume wie das Ruhrgebiet und das Saargebiet haben die Grundlagen des Wohlstands unserer Industriegesellschaft erwirtschaftet, und die entscheidende Voraussetzung dafür war das Schwarze Gold unter der Erde – der ›unterirdische Wald‹, wie es hieß, als die oberirdischen Wälder nicht mehr genug Brennholz lieferten und man allmählich vom Holz zur Kohle überging. So war es bis in die Zeit nach dem Zweiten Weltkrieg hinein, als der Bergbau für den deutschen Wiederaufbau noch einmal die alte Bedeutung hatte. Dann aber kam das Mineralöl und danach das Erdgas. Seitdem ist die Kohleenergietechnik in Deutschland auf dem Rückzug. 1960 trug die Kohle noch drei Viertel zu unserem Energiebudget bei, jetzt sind es nur noch etwa 20 Prozent, und ihr Bergleute solltet eigentlich anerkennen, daß der Abbau von damals etwa 550 000 Arbeitsplätzen zu heute noch gut 100 000 gelungen ist, ohne daß Bergleute in Not geraten sind. Es gab viele Frühpensionierungen, auch wegen eurer Staublungen, Umschulungen und mindestens eine ordentliche Arbeitslosenunterstützung.«

Man könnte fortfahren: »Wir haben euch zwar nie die

Wahrheit gesagt, sondern euch mit flotten Sprüchen wie ›Kohlevorrangpolitik‹ vorgetäuscht oder vorzutäuschen versucht, die Kohle habe noch eine Zukunft. Vielleicht aber habt ihr immer schon genausogut wie wir gewußt, daß das alles nur ein Gerede war, mit dem wir euch beschwichtigen wollten. Entschuldigt, bitte, daß wir euch für so dumm gehalten haben, und haltet uns ein wenig zugute, daß das, was wir faktisch getan haben, nämlich den unvermeidlichen Abbau der Arbeitsplätze im Bergbau abzufedern, auch nicht wesentlich anders ausgesehen hätte, wenn wir ehrlich mit euch gewesen wären.«

Mit diesem Teil meiner fiktiven Rede an den Kohlebergbau bin ich dem derzeitigen Stand der politischen Wahrhaftigkeit freilich schon ein ganzes Stück vorausgeeilt, denn zur ›Kohlevorrangpolitik‹ bekennt man sich immer noch. In der jetzigen Situation geht dies allerdings entschieden zu weit, und zwar gegenüber den Ländern der Dritten Welt. Ihrer in der Kohlepolitik wider besseres Wissen nicht zu gedenken ist noch schlimmer, als den Bergleuten eine unhaltbare Zukunft vorzugaukeln. Die absehbaren Klimaänderungen betreffen bis zu einem gewissen Grade die ganze Menschheit, aber – und das ist bisher weniger bekannt – einige Völker mehr als andere. Schon aus der globalen Klimaänderung folgt die Notwendigkeit eines weitgehenden Ausstiegs aus der Nutzung fossiler Energieträger, vor allem aus der besonders klimaschädlichen Braun- und Steinkohle. Hätte nicht wenigstens unter Gesichtspunkten der Abwendung von Klimaänderungen die Kohle einmal besser dastehen können als die Konkurrenten, nachdem sie unter den verschiedenen Energieträgern sonst in jeder Hinsicht das schlechteste Bild bietet? Aber nein, so ist es auch diesmal nicht; bei der Verbrennung von Erdgas wird pro Energieeinheit nur etwa halb so viel CO_2 freigesetzt wie bei der von Braunkohle. Also ist der Ausstieg aus der Kohle bis zu zweimal so dringlich wie der aus der Nutzung von Erdgas.

Hinzu kommt aber noch ein zweites Argument. Von den

Klimaänderungen werden vor allem die Länder der Dritten Welt verstärkt betroffen sein. Verursacht wird diese Entwicklung zu drei Vierteln von einem Viertel der Menschheit, von den reichen Industrieländern des Nordens in West und Ost, von uns also. Wenn wir nicht an einem unausdenklichen Elend Schuld sein wollen, das noch viel größer als die heutige Not in der Dritten Welt sein wird, sollten wir den weitgehenden Ausstieg aus der Nutzung fossiler Energieträger so schnell wie irgend möglich vollziehen, vor allem den Ausstieg aus der Kohleverbrennung.

Dies alles zu wissen und dennoch von einer ›Kohlevorrangpolitik‹ zu sprechen, um ein paar tausend Wähler nicht zu verprellen, finde ich unverantwortlich. Die Wahrhaftigkeit müßte eigentlich sogar so weit gehen, daß diejenigen, die früher von einer solchen Politik gesprochen haben und es nun immerhin nicht mehr tun, sich von dem früheren Ziel ausdrücklich distanzieren. Denn ein Vorrang gebührt heute in der Energiepolitik

1. der Energiequelle Energieeinsparung, also dem Ersatz von Energie durch intelligentere Technik und, soweit nötig, Investitionen;
2. soweit trotz weitestgehender Energieeinsparung weiterhin Energie gebraucht wird, jedenfalls der Sonne und allenfalls dem Erdgas, aber ganz gewiß nicht der Kohle.

Die von der Klima-Enquête des Bundestags vorgeschlagenen Substitutionen, um bis zum Jahr 2005 30 Prozent weniger CO_2 zu emittieren als 1987, können weit überwiegend durch Einsparungen erfolgen, zu einem Teil aber auch durch den geringeren Einsatz von Kohle. Das weitergehende Ziel, die CO_2-Emissionen bis zur Mitte des nächsten Jahrhunderts sogar um 80 Prozent zu vermindern, kann dann zunehmend durch den Übergang zur Nutzung von Sonnenenergie erreicht werden – teilweise hierzulande und teilweise, wie bisher, durch Energieimporte aus anderen Ländern, wobei wegen der gleichmäßigeren Verteilung der Sonneneinstrahlung, verglichen mit der von Mineralöllagerstätten, nicht so leicht Abhängigkeiten wie die von der OPEC eintreten können.

Das absehbare Ende des Kohlebergbaus anzusagen dürfte nach 30 Jahren Abbau der Kohleförderung und nach 40 Jahren Bewährung unserer Demokratie für keine politische Partei zuviel verlangt sein. Um – ihrem Verfassungsauftrag gemäß – zur politischen Willensbildung beizutragen, müßten die Parteien selbst Klärungsprozesse in Gang bringen und nicht nur der in der Allgemeinheit bereits erfolgten Willensbildung hinterherlaufen. Mündige Wähler haben sogar ein Recht darauf, daß ihnen nicht immer nach dem Munde geredet wird. Die Kohlepolitik ist ein gutes Beispiel für ein Bewährungsfeld der politischen Parteien, in dem sie sich und uns mehr Wahrhaftigkeit zumuten sollten. Es gibt andere Beispiele dieser Art wie die Landwirtschaftspolitik und viele Bereiche der Umweltpolitik. Nicht überall aber ist es so, daß Wahrheiten eigentlich bekannt sind und nur verschwiegen werden, um bestimmte Interessengruppen nicht zu verletzen. In vielen Fällen kommt es erst einmal darauf an, die Wahrheit überhaupt wissen zu wollen. Hier sehe ich eine Schwäche nicht nur der politischen Parteien, sondern unserer Demokratie insgesamt.

Vom Wissenwollen der Wahrheit und vom mündigen Bürger

Nach der Wahrheit zu fragen erfordert eine noch größere Wahrhaftigkeit als bloß ehrlich auszusprechen, was man zu wissen glaubt. Dazu gehört nämlich die Bereitschaft, nicht einfach dort stehenzubleiben, wo man einmal angekommen ist, sondern den eigenen Standpunkt in Frage zu stellen, nicht nur den der anderen. Den Parteien fällt dies besonders schwer, weil es schon dem Namen nach zu ihrer Existenzform gehört, parteiisch zu sein. Die meisten Menschen lassen sich auch als Wähler lieber die Bestätigung dessen gefallen, was sie schon zu wissen meinen, als Verunsicherungen des eigenen Standpunkts. Ein Standpunkt aber ist, wie man in der Geometrie lernt, ein Horizont vom Radius Null. Darin kann man sich nicht bewegen, weshalb wir politisch so unbeweglich sind.

Umgekehrt: Wer sich nicht bewegen will, legt sich einen Standpunkt zu. In der Politik ist diese Versuchung besonders groß, weil Standfestigkeit auch eine Tugend ist und die Grenze, wo sie in Unbeweglichkeit umschlägt, aus Parteilichkeit oft nicht gesehen wird. Dies ist bei weitem nicht nur ein Politikerproblem. Halte ich beispielsweise irgendwo einen Vortrag über Umweltfragen und darüber, daß nicht nur die politisch Verantwortlichen, sondern auch jeder Einzelne mitverantwortlich ist und im privaten Verhalten etwas tun kann, z. B. was das Autofahren oder den Kauf von Fleisch aus der Massentierhaltung angeht, so meldet sich unter den Zuhörern mindestens einer, der mir in abstracto zu beweisen versucht, warum der Einzelne gegen die Macht der Wirtschaft sowieso nicht ankommt. Der kritische, aber nicht selbstkritische Standpunkt dient dann nur dazu, die eigene unbekümmerte Teilnahme an dem zerstörerischen Wohlstand, den das kritisierte System bietet, zu rechtfertigen.

Mit Standpunkten aber ist in der Demokratie kein Staat zu machen, und schon gar nicht in der Umweltkrise der Industriegesellschaft. Sonst würden ja alle politischen Gremien immer nur so abstimmen, wie sie zusammengesetzt sind, und keiner würde je etwas lernen. Ich finde es zwar nicht sonderlich wahrscheinlich, daß die zerstörerische Wirtschaft, an der wir alle mehr oder weniger teilhaben, nicht in den Abgrund der Verwirtschaftung der natürlichen und gesellschaftlichen Lebensgrundlagen führt. Dennoch sehe ich eine Chance, daß nicht alles so bös endet, wie es aussieht, jedoch nicht ohne politische Lernfähigkeit. Dies hat Konsequenzen für die Verantwortlichkeit gewählter Repräsentanten der Allgemeinheit und für die politische Kultur der Allgemeinheit selbst.

Was politische Gremien angeht, so ist das Prinzip der Repräsentation konstitutiv für den modernen Rechtsstaat. Dabei gab es von Anfang an zwei Grundeinstellungen, wie ein Abgeordneter seine Abordnung von der Basis versteht: Soll er sich jederzeit so nach den Wählern richten, wie ein schwimmender Korken der Bewegung der Flüssigkeit folgt, die ihn trägt, oder erwarten die Wähler, daß er in seinem Amt seinem eigenen Urteil folgt, indem er es sich immer wieder neu bildet, für die Wähler lernt und ihnen das Gelernte, soweit sie es wollen, auch weitergibt und nachvollziehbar macht.

Eine klassische Kontroverse, an der die beiden verschiedenen Auffassungen politischer Verantwortlichkeit sichtbar werden, führten im 18. Jahrhundert Edmund Burke und Henry Cruger. Beide waren 1774 als Abgeordnete von Bristol in das englische Parlament gewählt worden und bedankten sich dafür bei ihren Wählern, so wie dies auch heute noch geschieht, jedoch nicht so langweilig und in einem entgegengesetzten Verständnis des ihnen erteilten Auftrags. Cruger erklärte seinen Wählern, er wolle sich als ihr Diener verstehen, ihrem Willen unterworfen und ihnen gegenüber bei allen seinen öffentlichen Handlungen verantwortlich. Burke entgegnete darauf, wenn ein Abgeordneter gewählt sei, dann vertrete er im Parlament nicht nur seinen Wahlkreis, sondern sei dem ganzen Volk verantwortlich. »Ein Parlament ist kein Kongreß von Gesandten verschiedener und miteinander verfeindeter Interessen(ten), deren unterschiedliche Interessen jeder als dessen Agent und Anwalt gegenüber anderen Agenten und Anwälten zu verteidigen hat. Ein Parlament ist vielmehr die beratend abwägende Versammlung einer Nation, mit einem Interesse, dem des Ganzen.«

Beide Abgeordneten bekannten sich dazu, Verantwortung übernommen zu haben, aber Cruger verstand darunter die Rechenschaftspflicht gegenüber seinen Wählern, Burke die Verantwortung für die Sache, für das Land; diese wollte er wahrnehmen und sich dann später zu gegebener Zeit natürlich auch vor seinen Wählern rechtfertigen, jedoch nur sekundär und im nachhinein. Denn die Wähler könnten den Gang der Beratungen, die der Entscheidung vorangehen und gehen müssen, also die jeweiligen Argumente, gar nicht verfolgen. Daß die einen beraten, die andern aber entscheiden, sei widersinnig. Deshalb höre er für seine Wähler die Argumente der anderen, und es sei sein Mandat, auch für seine Wähler daraus zu lernen. Nach Burke gehört also die Wahrhaftigkeit, gegebenenfalls auch gegen die Meinungen der Wähler, jedoch niemals gegen die eigene Einsicht zu entscheiden, zur Verantwortung des Abgeordneten. In der Praxis hat sich – bei uns verfassungswidrig – bisher eher die Crugersche Auffassung, also das imperative Mandat, durchgesetzt. Die meisten Politiker handeln nicht primär aus der Verantwortung für die Sache, für ihr Land, sondern orientieren sich in ihrem Handeln statt dessen an der Rechtfertigung gegenüber Personengruppen, von denen sie unterstützt zu werden wünschen.

Die beiden Varianten der Verantwortung unterscheiden sich so, daß im einen Fall die Verantwortung für sich selbst, die Rechenschaftspflicht für das eigene Handeln, betont wird, im andern Fall die Verantwortung für andere und anderes, für die Verantwortung wahrzunehmen ist, sowohl für andere Menschen als auch für die natürliche Mitwelt. Dabei ist die Verantwortung für sich selbst auf die Vergangenheit hin orientiert, auf das eigene Handeln, denn dies ist ja erst dann zu verantworten, wenn es nicht mehr zur Wahl steht, also bereits geschehen ist. Demgegenüber betrifft die Verantwortung für andere und anderes die Zukunft, das künftige Handeln, insoweit es dieser Verantwortung gerecht werden soll. Diese Verantwortung wiederum besteht nur so lange, wie das Handeln noch bevorsteht – danach hat man sie mehr oder weniger gut erfüllt bzw. verfehlt.

In der politischen Theorie des 17. Jahrhunderts ist in der Verantwortung von Amtsträgern ihre Rechenschaftspflichtigkeit in den Vordergrund gestellt worden. Heute, in der

Umweltkrise der Industriegesellschaft, besteht die Rechenschaftspflicht nach wie vor, wichtiger als alles andere aber ist die Zukunftsverantwortung geworden. Deshalb brauchen wir Politiker wie Burke und keine schwimmenden Korken. Daß es davon viel zu wenige gibt, ist eine Kritik am derzeitigen Niveau der Politik. Politiker sind nicht lernfähig genug. Sie wollen primär wissen, was ihre Wähler meinen, nicht, was sie wissen müßten, damit unser Weg vielleicht doch nicht in den Abgrund führt.

Ist mein Fazit also letztlich eine Politikerschelte? Gewiß, ein Finger deutet auf die schwimmenden Leichtgewichte, auch hier aber deuten mehrere Finger auf uns selbst zurück. Im Grundgesetz steht nämlich nur, daß die Parteien zur politischen Willensbildung *beitragen,* und nicht, daß sie dafür allein zuständig sein sollen. Hätte die Politik so parteiförmig werden können, wie es jetzt der Fall ist, wenn es im politischen Umfeld der Parteien lebendiger zuginge und die meisten Bürger die Politik nicht nur den Parteien überließen? Dies geschieht aus Bequemlichkeit; und noch bequemer ist es, obendrein an denen herumzunörgeln, die durch die eigene Bequemlichkeit in eine Rolle geraten, in der sie überfordert sind. So aber steht es heute mit den Parteien.

Die mangelnde Anteilnahme der Öffentlichkeit zeigt sich vor allem in der unzureichenden Auslese der Abgeordneten an der Basis. Was will man denn erwarten, wenn die Auswahl der Kandidaten nur parteiintern in den Hinterstuben und ohne Beteiligung der Öffentlichkeit erfolgt? Warum gibt es kaum Wählerinitiativen, welche sich die möglichen Kandidaten der Parteien einmal ansehen, bevor diese sich für bestimmte Kandidaten entschieden haben? Solange *wir* nicht wissen wollen, was ein angehender Politiker wissen wollen wird, brauchen wir uns über den unzureichenden Umgang mit dem Wissen in der Politik nicht zu wundern.

Wir sind es, die als mündige Bürger dagegenhalten müßten, daß die Mehrheiten gar nicht wissen wollen, was sie wissen wollen sollten, weil sie ja schon in der Mehrheit sind.

Die meisten politischen Entscheidungen erfolgen, soviel ich sehe, nach einem unzureichenden Beratungsprozeß, was auch dazu führt, daß Partikularinteressen sich zu stark durchsetzen. Diesen Beratungsprozeß im Umfeld der Parteien anzumahnen und selbst zu führen, vor allem vor langfristigen Entscheidungen über die Zukunft der Industriegesellschaft, ist Sache des mündigen Bürgers. Die Bürgerinitiativen haben uns seit dem Anfang der 70er Jahre vorgelebt, wie die Meinungsfreiheit heute – zugleich mit anderen Grundrechten – in eine Pflicht umschlägt, die zur Meinungsbildung. An der Basis mehr Demokratie zu wagen aber gilt es *weiterhin,* und noch mehr als bisher, auch in den 90er Jahren und im nächsten Jahrtausend. Hier dürfen wir nicht nachlassen. Nicht nur die Politiker, sondern zunächst einmal wir selbst sind es, die nach der Wahrheit statt der Mehrheit fragen sollten. Die Politik ist auch deswegen so, wie sie ist, weil Sie und ich so sind, wie wir sind.

Zu den Autoren

Hans-Eckehard Bahr, geboren 1928. 1966 Professor an der theologischen Fakultät der University of Chicago, seit 1967 Lehrstuhl an der evangelisch-theologischen Fakultät der Ruhr-Universität Bochum. 1972 Kurator der Deutschen Gesellschaft für Friedens- und Konfliktforschung. Zahlreiche Publikationen zu gewaltfreien-sozialen Bewegungen, u. a.: *Politisierung des Alltags – Gesellschaftliche Bedingungen des Friedens (1972), Von der Armee zum europäischen Friedensdienst (1991).*

Gernot Böhme, geboren 1937, Professor für Philosophie an der Technischen Hochschule Darmstadt. Wichtigste Veröffentlichungen: *Zeit und Zahl (1974), Das Andere der Vernunft* (mit H. Böhme, 1985^{2}), *Der Typ Sokrates (1988), Anthropologie in pragmatischer Hinsicht* (1992^{3}), *Natürlich Natur* (1992^{2}).

Norbert Bolz, geboren 1953. Professor für Kommunikationstheorie an der Universität Essen. Seine Arbeitsschwerpunkte sind: *Medientheorie und Designwissenschaft.* Wichtigste Publikationen: *Stop Making Sense (1989), Theorie der neuen Medien (1990), Eine kurze Geschichte des Scheins (1991), Chaos und Simulation (1992), Philosophie nach ihrem Ende (1992).*

Rudolf Burger, geboren 1938. Professor für Philosophie an der Hochschule für angewandte Kunst in Wien. Zahlreiche Publikationen zur Geschichtsphilosophie, Erkenntnistheorie und Ästhetik. Letzte Buchveröffentlichungen: *Vermessungen (1989), Abstriche (1991).*

Ota Filip, geboren 1930. Nach dem Studium arbeitete er in der Tschechoslowakei in mehreren Redaktionen. Von 1968 bis 1969 Verlagslektor, dann wegen angeblicher antisozialistischer Propaganda bis 1970 in Haft. 1974 wanderte er mit seiner Familie in die Bundesrepublik aus. Veröffentlichte bisher zehn Romane. Die wichtigsten sind: *Die Himmelfahrt des Lojzek Lapácek aus Schlesisch Ostrau (1973), Zweikämpfe (1977), Der Großvater und die Kanone (1981), Café Slavia (1985).*

Alfred Grosser, geboren 1925. Emigrierte 1933 mit der Familie von Frankfurt am Main nach Frankreich. Seit 1956 ist er Studien-

und Forschungsdirektor an der Fondation Nationale des Sciences Politiques und Professor am Institut d'Etudes Politiques der Universität Paris. Zahlreiche Gastprofessuren im Ausland. Widmete sich seit 1945 der politischen Vermittlerrolle zwischen Frankreich und Deutschland. Regelmäßige publizistische Arbeiten u. a. für ›Le Monde‹, ›Ouest-France‹ und ›La Croix‹. Zahlreiche Auszeichnungen, u. a. 1975 ›Friedenspreis des Deutschen Buchhandels‹. Wichtigste Publikationen: *Die Bonner Demokratie (1958), In wessen Namen? Grundlagen der politischen Entscheidung (1969), Deutschlandbilanz (1979), Das Bündnis. Die westeuropäischen Länder und die USA seit dem Krieg (1982), Das Deutschland im Westen (1985), Ermordung der Menschheit (1991), Mein Deutschland (1993).*

Matthias Horx, geboren 1955. Arbeitete als Zeitgeist-Analytiker beim ›Pflasterstrand‹, beim ›Zeit-Magazin‹, bei ›Tempo‹ und ist heute im Jahreszeiten-Verlag beschäftigt. Hat Ende 1992 in Hamburg ein Trend-Büro gegründet. Veröffentlichte neben zwei Endzeit-Romanen *»Es geht voran« (1980)* und *»Glückliche Reise« (1983)* Analysen zur Alternativ-Kultur: *Das Ende der Alternativen oder Die verlorene Unschuld der Radikalität (1986), Die wilden Achtziger (1987), Aufstand im Schlaraffenland (1989), Das Wörterbuch der 90er Jahre (1991).*

Dietmar Kamper, geboren 1936, Professor für Soziologie an der Freien Universität Berlin. Seit 1980 zus. mit Christoph Wulf Veranstalter transdiziplinarer, internationaler Kongresse zur »Historischen Anthropologie«. Wichtigste Veröffentlichungen: *Zur Geschichte des Körpers (1976), Zur Geschichte der Einbildungskraft (1981), Zur Soziologie der Imagination (1986), Hieroglyphen der Zeit (1988).*

Peter Kemper, geboren 1950. Studium der Philosophie, Germanistik und Sozialwissenschaften. Seit 1986 Leiter des Abendstudios im Hessischen Rundfunk, Frankfurt. Zahlreiche Veröffentlichungen zu Themen der zeitgenössischen Philosophie, Musik und Jugendkultur in Zeitungen, Fachzeitschriften und Sammelwerken. Publizierte als Herausgeber: *Postmoderne oder Der Kampf um die Zukunft (1988), Macht des Mythos – Ohnmacht der Vernunft? (1989), Martin Heidegger – Faszination und Erschrecken (1990).*

Reinhard Löw, geboren 1949. 1984 bis 1987 Professor für Naturphilosophie in München. Seit 1987 Direktor des Forschungsinstituts für Philosophie Hannover. Seit WS 1992/93 Vertretung des Lehrstuhls I für Philosophie an der Ludwig-Maximilians-Universität München. Wichtigste Veröffentlichungen: *Philosophie des Lebendigen (1980), Die Frage »Wozu«. Geschichte und Wiederentdeckung des teleologischen Denkens (1981 mit Robert Spaemann), Nietzsche – Sophist und Erzieher (1984), Leben aus dem Labor. Gentechnologie und Verantwortung (1985), Bioethik (Hg., 1990).*

Niklas Luhmann, geboren 1927, Professor für Soziologie an der Universität Bielefeld. Wichtigste Veröffentlichungen: *Ausdifferenzierung des Rechts. Beiträge zur Rechtssoziologie und Rechtstheorie (1981), Gesellschaftsstruktur und Semantik. Studien zur Wissenssoziologie der modernen Gesellschaft (3 Bde., 1980-89). Liebe als Passion. Zur Codierung von Intimität (1982), Soziale Systeme (1984).*

Thomas H. Macho, geboren 1952. Assistenzprofessor und Universitätsdozent am Institut für Interdisziplinäre Forschung und Fortbildung der Universitäten Innsbruck, Klagenfurt und Wien. Zahlreiche Veröffentlichungen in Zeitschriften und Sammelbänden zu Fragen der Ästhetik und Anthropologie. Zuletzt erschien von ihm: *Todesmetaphern (1987), Weltrevolution der Seele (Hg., 1991, mit Peter Sloterdijk).*

Christian Meier, geboren 1929. Professor für Alte Geschichte an der Ludwig-Maximilians-Universität München. Wichtigste Veröffentlichungen: *Die Entstehung des Politischen bei den Griechen (1980), Caesar (1982), Vierzig Jahre nach Auschwitz (1987), Die politische Kunst der griechischen Tragödie (1988), Die Welt der Geschichte und die Provinz des Historikers (1989).* C. M. lebt in der Nähe von München.

Klaus Michael Meyer-Abich, geboren 1936. Seit 1972 Professor für Naturphilosophie an der Universität Essen. 1976 bis 1981 Vorsitzender der Vereinigung Deutscher Wissenschaftler. 1984 bis 1987 Senator für Wissenschaft und Forschung der Freien und Hansestadt Hamburg. Seit 1989 Mitglied des Kulturwissenschaftlichen Instituts des Wissenschaftszentrums Nordrhein-

Westfalen. Wichtige Veröffentlichungen: *Wege zum Frieden mit der Natur – Praktische Naturphilosophie für die Umweltpolitik* (1984), *Die Grenzen der Atomwirtschaft* (1986 mit B. Schefold), *Wissenschaft für die Zukunft – Holistisches Denken in ökologischer und gesellschaftlicher Verantwortung* (1988), *Aufstand für die Natur – Von der Umwelt zur Mitwelt* (1990).

Oskar Negt, geboren 1934. Seit 1971 Professor für Soziologie an der Universität Hannover. Zahlreiche Gastprofessuren im Ausland. Neben regelmäßigen Veröffentlichungen in Zeitungen, Zeitschriften und Sammelwerken sind wichtige Publikationen: *Soziologische Phantasie und exemplarisches Lernen* (1968), *Öffentlichkeit und Erfahrung* (1972, mit Alexander Kluge), *Keine Demokratie ohne Sozialismus* (1976), *Geschichte und Eigensinn* (1981, mit Alexander Kluge), *Lebendige Arbeit, enteignete Zeit* (1983), *Modernisierung im Zeichen des Drachen* (1988), *Die Herausforderung der Gewerkschaften* (1989), *Maßverhältnisse des Politischen* (1992, mit Alexander Kluge).

Claus Offe, geboren 1940. Von 1975 bis 1988 Lehrstuhl für Soziologie an der Universität Bielefeld. Seit 1988 Professor für Politikwissenschaft und Soziologie am Zentrum für Sozialpolitik der Universität Bremen. Zahlreiche Aufsätze in Fachzeitschriften und Sammelwerken. Wichtigste Veröffentlichungen: *Strukturprobleme des kapitalistischen Staates* (1974), *Arbeitsgesellschaft, Strukturprobleme und Perspektiven* (1984), *An den Grenzen der Mehrheitsdemokratie* (1984, mit Bernd Guggenberger).

Michael Rutschky, geboren 1943. Nach dem Studium arbeitete er als Redakteur für die Zeitschriften »Merkur«, »Transatlantik«, heute für den »Alltag«. Literaturkritische, essayistische und wissenschaftliche Beiträge in Zeitschriften und Sammelwerken. Wichtigste Publikationen: *Erfahrungshunger. Ein Essay über die siebziger Jahre* (1980), *Wartezeit* (1986), *Was man zum Leben wissen muß* (1987), *Reise durch das Ungeschick* (1990). Er lebt in Berlin.

Manfred Schneider, geboren 1944. Seit 1981 Professor für Neuere Deutsche Literatur an der Universität Essen. Bücher und Essays zur Kultur-, Literatur- und Mediengeschichte. Zuletzt erschienene Bücher: *Die erkaltete Herzensschrift. Der autobiographische Text im 20. Jahrhundert (1986). Liebe und Betrug. Die Sprachen des Verlangens (1992).*

Klaus Staeck, geboren 1938. Er studierte von 1957 bis 1962 Jura in Heidelberg, Hamburg und Berlin. Ab 1969 als Rechtsanwalt in Heidelberg und Mannheim zugelassen. Seit 1960 ist er auch als politischer Graphiker tätig. 1965 gründete er die Edition Tangente (heute: Edition Staeck). Entwarf eine ganze Reihe politisch-provokativer Plakate, Aufkleber und Postkarten. Zahlreiche Ausstellungen im In- und Ausland. Lehraufträge an verschiedenen Universitäten. Wichtige Veröffentlichungen: *Die Reichen müssen noch reicher werden. Politische Plakate (1973), Plakate abreißen verboten (1973), Die Gedanken sind frei (1980), Zuviel Pazifismus? (1981, mit Heinrich Böll und Freimut Duve), Alt-Heidelberg, das meine (1985).*

Michael Stürmer, geboren 1938. Seit 1973 ord. Professor für Mittlere und Neuere Geschichte an der Friedrich-Alexander-Universität Erlangen-Nürnberg. Seit 1. April 1988 Direktor des Forschungsinstituts für Internationale Politik und Sicherheit (Stiftung Wissenschaft und Politik) in Ebenhausen/Isartal. Gastkolumnist ›Frankfurter Allgemeine Zeitung‹ und ›Le Monde‹. Wichtige Veröffentlichungen: *Das ruhelose Reich. Deutschland 1866–1918 (1983), Die Grenzen der Macht: Begegnung der Deutschen mit der Geschichte (1992).*

Zu dieser Ausgabe

Opfer der Macht
Müssen Politiker ehrlich sein?
Herausgegeben von Peter Kemper
Insel Verlag

Die Beiträge der vorliegenden Ausgabe beruhen auf einer Sendereihe des *Hessischen Rundfunks* (Hauptabteilung Kulturelles Wort, Abteilung: Abendstudio, Redaktion: Peter Kemper), die in der Zeit vom 16. September 1990 bis 17. Februar 1991 im 2. Hörfunkprogramm des Hessischen Rundfunks ausgestrahlt wurde. Die einzelnen Beiträge wurden für die Buchausgabe überarbeitet und aktualisiert.